文化产业集群演化研究

方永恒/著

科学出版社

北京

内 容 简 介

本书试图在总结过去研究工作的基础上阐述文化产业集群及其演化的理论基础，从复杂系统理论视角研究文化产业集群演化机制的形成、过程的变化、动力的来源、结构的构成、模式的选择和评价的科学性等，揭示文化产业集群演化的内在规律，为文化产业集群演化研究提供新的思路和依据。全书共分为九章。第 1 章和第 2 章是对文化产业与文化产业集群以及文化产业集群的复杂系统性的介绍；第 3 章是文化产业集群演化的概念、影响因素及标度的介绍；第 4～第 9 章分别是文化产业集群演化的机制、过程、动力、结构、模式及评价的介绍，并且运用不同方法和数据进行了实证分析。

本书在以复杂系统理论的视角研究文化产业集群演化等方面有许多独到见解，可以为文化产业专业及相关专业的教师、研究生、本科生以及相关从业者提供学术参考。

图书在版编目（CIP）数据

文化产业集群演化研究 / 方永恒著. —北京：科学出版社，2018.9

ISBN 978-7-03-058888-3

Ⅰ．①文… Ⅱ．①方… Ⅲ．①文化产业–产业集群–研究–中国 Ⅳ．①G124

中国版本图书馆 CIP 数据核字（2018）第 216536 号

责任编辑：方小丽 / 责任校对：贾娜娜
责任印制：张 伟 / 封面设计：无极书装

科 学 出 版 社 出版
北京东黄城根北街 16 号
邮政编码：100717
http://www.sciencep.com

北京虎彩文化传播有限公司 印刷
科学出版社发行 各地新华书店经销
*

2018 年 9 月第 一 版 开本：720 × 1000 1/16
2019 年 9 月第二次印刷 印张：15 1/4
字数：306 000

定价：122.00 元
（如有印装质量问题，我社负责调换）

前　　言

　　21 世纪是一个知识经济的时代，文化产业作为 21 世纪的朝阳产业，不仅是国内外学者研究的新趋势，更是许多国家大力发展的支柱产业。随着文化产业的发展，区域集聚化已成为文化产业的发展趋向，并逐渐形成文化产业集群，如美国好莱坞、日本动漫产业集群、北京 798 艺术区等创意文化产业集群。文化产业集群是产业集群的横向延伸，具有一般产业集群的分布特征和发展优势，加之其本身所特有的文化、创意等特征，文化产业集群能够带来经济和文化的双重效益。从实践价值来看，文化产业集群作为一种有效的产业发展形态，对提升国家竞争力、加快经济转型升级、实现区域经济可持续发展具有重要意义。无论是实践界还是学术界，文化产业集群无疑成为人们关注的热点。

　　近年来，为顺应经济全球化和产业竞争激烈化的趋势，增强我国文化产业的实力和竞争力，我国政府也在不断加大对文化产业的支持力度和投资规模。我国《中华人民共和国国民经济和发展第十二个五年规划纲要》（2011～2015 年）中明确指出，要加强文化产业基地和区域性特色文化产业群建设。十七届六中全会《中共中央关于深化文化体制改革推动社会主义文化大发展大繁荣若干重大问题的决定》和十八大报告均强调，要提高文化产业规模化、集约化、专业化水平。《文化部"十三五"时期文化发展改革规划》中明确指出：鼓励中小城市、小城镇和农村充分挖掘特色文化资源，积极发展县域特色文化产业，打造特色文化产业群，促进城镇居民、农业转移人口和农民就业增收。由此可见，文化产业集群化发展，是文化产业发展适应经济全球化和产业竞争激烈化的必然趋势，是增强文化产业整体实力和竞争力的必然选择。

　　发达国家在文化产业集群方面做过大量的研究。从理论渊源来看，文化产业集群的研究是由产业集群理论发展而来的。随着产业集群理论的逐步完善和文化产业的兴盛，有学者尝试对文化产业的空间集聚现象和演化进行理论化研究。Scott（1996）从生产和销售两个角度分析了文化集群产生的原因与过程。他发现，在新经济条件下，专业化和区域内互补性企业组成的密集网络为文化产业发展和演变提供了条件。这种网络通常是以大企业为核心，大量中小企业相互依赖形成网络的主体。例如，美国好莱坞就是一个以六大电影制片厂为核心，其他数千家中小公司为主体形成的网络。Drake（2003）指出，文化产业的结构是提高创新速率和发展演化的催化剂，在分工与专业化越细致的地方，文化产业的集聚现象越容易出现。Caves（2004）指出，文化产业集聚能够节约经销商和顾客的成本，从而增强文化产业集群的凝聚力。例如，艺术品的多样性特征可以在一定程度上抵消文化产业集聚带来的市场挤出效应等不利因素。Yusuf 和 Nabeshima（2005）从行业的构成角度研究文化产业集群演化，通过分析各国的文化产业，如日本的动漫产业，韩国的电影、游戏业等，研究文化产业内部行业之间的联系程度及网络关系，得出文化产业形成的网络组织对其演化产生重大影响的结论。

从 21 世纪初开始，随着我国文化产业的不断发展和产业集群理论的成熟，很多学者也开始对文化产业集群演化进行了初步研究。王缉慈（2010）、陈倩倩和王缉慈（2005）、刘丽和张焕波（2006）、王树雄和于正东（2006）、褚劲风和周灵雁（2008）等从不同角度对创意产业集群进行了研究，并且初步探讨了文化产业集群演化的发展模式。随着研究的深入，一些学者开始关注影响文化产业集聚和演化的因素。例如，周冰（2005）对西安曲江新区文化产业集群形成机制的研究；罗佳（2006）从经济学的角度分析了文化产业集群形成的要素以及影响文化产业集群演化的内在机制和外在动力；符韶英和徐碧祥（2006）初步探讨了创意产业集群演化的模式；刘蔚和郭萍（2007）从政策角度分析了文化产业集群演化中政策的重要性。

上述研究无疑为本书提供了良好的启示和基本的参照，但我们发现存在三个重要的不足之处：第一，从研究视角来看，目前研究主要是从产业经济学和空间经济学出发，将文化产业集群视为经济问题而非社会复杂系统问题，从而以经济学理论为核心，来研究实现文化产业集群持续演化的可能性，造成了研究中复杂系统维度分析的"缺场"。第二，从研究内容来看，目前研究更多地分析了文化产业集群演化的条件、因素、机制和模式等外在影响，忽略了集群网络组织协同作用对其演化的内在影响。第三，从研究目的来看，目前研究主要关注文化产业集群当前的发展和效益，缺乏对文化产业集群演化路径设计的探讨。本书将借鉴上述文化产业集群演化的相关理论，从复杂系统理论视角研究其演化的机制、过程、动力、结构、模式及评价，以揭示文化产业集群演化的规律。

近年来，文化产业集群化发展势头迅猛，我国各级政府都在积极引导和培育文化产业集群，推动文化产业集群的健康演化是当前经济领域亟待解决的一大热点问题。经济学、生物学、复杂性科学等理论是产业集群演化的主要研究视角，其中，复杂性科学是以揭示复杂系统运行规律为主要内容的一种新兴研究形式。复杂性科学理论为丰富产业集群理论研究体系提供了一个新的视角和方向，能有效弥补基于经济学理论来研究产业集群演化动力动态性方面的不足，为深入研究和科学把握产业集群的演化动力及其作用规律提供了更多方便，它最重要的作用是为完善产业集群动力体系并控制其演化方向提供了理论依据。文化产业集群是一个组成主体众多、影响因素繁杂的系统，具有非线性、开放性、自组织、远离平衡态、涌现性等复杂系统的典型特征。由此可见，基于复杂系统理论研究文化产业集群演化，是一个独特而有意义的新思路，有助于为我国文化产业集群的健康演化提供全新的科学指导。本书将借鉴上述文化产业集群演化的相关理论，从复杂系统理论视角研究其演化机制的形成、过程的变化、动力的来源、结构的构成、模式的选择和评价的科学性等问题，以揭示文化产业集群演化的内在规律。

本书在撰写过程中承蒙国家社会科学基金项目"文化产业集群演化研究"（13XJL012）资助。

由于作者水平有限，书中难免存在不足之处，敬请各位同仁批评指正！

方永恒

2018 年 6 月 30 日

目　　录

第1章　文化产业与文化产业集群

1.1　文　化　产　业

1.1.1　文化产业的概念

文化产业（cultural industries）一词起源于德国的法兰克福学派（Frankfurt school），最早出现在两位德裔犹太哲学家 Adorn 和 Hockey 于 1947 年所著的《启蒙辩证法》中。文化产业首次出现时，其内涵与我们现在"大众文化"是密切相关的。法兰克福学派认为，文化产业更多地体现在按工业标准进行重新生产、存储以及分配文化产业和服务的一系列活动中，商品化、技术化的发展使文化产业丧失了原本的个性与批判精神（张斌，2012）。法兰克福学派提出的文化产业理论立足于以下两个条件：一是强调文化的精英性，但对大众性进行批判；二是强调文化的教育和启蒙功能，但对娱乐功能进行批判。从这点来说，法兰克福学派提出的文化产业的概念更多地着眼于工业化发展给文化本身带来的弊端，他们对文化产业的批判，更适用于我们通常所说的"文化教育"，而非一般意义上相对广泛的文化。虽然法兰克福学派对文化产业理论研究有了一定的指导意义，但是随着经济社会的发展变化，社会各界对文化产业的概念有了新的认识。

随着时间的不断推移，文化产业逐渐成为各国学者研究的对象。从文化本身的复杂性进行研究，能够衍生出文化产业的多种定义。国内外对文化产业的界定会因个人的理解以及所处的环境不同而存在理解性的差异。有的学者从文化自身的角度来诠释，胡惠林（2000）认为，文化产业是一个以精神产品生产、交换和消费为主要特征的产业系统。该定义强调了产品的精神范畴，但却忽视了具有文化含义的文化用品，使文化产业的范围变小。张志宏（2009）提出文化产业是将文化产品或文化服务的生产、交换和传播通过工业化和商品化方式进行。花建（2002）认为文化产业是以创造文化内涵为核心，大规模提供文化产品或文化服务的市场化和产业化的经济形态。也有学者指出文化产业是由市场化的行为主体实施，以提供文化产品或文化服务来满足人们的精神文化消费需求，所开展的大规模商业活动的集合（欧阳友权，2007；毕小青和王代丽，2009；孟来果和李向东，2012）。李江帆（2003）认为文化产业是国民经济中生产具有文化特性的服务产品和实物产品的单位集合体。这个定义借用了产业的概念，但只重视了生产环节，却忽视了构成产业活动的诸如流通、销售等环节。虽然这些对文化产业内涵的界定，彼此不尽相同，但都认同文化产业是以工业化、产业化方式进行文化产品的生产，并通过市场机制实现产品的流通和价值的实现这一基本判断。学者从不同的方面对文化产业进行了总结和概括，为更好地理解和把握文化产业奠定了理论基础。

20 世纪 60 年代，随着文化产业化发展进程的推进，越来越多的人开始反思阿多诺文化工业概念中出现的各种反工业化概念，在这个过程中直接催生了文化产业的概念。而文化产业的概念最早是从联合国教育、科学及文化组织（United Nations Educational Scientific and Cultural Organization，UNESCO）内部传出的，直到 1980 年 6 月蒙特利尔召开的会议上才正式采用了"culture industries"这一概念。贾斯汀·奥康纳（Justin O'Connor）认为文化产业以经营符号性商品为主，包括两方面，一方面是传统的文化产业；另一方面是传统艺术，它是一种将文化价值转化为经济价值的商品活动，这里把文化产业的产出认定为符号性商品，扩大了产业范围（林拓等，2004）。澳大利亚麦考瑞大学（Macquarie University）经济学教授、国际文化经济学会原主席大卫·思罗斯比（David Throsby）认为文化产业是提供文化产品或文化服务的具有知识产权和传递社会意义功能的一种创意生产活动，将文化产业的行业范畴以同心圆的形式体现出来（Throsby，2001）。日下公人（1989）提出文化产业是创造并销售文化符号的活动。Hesmondhalgh（2002）认为文化产业通常是指与社会意义的生产最直接相关的机构（主要是指营利公司，但是也包括国家组织和非营利组织）。英国著名媒体理论家尼古拉斯·加纳姆（Nicholas Garnham）认为文化产业是指生产文化产品和提供文化服务的社会机构；文化产业是指那些使用同类生产和组织模式（如工业化）的大企业的社会机构，这些机构生产和传播文化产品或文化服务（苑捷，2004）。这从生产和组织模式上把文化产业等同于工业，模糊了二者实际生产和组织活动的区别（林拓等，2004）。Lawrence 和 Phillips（2002）认为文化产业是指从事价值生产和销售的产业。Scott（2004）认为文化产业是指基于娱乐、教育和信息等目的的服务产出或基于消费者特殊嗜好、自我肯定和社会展示等目的的人造产品的集合。

从国家或组织角度来看，世界各国或组织基于自身的产业发展特征和产业利益，给予文化产业不同界定。UNESCO 将文化产业定义为一种为文化产品或文化服务进行生产、再生产、储存、分配的一系列活动（刘玉珠和柳士法，2004）；澳大利亚将文化产业定义为版权产业（copyright industry），它高度关注知识产权的归属；新加坡将文化产业定义为创意产业（creative industry），从创造者、策划者、设计者出发，强调创意者的个人创造力与技能及才华，并且必须以知识产权的形式表现出来，最终创造财富并增加就业；英国政府将文化产业定义为创意产业，强调个人的创造力和文化艺术对经济的贡献；日本将文化产业定义为内容产业；法国将文化产业定义为传统文化事业中特别具有可大量复制性的产业；美国没有官方的文化产业定义，但是美国的娱乐产业或版权产业与我们所说的文化产业相近；欧盟将文化产业定义为从产品本身出发来考虑的一种内容产业（content industry），包括各种印刷品内容、音像电子出版物内容、音像传播内容以及各种数字软件等。而我国对于文化产业的定义，绝大多数学者采用《文化及相关产业分类》中所指出的：文化产业是指为社会公众提供文化、娱乐产品和服务的活动，以及与这些活动相关的活动的集合（刘吉发等，2006）。

　　我国对于文化产业定义，同样没有统一的界定，学术界和相关行政部门都对文化产业的内涵进行了研究。文化产业一词在 2000 年 10 月党的十五届五中全会通过的《中共中央关于制定国民经济和社会发展第十个五年计划的建议》中开始使用，同时《中共中央关于制定国民经济和社会发展第十个五年计划的建议》将文化事业与文化产业进行了区分。2001 年中国人民政治协商会议和文化部组成的文化产业联合调查组将文化产业内涵界定为从事文化产品生产和提供文化服务的经营性行业。在党的十七届五中全会上，中央提出要推动文化产业成为支柱性产业，促进文化产业为经济社会的发展做出贡献，也在一定程度上肯定了文化产业的地位。

　　基于上述研究，将文化产业的特征概括如下：文化产业以文化和艺术为核心内容，是一种生产、销售创意性、符号性商品与服务的产业系统。①文化产业是一种将文化价值转化为经济价值的产业。文化产业对文化具有根植性，文化是文化产业得以发展的坚实地基，它将知识智力和文化相互交融，并将它们转化为经济价值，最终创造产值并发挥相应的产业优势。②文化产业是一种以文化内容为核心的行业体系。它包括文化创作的核心层，文化内容的制作与传播的外围层以及促使文化价值转化为经济价值的相关辅助机构层。③文化产业是一种具有异质性的产业机构。文化产业拥有与传统工业产业一样的生产和组织结构，但是文化产业和传统工业产业有区别，是生产文化产品和提供文化服务的产业机构。

1.1.2　文化产业的特征

　　文化产业作为一个产业门类，具有一般产业的共有属性，兼具文化与经济双重属性，因此文化产业具有一定的特殊性。具体而言，文化产业的特殊性包含两方面：一方面是文化产业与文化事业之间的差异；另一方面是文化产业与一般产业之间的差异，从目前的研究进展来看，无论是官方还是学界，对文化产业与文化事业的区分已经有了相对明确的阐述。把握文化产业相对于一般产业的特殊性，对于分析文化产业空间集聚特征与制定文化政策都具有重要的意义。

1. 意识形态的属性

文化产品与一般产品不同，既具有商品属性，也具有鲜明的意识形态属性；既产生经济效益，也产生社会效益。文化产业所具有的意识形态属性，是区别于一般产业最根本的特征之一。意识形态属性作为以内容生产为核心的文化产业所固有的特征，此种特征并不会随着国别、社会形态的变化而改变，尽管其表现形式有时会有所差别，但无论哪个国家的文化产品，也无论文化产业发展到何种阶段时所生产的产品，只要是以内容为核心，就必然蕴含着一定的价值取向、精神追求、道德标准、行为准则，也必然内在地隐含着对一定时期的经济、政治、社会、文化的判断和解读。文化产业的意识形态属性，决定了其外部特征更为明显，而且此种外部特征还体现在政治、社会、文化等领域；可表现为正外部性和负外部性。文化产品承载的思想观念和道德标准等，会对受众的价值追求产生潜移默化的影响。生产和传播内容积极的文化产品，不仅可以传承历史文化、凝聚民族精神，而且可以塑造良好社会风尚，树立正确的价值观念，从而积极地推动整个社会的良性健康发展；反之，生产和传播内容消极的文化产品，则会导致思想混乱、道德沦丧、价值错位等后果，并最终影响社会的稳定和发展。同时，文化产业的意识形态属性，又决定了其发展状况必然对一个国家的文化主权和文化安全产生深刻的影响。在全球化背景下，文化产品的流通、文化内容的交流都呈现出越来越频繁的趋势，人们越来越容易受到外来文化产品潜移默化的影响，文化安全的重要性也更为凸显。在当前，西方国家尤其是美国，其文化产业发展程度远远领先于我国，这些发达国家借助强大的资本和技术力量，通过文化贸易等多种形式，向其他国家输出和倾销文化产品，从而对别国的思想文化领域进行渗透和影响。

2. 低耗能产业

从所需的资源和对环境影响的角度而言，与一般产业相比，文化产业物质消耗低、环境污染小。文化产业的重心在于内容生产，其产业的发展壮大很大程度上依赖于智力资源和人力资源，而并非一般产业所依赖的资金和物质投入。消费文化产品基本上不会对自然环境造成不良影响。即使是文化产业中的制造部分，也可以依靠不断提升文化含量和创意设计水平来提升其附加值，从而减少自然资源的消耗。因此，文化产业比一般产业物质消耗更低，环境污染更小。作为一种内容产业，文化产业所需的文化资源不会枯竭。文化产业的增长模式不单纯依赖物质资源的消耗，而更多地依赖智力、知识和创意的投入；文化产品在消费的时候体现为一种精神消费和体验消费，它的生产和消费不会对生态环境带来很大的负面影响，它的需求不会随着经济发展而减弱，反而会在经济发展和资源减少的情况下，凸显更加强大的生命力。从这个意义上来讲，文化产业是最符合可持续发展要求的产业。

3. 高风险的生产与运作

从生产成本而言，与一般物质产品不同，文化产品边际成本的下降更为明显。文化产品的生产成本包括物质载体生产和内容生产两个部分，而内容生产的成本在总成本中占有相当大的比重，内容生产具有研发成本高、复制成本低的特征，其成本与生产数量成反比，所以内容不会在生产中消耗，而是在重复、复制中增值。作为内容产业的文化产业，一方面具有较高的附加值和收益率；另一方面由于精神需求的不确定性而又具有较大的风险。而我们所讲的文化产业，实际上是一种创意产业、内容产业，最重要的部分也就是内容生产，同时文化消费在很大程度上是服务消费、体验消费和品牌消费。而从生产与需求而言，文化产品针对的是人们精神层面，需求弹性很大，其需求具有很强的选择性和可替代性。同时，文化产品既与一般物质产品一样，在一定程度上受到市场机制、供求关系的影响，但同时又具有其自身的生产规律和价值标准。在文化产品交易过程中，往往也会出现如一种在市场上受到追捧的文化产品，可能只具有娱乐作用没有艺术价值；而具有高艺术价值的文化产品，可能由于营销、包装和认同等，遭到市场冷落。总的来说，难以预测的市场前景在为文化产业带来高额回报可能的同时，也使文化产业本身更具风险性。

4. 产业关联度较高

如今，文化产业普遍渗透在国民经济各个产业部门，并与之融合，形成了以文化内涵为纽带、关联度日益密切的庞大产业链和产业集群。文化产业与工业、农业等传统产业关联度日益增强，并不断提升其文化内涵和产品价值。文化产业与工业结合，能够优化工业生产流程设计及外观设计。文化产业与农业结合，能够形成新型的农业文化体验，提升农业文化层次，为大众消费提供新的形式。文化产业对制造业的推动主要体现在两方面，一方面，文化产业可以赋予制造产品新的设计和创意改造，如手机、汽车设计、数码产品等；另一方面，新的文化内容需求推动了制造业的升级改造。文化产业对服务业的带动主要体现在旅游产业中，旅游成为文化消费的有效载体，如以旅游地山水实景为依托打造的实景山水歌舞剧《印象·刘三姐》演出多场，票房超过亿元，随后诞生的《印象·西湖》、《印象·丽江》，北京的《蝶》、上海的《时空之旅》等市场反响超乎寻常。

5. 创新能力要求较高

从生产方式而言，文化产业包括内容与载体两个部分，其中载体的生产方式与一般物质产品并无大的差异，都是遵循标准化的要求；而内容的生产方式则与其不同，在一定程度上可以被视为一种个体化生产，更需要独创性和主体性。从生产者的角度，作为主体性的体现，内容生产的独创性也是生产者自身的诉求和意愿。作为内容生产者，在追求经济效益的同时，也非常看重主体情绪和观点的表达，也在追求"自己的声音"为他人所接受和理解。作为一种内容产品，文化产品之所以具有使用价值，就在于其能够提供与其他同类产品不同的精神体验。与一般产业相比，文化产业对原创要求更高，具有"创意为王"的特征，很多国家都将文化产业与创意产业等同起来，也说明了创意对于文化产业的重要。可以说，文化产业最忌简单的临摹和一味的照搬，其生命力体现在创新方面。

1.1.3　文化产业的分类

1. 国家或组织的文化产业分类

UNESCO 在 1986 年公布了《联合国教科文组织文化统计框架》，首次从文化统计的角度对文化产业进行分类，将文化产业分为十大类，其分类标准为世界各国文化产业分类统计提供了指导。随着社会和技术的进步以及文化产业在经济与社会领域的巨大变化，UNESCO 为了使文化产业的分类统计具有更大的国际可比性，在 2009 年重新制定了《联合国教科文组织文化统计框架》。其中将文化产业划分为八大领域，包括文化和自然遗产、表演和庆祝活动、视觉艺术和手工艺、书籍和报刊、音像和交互媒体、设计和创意服务、旅游业、体育和娱乐。不同国家或组织的文化产业分类与内容见表 1-1，表 1-2 列举了部分学者对文化产业分类的介绍。

表 1-1　不同国家或组织的文化产业分类与内容

国家或组织	文化产业分类与内容
中国（文化产业）	新闻服务；出版发行和版权服务；广播电视电影服务；文化艺术服务；网络文化服务；文化休闲服务；其他文化服务；文化用品、中国（文化产业）设备及相关文化产品的生产；文化用品、设备及相关文化产品的销售
英国（创意产业）	广告、建筑、艺术和古董市场、手工艺、设计、时尚设计、电影、互动休闲软件、音乐、电视和广播、表演艺术、出版和软件等多个部门
美国（版权产业）	核心版权产业、交叉产业、部分版权产业、边缘支撑产业

续表

国家或组织	文化产业分类与内容
法国（文化产业）	展现传统文化服务的文化基础设施建设、文化设施的管理、图书出版、电影、旅游业等几个方面
澳大利亚（文化娱乐业）	体育和健身娱乐类、遗产类、艺术类、其他文化娱乐类
韩国（文化产业）	影视、广播、音像、游戏、动画、卡通形象、演出、文物、美术、广告、出版印刷、创意设计、传统工艺品、传统服装、传统食品、多媒体影像软件、网络以及与其相关的产业
日本（内容产业）	内容产业、休闲产业、时尚产业
UNESCO	文化商品核心层包括文化遗产、印刷品、音乐和表演艺术、视觉艺术、视听媒介；文化商品相关层包括音乐、影院和摄影、电视和收音机、建筑和设计、广告、新型媒介。文化服务核心层包括视听及相关服务，特许说明税和许可费，娱乐、文化和运动服务，个人服务；文化服务相关层包括广告、市场研究和民意调查，建筑、工程和其他技术服务，新闻机构服务
联合国（国际标准产业分类）	文化内容发源（书籍、音乐、报刊和其他相关资料的出版、软件咨询和供应、广告业、摄影活动、广播电视、戏剧艺术、音乐和其他艺术活动）；文化产品的制造（电子元件制造、电视广播发射器和电话机装置的制造、电视广播接收磁带、录像及装备和附件的制造、光学仪器和摄影仪器的制造）；文化内容的翻印和传播（印刷业、录制媒体的再生产、电影和录像的制造与发行、电影放映）；文化交流（其他娱乐业、图书馆和档案活动、博物馆活动、历史遗迹和建筑物保护）

资料来源：根据相关文献资料收集、整理。

表 1-2 部分学者对文化产业分类的介绍

研究学者	文化产业的分类
胡惠林和李康化（2006）	文化艺术类、新闻出版业、广播电视业、电影业、音像制品业、娱乐业、版权业和演出业
李江帆（2003）	狭义文化产业包括文化艺术业（艺术、出版、文物保护、图书馆、档案馆、群众文化、新闻、文化艺术经纪和代理、其他文化艺术业）和广播电视电影业
张晓明等（2006）	文化娱乐业、新闻出版、广播影视、音像、网络及计算机服务等行业；旅游、教育等为主体或核心行业；传统文学、戏剧、音乐、美术、摄影、舞蹈、电影电视创作甚至工业与建筑设计，以及艺术博览场馆、图书馆等前沿行业；广告业和咨询业等
张曾芳和张龙平（2002）	科学、教育、文艺、出版、影视、旅游饭店、娱乐、体育等主体产业部门；推销、印刷、中介、管理、咨询等服务配套行业
O'Connor（2010）	传统的文化产业包括广播、电视、传统艺术、视觉艺术、出版、手工艺、剧院、音乐厅、设计、唱片、建筑、音乐会、新媒体、演出、博物馆和画廊等
Throsby（2001）	用一个同心圆来界定文化产业的行业范畴；处于同心圆核心并向外辐射，包括音乐、舞蹈、戏剧、文学、视觉艺术、工艺品；围绕着核心的行业具有核心文化产业的特征，也生产其他非文化性商品与服务行业，包括电影、广播、出版业等；具有文化内容的行业处于同心圆最外围，包括建筑、广告等
Pratt（2009）	文化产业分为四组，分别是内容创意（初始生产、委托制作等）、生产输入（生产设施的制作）、再生产（再生产和集中发行）和分配交易（权属消费的交换地点）

资料来源：根据相关文献资料收集、整理。

美国将文化产业定义为版权产业，从文化产品和服务具有知识产权的角度突出强调了版权的重要性。美国国际知识产权联盟（International Intellectual Property Alliance，IIPA）以世界知识产权组织（World Intellectual Property Organization，WIPO）的版权产业分类方法作为分类依据，将文化产业从版权的角度划分为狭义的文化产业和广义的文化产业。狭义的文化产业是指版权产业，包括新闻业、网络服务业、计算机软件业、出版发行业、广播电影电视业、广告业和信息及数据服务业等。广义的文化产业除了版权产业外，还包括非营利性产业、文化艺术业和体育业等。

英国政府是以创意产业代替文化产业进行分类的。2001 年英国创意产业特别工作小组（Creative Industy Task Force，CITF）在《创意产业专题报告》中结合创意的特征将创意产业分为核心创意产业和与核心创意产业有密切经济联系的支持创意产业。核心创意产业主要包括电视广播业、电影音像业、广告业、设计业、表演艺术业、建筑业、时尚设计业、出版业、艺术和文物交易业、互动休闲业、软件业、工艺品制造业、音乐创作业等。支持创意产业主要包括文化遗产业、旅游业、体育业、博物馆和艺术馆业、酒店业。

德国将文化产业定义为文化经济，是指对人们的日常生活产生影响的私营文化行业，主要包括博物馆、广播电视、收藏与展览、艺术品交易、图书馆、音乐及视听产品、节日会演、图书报纸出版、戏剧、文化古迹保护和保存、电影以及与以上相关的网络信息服务。

澳大利亚对文化产业的分类比较宽泛，认为其包括四大类：体育和健身娱乐类、遗产类、艺术类和其他文化娱乐类。其中体育和健身娱乐类主要包括体育和健身场馆与服务业、体育和健身器材制造与销售业、赛马和赛狗业。遗产类主要包括公园和动植物园业、博物馆业、图书馆业。艺术类主要包括商业摄影业、可视艺术品与手工艺术品创作和零售业、出版发行业、建筑设计业、广告业、艺术表演业、广播电视服务业、电影业、音乐出版发行业、艺术教育业及其他艺术创作业。其他文化娱乐类主要包括观光旅游业、文化娱乐设施建设业、娱乐和主题公园业、博彩业、餐饮业以及其他文化娱乐业等。

韩国《文化产业振兴基本法》将文化产业分为八大门类：第一门类包括电影及相关产业；第二门类包括文化财产及相关产业；第三门类包括录影带、音乐唱片和游戏产品及相关产业；第四门类包括人物造型、广告、动画、演出、设计、工业品和美术品及相关产业；第五门类包括出版、印刷品和期刊及相关产业；第六门类包括数字化开发、加工制作、生产、储存、流通等产业及相关产业；第七门类包括放映影像产品及相关产业；第八门类包括其他由总统令确定的传统服装和传统食品等产业及相关产业。

日本将文化产业定义为内容产业，主要包括新闻业、出版发行业、音乐和唱片业、游戏业、电影业、文艺演出业、音像业、动画业、广播电视业、会展业、广告业、文化教育业、娱乐业和旅游业等。

2. 国内文化产业分类方法

我国香港地区将文化产业划分为广告、出版、数码娱乐、电视与电台、电影、音乐、表演艺术、建筑、设计、古董与艺术品、软件与资讯服务业等类别。花建（2002）从统计角度按照中观层次进行文化产业指标的划分，将文化产业划分为文化制造业、文化销售业、文化服务业。张曾芳和张龙平（2002）将文化产业划分为科技产业、教育产业、休闲产业（旅游业、艺术表演和娱乐服务业）、媒介产业（报业产业、广电产业、出版产业、发行产业、文娱产业）和体育产业（体育器材、体育表演、设施经营、彩票业）。为规范我国文化及相关产业的范围并对其进行科学的统计，2003年由中共中央宣传部牵头，国家统计局等部门组成"文化产业统计研究课题组"，2004年3月正式出台《文化及相关产业分类（2004）》，作为国家统计标准颁布实施。这是我国文化产业的第一个全面统一的分类标准。《文化及相关产业分类（2004）》把我国文化及相关产业划分为四级，共两大部分、九个大类、24个中类、80个小类，并在第四层，即小类中设置与"国民经济行业代码"相对应的代码。为反映文化建设和文化体制改革的情况，《文化及相关产业分类（2004）》的内容可概括为文化产业核心层、文化产业外围层和相关文化产业层。①文化产业核心层包括：新闻服务，出版发行和版权服务，广播、电视、电影服务，文化艺术服务。②文化产业外围层包括网络文化服务，文化休闲娱乐服务，其他文化服务。③相关文化产业层包括文化用品、设备及相关产品的生产，文化用品、设备及相关产品的销售。为进一步规范和完善我国文化及相关产业统计工作，使之更适应我国文化产业发展的新情况、新变化，国家统计局在《国民经济行业分类》（GB/T 4754—2011）的基础上，结合联合国教科文组织的《文化统计框架—2009》对《文化及相关产业分类（2004）》进行修订，于2012年7月颁布《文化及相关产业分类（2012）》。但随着互联网时代的到来，以"互联网＋"为依托的文化新业态不断涌现并发展迅猛，日益成为文化产业新的增长点，国家统计局根据2017年6月颁布的《国民经济行业分类》（GB/T 4754—2017），在已有分类的基础上对文化及相关产业分类再次进行修订，于2018年颁布《文化及相关产业分类（2018）》。在修订过程中，《文化及相关产业分类（2018）》以《国民经济行业分类》为基础，根据文化及相关单位生产活动的特点，将行业分类中相关的类别重新组合，是《国民经济行业分类》的派生分类。根据我国文化体制改革和发展的实际，在考虑文化生产活动特点的同时，兼顾政府部门管理的需要；立足于现行的统计制度和方法，充分考虑分类的可操作性。借鉴联合国教科文组织的《文化统计框架—

2009》的分类方法，在定义和覆盖范围上可与其衔接。《文化及相关产业分类（2018）》采用线分类法和分层次编码方法，将文化及相关产业划分为三层，分别用阿拉伯数字编码表示。第一层为大类，用 01-09 数字表示，共有 9 个大类；第二层为中类，用 3 位数字表示，共有 43 个中类；第三层为小类，用 4 位数字表示，共有 146 个小类，具体分类见表 1-3。

表 1-3　《文化及相关产业分类（2018）》具体情况

代码			类别名称	说明	行业分类代码
大类	中类	小类			
			文化核心领域	本领域包括 01-06 大类	
01			新闻信息服务		
	011		新闻服务		
		0110	新闻业	包括新闻采访、编辑、发布和其他新闻服务	8610
	012		报纸信息服务		
		0120	报纸出版	包括党报出版、综合新闻类报纸出版和其他报纸出版服务	8622
	013		广播电视信息服务		
		0131	广播	指广播节目的现场制作、播放及其他相关活动，还包括互联网广播	8710
		0132	电视	指有线和无线电视节目的现场制作、播放及其他相关活动，还包括互联网电视	8720
		0133	广播电视集成播控	指 IP 电视、手机电视、互联网电视等专网及定向传播视听节目服务的集成播控，还包括普通广播电视节目集成播控	8740
	014		互联网信息服务		
		0141	互联网搜索服务	指互联网中的特殊站点，专门用来帮助人们查找存储在其他站点上的信息	6421
		0142	互联网其他信息服务	包括网上新闻、网上软件下载、网上音乐、网上视频、网上图片、网上动漫、网上文学、网上电子邮件、网上新媒体、网上信息发布、网站导航和其他互联网信息服务	6429
02			内容创作生产		
	021		出版服务		
		0211	图书出版	包括书籍出版、课本类书籍出版和其他图书出版服务	8621
		0212	期刊出版	包括综合类杂志出版，经济、哲学、社会科学类杂志出版，自然科学、技术类杂志出版，文化、教育类杂志出版，少儿读物类杂志出版和其他杂志出版服务	8623

代码			类别名称	说明	行业分类代码
大类	中类	小类			
		0213	音像制品出版	包括录音制品出版和录像制品出版服务	8624
		0214	电子出版物出版	包括马列毛泽东思想、哲学等分类别电子出版物，综合类电子出版物和其他电子出版物出版服务	8625
		0215	数字出版	指利用数字技术进行内容编辑加工，并通过网络传播数字内容产品的出版服务	8626
		0216	其他出版业	指其他出版服务	8629
	022		广播影视节目制作		
		0221	影视节目制作	指电影、电视和录像（含以磁带、光盘为载体）节目的制作活动，该节目可以作为电视、电影播出、放映，也可以作为出版、销售的原版录像带（或光盘），还可以在其他场合宜传播，还包括影视节目的后期制作，但不包括电视台制作节目的活动	8730
		0222	录音制作	指从事录音节目、音乐作品的制作活动，其节目或作品可以在广播电台播放，也可以制作成出版、销售的原版录音带（磁带或光盘），还可以在其他宜传场合播放，但不包括广播电台制作节目的活动	8770
	023		创作表演服务		
		0231	文艺创作与表演	指文学、美术创造和表演艺术（如戏曲、歌舞、话剧、音乐、杂技、马戏、木偶等表演艺术）等活动	8810
		0232	群众文体活动	指对各种主要由城乡群众参与的文艺类演出、比赛、展览等公益性文化活动的管理活动	8870
		0233	其他文化艺术业	包括网络（手机）文化服务，史料、史志编辑服务，艺（美）术品、收藏品鉴定和评估服务，街头报刊橱窗管理服务和其他未列明文化艺术服务	8890
	024		数字内容服务		
		0241	动漫、游戏数字内容服务	指将动漫和游戏中的图片、文字、视频、音频等信息内容运用数字化技术进行加工、处理、制作并整合应用的服务，使其通过互联网传播，在计算机、手机、电视等终端播放，在存储介质上保存	6572
		0242	互联网游戏服务	指以互联网为传输介质，以游戏运营商服务器和用户计算机为处理终端，以游戏客户端软件为信息交互窗口，旨在实现娱乐、休闲、交流和取得虚拟成就的具有可持续性的个体性多人在线游戏。包括互联网电子竞技服务	6422
		0243	多媒体、游戏动漫和数字出版软件开发	仅指通用应用软件中的多媒体软件、游戏动漫软件、数字出版软件开发。该小类包含在应用软件开发行业小类中	6513*
		0244	增值电信文化服务	仅指固定网增值电信、移动网增值电信、其他增值电信中的文化服务。该小类包含在其他电信服务行业小类中	6319*

代码			类别名称	说明	行业分类代码
大类	中类	小类			
		0245	其他文化数字内容服务	仅指文化宣传领域数字内容服务。该小类包含在其他数字内容服务行业小类中	6579*
	025		**内容保存服务**		
		0251	图书馆	包括公共图书馆、高等院校图书馆、专业图书馆和其他图书馆管理服务	8831
		0252	档案馆	包括综合档案馆、专门档案馆、部门档案馆、企业档案馆、事业单位档案馆和其他档案馆管理服务	8832
		0253	文物及非物质文化遗产保护	指对具有历史、文化、艺术、科学价值，并经有关部门鉴定，列入文物保护范围的不可移动文物的保护和管理活动；对我国口头传统和表现形式，传统表演艺术，社会实践、意识、节庆活动，有关的自然界和宇宙的知识和实践，传统手工艺等非物质文化遗产的保护和管理活动	8840
		0254	博物馆	指收藏、研究、展示文物和标本的博物馆的活动，以及展示人类文化、艺术、科技、文明的美术馆、艺术馆、展览馆、科技馆、天文馆等管理活动	8850
		0255	烈士陵园、纪念馆	包括烈士陵园和烈士纪念馆管理服务	8860
	026		**工艺美术品制造**		
		0261	雕塑工艺品制造	指以玉石、宝石、象牙、角、骨、贝壳等硬质材料，木、竹、椰壳、树根、软木等天然植物，以及石膏、泥、面、塑料等为原料，经雕刻、琢磨、捏或塑等艺术加工而成的各种供欣赏和实用的工艺品的制作活动	2431
		0262	金属工艺品制造	指以金、银、铜、铁、锡等各种金属为原料，经过制胎、浇铸、锻打、錾刻、搓丝、焊接、纺织、镶嵌、点兰、烧制、打磨、电镀等各种工艺加工制成的造型美观、花纹图案精致的工艺美术品的制作活动	2432
		0263	漆器工艺品制造	指将半生漆、腰果漆加工调配成各种鲜艳的漆料，以木、纸、塑料、铜、布等作胎，采用推光、雕填、彩画、镶嵌、刻灰等传统工艺和现代漆器工艺进行的工艺制品的制作活动	2433
		0264	花画工艺品制造	指以绢、丝、绒、纸、涤纶、塑料、羽毛、通草以及鲜花草等为原料，经造型设计、模压、剪贴、干燥等工艺精制而成的花、果、叶等人造花类工艺品，以画面出现、可以挂或摆的具有欣赏性、装饰性的画类工艺品的制作活动	2434
		0265	天然植物纤维编织工艺品制造	指以竹、藤、棕、草、柳、葵、麻等天然植物纤维为材料，经编织或镶嵌而成具有造型艺术或图案花纹，以欣赏为主的工艺陈列品以及工艺实用品的制作活动	2435

续表

代码			类别名称	说明	行业分类代码
大类	中类	小类			
		0266	抽纱刺绣工艺品制造	指以棉、麻、丝、毛及人造纤维纺织品等为主要原料，经设计、刺绣、抽、拉、钩等工艺加工各种生活装饰用品，以及以纺织品为主要原料，经特殊手工工艺或民间工艺方法加工成各种具有较强装饰效果的生活用纺织品的制作活动	2436
		0267	地毯、挂毯制造	指以羊毛、丝、棉、麻及人造纤维等为原料，经手工编织、机织、裁绒等方式加工而成的各种具有装饰性的地面覆盖物或可用于悬挂、垫坐等用途的生活装饰用品的制作活动	2437
		0268	珠宝首饰及有关物品制造	指以金、银、铂等贵金属及其合金以及钻石、宝石、玉石、翡翠、珍珠等为原料，经金属加工和连结组合、镶嵌等工艺加工制作各种图案的装饰品的制作活动	2438
		0269	其他工艺美术及礼仪用品制造	指其他工艺美术品的制造活动	2439
	027		艺术陶瓷制造		
		0271	陈设艺术陶瓷制造	指以粘土、瓷土、瓷石、长石、石英等为原料，经制胎、施釉、装饰、烧制等工艺制成，主要供欣赏、装饰的陶瓷工艺美术品制造	3075
		0272	园艺陶瓷制造	指专门为园林、公园、室外景观的摆设或具有一定功能的大型陶瓷制造	3076
03			创意设计服务		
	031		广告服务		
		0311	互联网广告服务	指提供互联网广告设计、制作、发布及其他互联网广告服务。包括网络电视、网络手机等各种互联网终端的广告的服务	7251
		0312	其他广告服务	指除互联网广告以外的广告服务	7259
	032		设计服务		
		0321	建筑设计服务	仅包括房屋建筑工程，体育、休闲娱乐工程，室内装饰和风景园林工程专项设计服务。该小类包含在工程设计活动行业小类中	7484*
		0322	工业设计服务	指独立于生产企业的工业产品和生产工艺设计，不包括工业产品生产环境设计、产品传播设计、产品设计管理等活动	7491
		0323	专业设计服务	包括时装、包装装潢、多媒体、动漫及衍生产品、饰物装饰、美术图案、展台、模型和其他专业设计服务	7492
04			文化传播渠道		
	041		出版物发行		
		0411	图书批发	包括书籍、课本和其他图书的批发和进出口	5143

续表

代码			类别名称	说明	行业分类代码
大类	中类	小类			
		0412	报刊批发	包括报纸、杂志的批发和进出口	5144
		0413	音像制品、电子和数字出版物批发	包括音像制品及电子出版物的批发和进出口	5145
		0414	图书、报刊零售	包括图书零售服务，报纸、杂志专门零售服务，图书、报刊固定摊点零售服务	5243
		0415	音像制品、电子和数字出版物零售	包括音像制品专门零售店、电子出版物专门零售、音像制品及电子出版物固定摊点零售服务	5244
		0416	图书出租	指各种图书出租服务，不包括图书馆的租书业务	7124
		0417	音像制品出租	指各种音像制品出租服务，不包括以销售音像制品为主的出租音像活动	7125
	042		**广播电视节目传输**		
		0421	有线广播电视传输服务	指有线广播电视网和信号的传输服务	6321
		0422	无线广播电视传输服务	指无线广播电视信号的传输服务	6322
		0423	广播电视卫星传输服务	包括卫星广播电视信号的传输、覆盖与接收服务，卫星广播电视传输、覆盖、接收系统的设计、安装、调试、测试、监测等服务	6331
	043		**广播影视发行放映**		
		0431	电影和广播电视节目发行	包括电影发行和进出口交易、非电视台制作的电视节目发行和进出口服务	8750
		0432	电影放映	指专业电影院以及设在娱乐场所独立（或相对独立）的电影放映等活动	8760
	044		**艺术表演**		
		0440	艺术表演场馆	指有观众席、舞台、灯光设备，专供文艺团体演出的场所管理活动	8820
	045		**互联网文化娱乐平台**		
		0450	互联网文化娱乐平台	仅包括互联网演出购票平台、娱乐应用服务平台、音视频服务平台、读书平台、艺术品鉴定拍卖平台和文化艺术平台。该小类包含在互联网生活服务平台行业小类中	6432*
	046		**艺术品拍卖及代理**		
		0461	艺术品、收藏品拍卖	指艺术品、收藏品拍卖活动。包括艺（美）术品拍卖服务、文物拍卖服务、古董和字画拍卖服务	5183
		0462	艺术品代理	指艺术品代理活动。包括字画代理、古玩收藏代理、画廊艺术经纪代理和其他艺术品代理	5184
	047		**工艺美术品销售**		
		0471	首饰、工艺品及收藏品批发	指首饰、工艺品及收藏品的批发活动	5146

代码			类别名称	说明	行业分类代码
大类	中类	小类			
		0472	珠宝首饰零售	指珠宝首饰的零售活动	5245
		0473	工艺美术品及收藏品零售	指专门经营具有收藏价值和艺术价值的工艺品、艺术品、古玩、字画、邮品等的店铺零售活动	5246
05			文化投资运营		
	051		投资与资产管理		
		0510	文化投资与资产管理	仅指政府主管部门转变职能后，成立的国有文化资产管理机构和文化行业管理机构的活动；文化投资活动，不包括资本市场的投资。该小类包含在投资与资产管理行业小类中	7212*
	052		运营管理		
		0521	文化企业总部管理	仅指文化企业总部的活动，其对外经营业务由下属的独立核算单位或单独核算单位承担，还包括派出机构的活动（如办事处等）。该小类包含在企业总部管理行业小类中	7211*
		0522	文化产业园区管理	仅指非政府部门的文化产业园区管理服务。该小类包含在园区管理服务行业小类中	7221*
06			文化娱乐休闲服务		
	061		娱乐服务		
		0611	歌舞厅娱乐活动	指各种歌舞厅娱乐活动	9011
		0612	电子游艺厅娱乐活动	指各种电子游艺厅娱乐服务	9012
		0613	网吧活动	指通过计算机等装置向公众提供互联网上网服务的网吧、电脑休闲室等营业性场所的服务	9013
		0614	其他室内娱乐活动	包括儿童室内游戏娱乐服务、室内手工制作娱乐服务和其他室内娱乐服务	9019
		0615	游乐园	指配有大型娱乐设施的室外娱乐活动及以娱乐为主的活动	9020
		0616	其他娱乐业	指公园、海滩和旅游景点内小型设施的娱乐活动及其他娱乐活动	9090
	062		景区游览服务		
		0621	城市公园管理	指主要为人们提供休闲、观赏、游览以及开展科普活动的城市各类公园管理活动	7850
		0622	名胜风景区管理	指对具有一定规模的自然景观、人文景观的管理和保护活动，以及对环境优美、具有观赏、文化和科学价值风景名胜区的保护与管理活动	7861
		0623	森林公园管理	指国家自然保护区、名胜景区以外的，以大面积人工林或天然林为主体而建设的公园管理活动	7862
		0624	其他游览景区管理	指其他未列明的游览景区的管理活动	7869

代码			类别名称	说明	行业分类代码
大类	中类	小类			
		0625	自然遗迹保护管理	包括地质遗迹保护管理、古生物遗迹保护管理等	7712
		0626	动物园、水族馆管理服务	指以保护、繁殖、科学研究、科普、供游客观赏为目的，饲养野生动物场所的管理服务	7715
		0627	植物园管理服务	指以调查、采集、鉴定、引种、驯化、保存、推广、科普为目的，并供游客游憩、观赏的园地管理服务	7716
	063		**休闲观光游览服务**		
		0631	休闲观光活动	指以农林牧渔业、制造业等生产和服务领域为对象的休闲观光旅游活动	9030
		0632	观光游览航空服务	指直升机、热气球等游览飞行服务	5622
			文化相关领域	本领域包括07-09大类	
07			**文化辅助生产和中介服务**		
	071		**文化辅助用品制造**		
		0711	文化用机制纸及纸板制造	仅指未涂布印刷书写用纸、涂布类印刷用纸、感应纸及纸板制造。该小类包含在机制纸及纸板制造行业小类中	2221*
		0712	手工纸制造	指采用手工操作成型，制成纸的生产活动。包括手工纸（宣纸、国画纸、其他手工纸）及手工纸板	2222
		0713	油墨及类似产品制造	指由颜料、联接料（植物油、矿物油、树脂、溶剂）和填充料经过混合、研磨调制而成，用于印刷的有色胶浆状物质，以及用于计算机打印、复印机用墨等的生产活动	2642
		0714	工艺美术颜料制造	指油画、水粉画、广告等艺术用颜料的制造	2644
		0715	文化用信息化学品制造	指电影、照相、医用、幻灯及投影用感光材料、冲洗套药，磁、光记录材料，光纤维通讯用辅助材料，及其专用化学制剂的制造	2664
	072		**印刷复制服务**		
		0721	书、报刊印刷	指书、报刊的印刷活动	2311
		0722	本册印制	指由各种纸及纸板制作的，用于书写和其他用途的本册生产活动	2312
		0723	包装装潢及其他印刷	指根据一定的商品属性、形态，采用一定的包装材料，经过对商品包装的造型结构艺术和图案文字的设计与安排来装饰美化商品的印刷，以及其他印刷活动	2319
		0724	装订及印刷相关服务	指专门企业从事的装订、压印媒介制造等与印刷有关的服务	2320
		0725	记录媒介复制	指将母带、母盘上的信息进行批量翻录的生产活动	2330

续表

代码			类别名称	说明	行业分类代码
大类	中类	小类			
		0726	摄影扩印服务	包括摄影服务、照片扩印及处理服务	8060
	073		版权服务		
		0730	版权和文化软件服务	仅指版权服务、文化软件服务。该小类包含在知识产权服务行业小类中	7520*
	074		会议展览服务		
		0740	会议、展览及相关服务	指以会议为主,也可附带展览及其他相关的活动形式,包括项目策划组织、场馆租赁保障、相关服务	7281-7284 7289
	075		文化经纪代理服务		
		0751	文化活动服务	指策划、组织、实施各类文化、晚会、娱乐、演出、庆典、节日等活动的服务	9051
		0752	文化娱乐经纪人	指各种文化娱乐经纪人活动。包括演员挑选、推荐服务,艺术家、作家经纪人服务:演员经纪人服务,模特经纪人服务,其他演员、艺术家经纪人服务	9053
		0753	其他文化艺术经纪代理	指其他文化艺术经纪代理活动	9059
		0754	婚庆典礼服务	仅指婚庆礼仪服务。该小类包含在婚姻服务行业小类中	8070*
		0755	文化贸易代理服务	仅指文化贸易代理服务。该小类包含在贸易代理行业小类中	5181*
		0756	票务代理服务	指除旅客交通票务代理外的各种票务代理服务	7298
	076		文化设备(用品)出租服务		
		0761	休闲娱乐用品设备出租	指各种休闲娱乐用品设备出租活动	7121
		0762	文化用品设备出租	指各种文化用品设备出租活动	7123
	077		文化科研培训服务		
		0771	社会人文科学研究	指各种社会人文科学研究活动	7350
		0772	学术理论社会(文化)团体	仅指学术理论社会团体、文化团体的服务。该小类包含在专业性团体行业小类中	9521*
		0773	文化艺术培训	指国家学校教育制度以外,由正规学校或社会各界办的文化艺术培训活动,不包括少年儿童的课外艺术辅导班	8393
		0774	文化艺术辅导	仅包括美术、舞蹈、音乐、书法和武术等辅导服务。该小类包含在其他未列明教育行业小类中	8399*
08			文化装备生产		
	081		印刷设备制造		
		0811	印刷专用设备制造	指使用印刷或其他方式将图文信息转移到承印物上的专用生产设备的制造	3542

代码			类别名称	说明	行业分类代码
大类	中类	小类			
		0812	复印和胶印设备制造	指各种用途的复印设备和集复印、打印、扫描、传真为一体的多功能一体机的制造；以及主要用于办公室的胶印设备、文字处理设备及零件的制造	3474
	082		**广播电视电影设备制造及销售**		
		0821	广播电视节目制作及发射设备制造	指广播电视节目制作、发射设备及器材的制造	3931
		0822	广播电视接收设备制造	指专业广播电视接收设备的制造，但不包括家用广播电视接收设备的制造	3932
		0823	广播电视专用配件制造	指专业用录像重放及其他配套的广播电视设备的制造，但不包括家用广播电视装置的制造	3933
		0824	专业音响设备制造	指广播电视、影剧院、录音棚、会议、各种场地等专业用录音、音响设备及其他配套设备的制造	3934
		0825	应用电视设备及其他广播电视设备制造	指应用电视设备、其他广播电视设备和器材的制造	3939
		0826	广播影视设备批发	指广播影视设备的批发和进出口活动	5178
		0827	电影机械制造	指各种类型或用途的电影摄影机、电影摄影摄影机、影像放映机及电影辅助器材和配件的制造	3471
	083		**摄录设备制造及销售**		
		0831	影视录放设备制造	指非专业用录像机、摄像机、激光视盘机等影视设备整机及零部件的制造，包括教学用影视设备的制造，但不包括广播电视等专业影视设备的制造	3953
		0832	娱乐用智能无人飞行器制造	指按照国家有关安全规定标准，经允许生产并主要用于娱乐的智能无人飞行器的制造。该小类包含在智能无人飞行器制造行业小类中	3963*
		0833	幻灯及投影设备制造	指通过媒体将在电子成像器件上的文字图像、胶片上的文字图像、纸张上的文字图像及实物投射到银幕上的各种设备、器材及零配件的制造	3472
		0834	照相机及器材制造	指各种类型或用途的照相机的制造。包括用以制备印刷板，用于水下或空中照相的照相机制造，以及照相机用闪光装置、摄影暗室装置和零件的制造	3473
		0835	照相器材零售	指照相器材专门零售	5248
	084		**演艺设备制造及销售**		
		0841	舞台及场地用灯制造	指演出舞台、演出场地、运动场地、大型活动场地用灯制造	3873
		0842	舞台照明设备批发	仅指各类舞台照明设备的批发。该小类包含在电气设备批发行业小类中	5175*
	085		**游乐游艺设备制造**		

代码			类别名称	说明	行业分类代码
大类	中类	小类			
		0851	露天游乐场所游乐设备制造	指主要安装在公园、游乐园、水上乐园、儿童乐园等露天游乐场所的电动及非电动游乐设备和游艺器材的制造	2461
		0852	游艺用品及室内游艺器材制造	指主要供室内、桌上等游艺及娱乐场所使用的游乐设备、游艺器材和游艺娱乐用品，以及主要安装在室内游乐场所的电子游乐设备的制造	2462
		0853	其他娱乐用品制造	指其他未列明的娱乐用品制造	2469
	086		**乐器制造及销售**		
		0861	中乐器制造	指各种中乐器的制造活动	2421
		0862	西乐器制造	指各种西乐器的制造活动	2422
		0863	电子乐器制造	指各种电子乐器的制造活动	2423
		0864	其他乐器及零件制造	指其他未列明的乐器、乐器零件及配套产品的制造	2429
		0865	乐器批发	指各种乐器的批发活动	5147
		0866	乐器零售	指各种乐器的零售活动	5247
09			**文化消费终端生产**		
	091		**文具制造及销售**		
		0911	文具制造	指办公、学习等使用的各种文具的制造	2411
		0912	文具用品批发	指文具用品的批发活动	5141
		0913	文具用品零售	指文具用品的零售活动	5241
	092		**笔墨制造**		
		0921	笔的制造	指用于学习、办公或绘画等用途的各种笔制品的制造	2412
		0922	墨水、墨汁制造	指各种墨水、墨汁及墨汁类似品的制造活动	2414
	093		**玩具制造**		
		0930	玩具制造	指以儿童为主要使用者，用于玩耍、智力开发等娱乐器具的制造	2451-2456 2459
	094		**节庆用品制造**		
		0940	焰火、鞭炮产品制造	指节日、庆典用焰火及民用烟花、鞭炮等产品的制造	2672
	095		**信息服务终端制造及销售**		
		0951	电视机制造	指非专业用电视机制造。包括彩色、黑白电视机以及其他视频设备（移动电视机和其他未列明视频设备）的制造	3951
		0952	音响设备制造	指非专业用音箱、耳机、组合音响、功放、无线电收音机、收录音机等音响设备的制造	3952

代码			类别名称	说明	行业分类代码
大类	中类	小类			
		0953	可穿戴智能文化设备制造	指由用户穿戴和控制，并且自然、持续地运行和交互的个人移动计算文化设备产品的制造。该小类包含在可穿戴智能设备制造行业小类中	3961*
		0954	其他智能文化消费设备制造	指虚拟现实设备制造活动。该小类包含在其他智能消费设备制造行业小类中	3969*
		0955	家用视听设备批发	指家用视听设备批发活动	5137
		0956	家用视听设备零售	指专门经营电视、音响设备、摄录像设备等的店铺零售活动	5271
		0957	其他文化用品批发	包括玩具批发服务以及玩具、游艺及娱乐用品、照相器材和其他文化娱乐用品批发和进出口	5149
		0958	其他文化用品零售	指专门经营游艺用品及其他未列明文化用品的店铺零售活动	5249

注：行业分类代码后标有"*"的表示该行业类别仅有部分内容属于文化及相关产业。

1.2　文化产业集群

1.2.1　文化产业集群的概念

文化产业集群是一个复杂系统。文化产业集群是一个由多要素、多主体、多种联系形成的集合体，是一个典型的复杂系统。

文化产业集群是产业集群"家族"中的新成员，对文化产业集群的定义建立在产业集群理论的基础上。Porter（1998）对文化产业集群的定义，即产业集群是一种相关产业活动在地理上或特定地点集中的现象。长期以来，国外的学者对文化产业集群做了大量相关研究。Henderson（1996）从地理学角度出发，指出文化产业在空间上具有集聚的倾向。也有学者认为，文化产业集群具有强大的植根性，当地居民参与程度会比较高，并且随着文化产业集群的演化发展，当地人口增加、房地产升值和贫困比重下降等经济现象会伴随而生（Stern and Seifert，2010）。Scott（2004）指出文化产业集群现象今后还会延续，文化产业集群的打造已经成为第二代文化经济政策的标志之一。Drake（2003）指出文化产业集群是提高创新速度和发展演化的重要催化剂，专业化分工越细致，越容易出现文化产业集群现象。

当前国内一些学者从不同角度对文化产业集群做了相关研究。文化产业集群这一概念由产业集群的概念演变而来，主要是指大部分关系密切的文化企业或组织机构集聚在某个区域内，分工协作、学习交流、融合创新，以此产生整体辐射效果的文化产业集聚现象。陈倩倩和王缉慈（2005）通过研究发达国家文化产业概念，分析了文化产业集群化发展的必然性和未来趋势。陈祝平和黄艳麟（2006）研究的重点主要是文化产业集群的成因和发展模式问题，认为规模经济、节约交易成本、竞争和知识溢出等都是影响文化产业集群形成的重要因素。方敏和徐静（2011）认为文化产业集群是由很多独立的文化企业相互联系，通过专业化分工和协作，逐渐在一定区域内集聚而成。康小明和向勇（2005）认为文化产业集群是指文化产业领域中（一般以传媒产业为核心），大量文化产业企业及相关支撑机构因密切的产业联系而形成的具有持续竞争优势的空间集聚现象。欧阳友权（2007）认为文化产业集群是相互关联的多个文化企业或机构在一个文化区域内协调共生，以产业组合、互补合作为互动形式，形成的具有孵化效应和整体辐射力的文化企业群落。雷宏振和宋立森（2011）认为在文化产业领域内，文化产业集群由众多独立又相互关联的文化企业及相关支撑机构，依据专业化分工和协作关系建立起来的，并在一定区域集聚形成的专业化产业组织。孟来果和李向东（2012）认为，文化产业集群是在一定地理空间上集聚，通过专业分工和产业协作，由众多互相关联的文化企事业单位与机构建立起来的产业组织。韩骏伟和胡晓明（2009）认为，文化产业集群是指从文化产业发展而来的，由众多与文化相关的企业以及支撑机构在一定区域的集聚所构成的产业组织。刘倩（2011）指出文化产业集群和产业集群相互区别又相互联系，它的区别表现在文化产业集群涉及的是文化领域，而产业集群涉及的是物质领域，它的联系表现在文化产业集群是产业集群的一部分。

由上可见，国内外学者在解释文化产业集群现象和认识其发展规律方面提供了大量的理论分析框架（刘小铁，2014）。本研究认为可将文化产业集群定义为：在全球化消费社会的背景下，以非物质形态——"文化"作为社会资本积累来源，以智力作为产业的根本手段，以知识产权的保护和市场化作为核心价值，为社会公众提供文化体验，满足公众精神文化需求的企业以及相关支撑机构在一定区域的汇集。文化产业集群包括核心层、外围层和相关产业层。核心层主要以人的无形智力投入要素作为产业的主导，对地方人文环境有着较强的根植性；外围层主要是指相关的支持性产业，包括互补产品的制造商以及促进创意产品的创造、生产或使用的设备产业；相关产业层主要是指为核心层集群发展提供一些辅助性的服务，包括引导和支持集群发展的政府、金融部门、大众运输、电信与因特网等服务机构。总之，文化产业集群是以人的智力要素为核心和主导的富有空间集聚性的企业及其相关支撑机构基于创新优势所形成的创新网状产业集聚体。根据文化产业及产业集聚涵义的分析和界定，我们可以得出文化产业空间集聚的概念。文化产业空间集聚是指大量相互关联的文化娱乐机构（电影公司、广播电视公司、广告公司、新媒介公司、出版社、唱片公司和设计公司、经纪公司等）、个人（艺术家）以及相关支持系统（大学、行业协会、金融机构、服务性行业、政府部门等）在一定空间地域范围内的集中。

　　通过上述定义发现，文化产业集群汲取了产业集群的一般性规律与特征，并结合了文化产业的定义、特征、发展规律和对文化价值的紧密关联，可以将文化产业集群理解为，一群与文化产业相关的企业和相关机构基于合理的分工与协作，以文化产品和服务的生产为核心，在一定区域内的高度集中，是一种高密度的文化结构单元，也是一种特定区域的产业成长现象（齐骥，2014）。

1.2.2　文化产业集群的特征

　　文化产业集群是一个主体众多，影响因素复杂的系统。整个系统具有开放性、多样性、非线性、不确定性、动态性和自组织性等复杂系统的特征。在文化产业集群特有的复杂演化过程中，这些特征相互交织，相辅相成。

1. 外部性

　　马歇尔（1964）将规模经济分为内部规模经济和外部规模经济。内部规模经济是指随着企业自身内部生产规模的扩大，成本减少、效率提高；外部规模经济其实就是指外部性。文化产业集群产生的外部性主要来自于整体品牌效应，在集聚区内，企业之间相互接触交流，不断迸发出新的社会资本，以及与文化相关的内容。一般来说，能够在集聚区内培养出知名度较高的企业，就会使整个集聚区的影响力范围扩大，这就是整体品牌效应。社会资本体现的是人际关系的价值，以及产业集聚所带来的外部性规模收益，因为它能降低交易成本与企业信息收集成本，减少议价和谈判过程，加快合作进度，主要通过人际关系维护和企业的声誉宣传等。同时社会资本还强调人与人的互动，通过缩短地理空间上的距离，建立相互之间的稳定关系，确立彼此的信任程度，形成有效的文化交往环境，促进集体创新能力的发展。缩短人与人之间距离的方式有两种：正式的与非正式的。正式的主要是指有组织和有计划地进行，不受地理环境的限制，随着通信技术的发展，逐渐发展为视频会议和网络会议。非正式的主要是指发生在正式场合外，非计划性和非目的性地进行接触，这是任何通信工具不能够替代的，从侧面反映了集聚区成立的必要性。非正式的面对面交流能够掌握最新的行业动态和最先进的技术水平，以及深入了解当前的市场需求和人才需求，建立情感联络。非正式的面对面接触反映了知识外溢的途径和过程（陈祝平和黄艳麟，2006）。规模收益企业的收益主要来源于集聚导致的交易费用和生产成本的降低，而不是依靠地理上的接近或者网络关系。集聚的优势主要在于企业间弹性互动的关系，通过"干中学"和"用中学"对内外资源的重新调整与加工，促进生产过程和成型产品的创新。同一个集聚区内的企业享受公共的基础设施、服务体系和外部资源，能够减少专用化资产投入，节约生产成本，创意和灵感的产生非常追求环境与氛围，通过交流，在风暴交流中创新产生产品的可能性比单独闭门造车产生的可能性要大许多。文化产业集聚区因地而异，具有各自的风格和象征，也代表了各自的文化符号，因此能够吸引具有相同价值观和文化认知的创意人才与消费者慕名而来，帮助企业迅速发现目标市场，同时集聚区内也有利于企业培养专业型的人才市场，解决劳动供给和需求信息不对称的问题，提高匹配的概率和效率。

2. 源市场效应

根据新贸易理论提出的源市场效应（home market effect）假设认为企业会定位在有大量需求的地方。克鲁格曼认为源市场效应是产业集聚过程中向心力的重要来源，大的市场更容易吸引企业进入该地区，这又促进了该地区市场的扩大，进而增强产业的集聚（张华和梁进社，2007）。从需求方面来看，城市的经济文化水平比较高，人们在满足物质生活需求的同时，开始追求精神生活，人口高度密集、知识文化和技术水平高度发展的大城市更容易集聚能够丰富人们生活的文化创意产业；从供给方面来看，大城市拥有丰富的创意型人才，满足了创意产业发展的要求，创意人才和创意产业的集聚又会带来更大的市场需求。文化创意产业选择大城市集聚发展是必然趋势，并带动周边城市的共同发展，从而通过"累积循环效应"得到进一步加强。

3. 创新能力和竞争力

创新经常发生于集群当中，因为集群可以提供空间和能力，增强产业间的扩散效果，增加技术创新所产生的外部化效果，进而提升创新的成效（Porter，1990）。不同人才所拥有的知识及互动的学习构成了创新氛围，创新氛围是指在一定区域内，通过非正式的社会关系构成的复杂网络，决定了参与者的外在形象与内在归属感，通过互动学习，逐渐强化了创新能力（Camagni，1991）。Florida（1995）研究创新环境时强调了几个重要因素：强化学习的机构设立、企业间人员的沟通合作和技术交流、学习型企业各部门间有彼此交流的管道、地区性政府机构的介入等。文化产业集群除了追求规模经济和范围经济带来的收益外，主要是分享集聚形成的创新网络环境下的学习系统。在网络型的学习系统中，彼此信任是学习有效进行的主要因素，也是社会资本的重要体现。知识不但包括可以直接运用的固定化知识，还包括类似经验等需要交流的知识，随着网络和通信技术的发展，固定化知识传递不受空间、时间的限制，但是类似经验等需要交流的知识的传递则受到一定条件的限制，传递过程带有一定的偶然性。Ciccone 和 Hall（1996）研究发现，知识的影响力能在一定范围内迅速扩散，但随着范围的不断扩大而减小，因此，说明了地理接近的重要性。这里所说的是类似经验等需要交流的知识，它带来的影响是不可小觑的，甚至在一定程度上能够推动集聚区的创新。另外，集聚区内的企业在一定程度上具有同质性，能够产生良性的竞争，同样的压力反过来也会成为企业提升自我的竞争力。

4. 降低风险

根据创意产品投入产出的特性，文化创意产业产品的进出壁垒比较低，这意味着每个企业都不可能凭借特殊的资源优势，占据绝对的垄断地位。文化创意产业在某种程度上属于现代化服务业，拥有特定的消费群，新进入集聚区的企业能够享受集聚所带来的规模效应，降低宣传营销和投资的成本，吸收最前沿的创新元素，及时地获取各企业经营的经验，以最快的速度获取创新和发展的动力。同时，这种规模效应也提高了买方和卖方的选择机会与议价能力，降低机会成本。特别是对于大多数中小企业而言，作为产业园区内整体开发项目的一员，比单独成立的小企业，更容易获得政策的支持，也便于进行统一的规划管理。

作为产业集群的横向延伸，作为一种绿色经济组织，文化产业集群除了具备一般产业集群的特性：专业化分工、地理空间性临近、组织性临近、集群组织相互关联、协同与溢出效应之外（吴晓波等，2004），更具有区别于一般产业集群的特征，主要表现在以下几个方面：

（1）地理位置具有特殊性。传统产业集群基于交易成本进行"选址"——基本上会出现在劳动力成本低廉、交通便捷的地区。而"文化"是文化产业集群最显眼的标签，是文化产业集群发展的核心，那些历史文化资源丰富、人文环境优越、城区基础设施便利、创意人才丰富的地区注定是文化产业集群产生的地方。文化产业集群中的创意人才讲究自由、随意的工作氛围，并希望将生活与工作结合起来，因此，文化产业集群往往会出现在大城市，如伦敦、纽约、东京、香港。

（2）人文植根性特征明显。作为对客观环境要求十分严格的文化创意产业，文化产业集群一般形成于具有独特文化积淀的环境下，并通过创意加工进行开发和利用（高莹，2014）。文化产业集群形成和发展的社会基础依赖于历史传承和人文环境。每个文化产业集群具有独特的文化属性，集群内的企业与机构的活动、集群生产的文化产品与服务植根于本地文化内涵，深厚的人文植根性凝聚着文化产业集群内部每一个个体，也推动着整个文化产业集群长久发展（蒋三庚等，2010）。

（3）"创意＋人才"是文化产业集群的"灵魂"。创意是文化产业的重要依托，人才是文化产业的发展核心，文化产业围绕创意向集群化发展。文化产业集群中文化产品和文化服务的研发、生产、销售无一不涵盖创意，依赖创意。可以说创意支撑着整个文化产业集群的发展。而人才是创意的主要来源，大量创意型人才工作和生活在集群内部，形成丰富的人力资源，既降低集群的人才成本，又提供源源不断的思维创意，可以说，文化产业集群是创意和人才的双重集聚。

（4）集群产业态势明显。文化产业集群不是大量企业和机构简单"扎堆"的经济现象，而是基于专业化分工和社会化协作，不同规模的企业并存，不同类型的企业共生互补而形成的集文化、经济和规模三大效益为一体的集群体。在集群内部，企业之间就文化产品和文化服务的研发、生产、销售、再生产形成了一条完整的产业链，呈现出明显的分工与合作的关系，相同的文化背景催生一种区别于传统产业集群的组织模式——相比传统产业集群中的竞争关系，文化产业集群内的企业更注重合作。

（5）集群网络稳定且自由。文化产业集群形成后，在分工和协作的基础上，集群内部企业和相关机构所形成的网络呈现出稳定性与自由性的特征，网络的稳定性会带给集群很多优势，如低廉的交易成本、高效的资源利用率、灵活的企业联系、优质的信息交流、浓郁的学习氛围等。创造性、精神性以及多样性的文化产品和文化服务，需要一个相对开放和自由的网络，过于紧密的集群网络反而容易影响企业对外来者的接受程度，也不利于创意和多样性的生长。

（6）行业跨度大，涉及领域多。在传统产业集群中，产业集群专业化特征明显，整个集群围绕一个主导产业或者核心产业开展活动，企业生产和服务具有趋同性。文化产业集群则更具延伸性，这种延伸性体现为集群内部涵盖若干个子产业，不同子产业相互关联，直接或间接发生组合和联系（毛磊，2013）。集群企业具有跨行业、辐射面广、涉及领域众多等特点。一个文化产业集群可以涉及旅游、影视、动漫、游戏、出版、传媒、广告等多个行业，这些行业非但不会影响集群的竞争与发展，反而会依靠文化、创意这些关键的生产要素有机地融合在一起，创造出新的经济内涵，产生经济辐射效应，使文化产业集群更具活力。

文化产业集群不仅体现在外部地域空间集聚，内部的根植性，还呈现出新的特征，文化产业与其他产业不同，当前文化产业空间集聚出现新趋势，主要表现在以下几个方面：

（1）"内容生产"为集聚核心。文化产品既具有商品属性，也具有意识形态属性，因而意识形态的文化产品必须承载一定文化内容，"内容生产"成为文化产业集聚的核心。文化产业包含的行业较广，文化生产的产业链较长，但是并非所属文化产业门类中任何一个行业都可以认定为文化产业集聚。文化产业属于关联性较强产业，特别是与服务业、制造业、信息产业、旅游业关联性较强，如果产业集聚区内部只是由文化产品的再制造企业或信息技术企业组成，那么这类集聚仅仅是制造业集聚或信息产业集聚而非文化产业集聚。例如，巴黎成为"时装之都"，时装中蕴含时尚元素和设计，属于文化产业范畴，如果涉及创意设计范畴的企业在地理上高度集中，属于文化产业集聚，但涉及时装制作环节的生产企业地理集中，则属于制造业集聚范畴。

（2）"松散与开放"的集聚网络。产业集聚形成后，在专业化分工与协作的基础上，集聚行为主体间建立较为稳定的网络体系，这种正式和非正式网络关系可以扩大信息交流，增强企业灵活性，促进文化创意的产生。文化产业集聚网络体系与工业型产业有所不同，工业经济要求的是整齐统一的行动，需要权利高度集中统一的指挥，在生产过程中，不仅要规定目标，而且实现目标的方式也需要标准化和条律化。但是知识型文化领域要求分散权利，意味着每个人将成为自己工作的指挥者和主人，意味着每个人需要采用创造性方法完成工作。知识型文化工作者需要自由松散环境，喜欢相对有弹性的工作机制，因此文化产业集聚中形成的网络体系呈现出松散的、开放的特征，过于严密、条律化的网络体系不利于文化产品多样性的发展。

（3）"虚实"结合的两维空间。数字化、网络化的技术进步使人类的生产活动，特别是以知识型资源占有、配置、生产、分配、使用为主的经济活动，包括文化生产活动，发生了革命性的变化。经济全球化和数字化、网络化的背景下，文化产业集聚发展，在现实世界和网络世界的两维空间展开，正在向以集聚实体为基础，以创意内容为核心，以虚拟网络为辐射，以经济流量的集聚与升值为亮点的新模式发展，数字化高端融合逐渐成为文化产业集聚的高级形态。例如，好莱坞作为美国电影娱乐产业的集聚，它并不是简单的政策及物业公司运营的实体产业园，而是一个管理全球化创新网络的头脑中心和电影产业总部基地，集聚了各式各样的主题公园、研究中心、工作室等，并管理着一个庞大的遍布全球的具有电影投资、生产发行、娱乐服务、衍生品研发等职能的网络集聚体。好莱坞电影娱乐产业的集聚发展代表了文化产业集聚的高级形态。

（4）城市化升级中的"空间再造"。20 世纪末开始，随着发达国家率先跨入后工业化时代，越来越多的城市进行了产业结构的转型，其重点是逐步淘汰能级低、能耗高的低端制造业，逐步发展科技含量高、知识含量高、专业化程度高的制造业和服务业，一种新的知识形态进入城市生产力中心。推动文化产业集聚发展的过程，是与城市化与再城市化的过程结合在一起的，如日本的名古屋在多年前曾是娱乐业中心，但是第二次世界大战后名古屋变成废墟，在灾后重建过程中，政府工作者宣称把主要精力集中在创意社区上，并开始酝酿建造一座"设计之都"。在这样的口号之下，名古屋积累许多重要创意和设计资源，获得"创意城市"的美誉。名古屋就是依托城市化发展不同阶段的特征，融合发展文化产业集聚与城市功能，使文化产业集聚区成为城市知识型、创新型的服务功能区。

1.2.3　文化产业集群的分类

文化产业集群是文化产业发展的重要模式，各个国家和地区按照不同维度对文化产业集群类型进行划分，一般按照形成原因、集聚结构、产业关联方式等将文化产业集群分为不同集聚类型。例如，根据产业集聚形成原因，可以将文化产业集群分为文化趋同型、政策导向型和区位诱导型三类；根据美国区域学者马库森的观点依照集聚内企业组织和关联结构，可以将文化产业集群分为马歇尔式、轮轴式、卫星平台式和国家力量式四类；根据韦伟和周耀东（2003）产业组织间的关联角度，可以将文化产业集群划分为竞争型、垂直型和混合型三类。本书结合众多学者的分类标准和文化产业空间集聚常规形态，将文化产业集群类型归纳为以下四种。

1. 政策主导型

政策主导型文化产业集群是指自上而下的人为培育而成的产业集群，它通常是政府战略规划的结果。政策主导型文化产业集群的特征主要体现在：第一，以政府主导资源配置为主要方式，以坚持政府对文化产业发展的主导作用为核心。第二，政府制定该产业的总体发展战略和规划，通过积极的政策引导文化产业在发展中向某区域集聚，通过制定计划以及财政、金融、税务、价格、工商管理、招商引资等方面的产业政策，引导与鼓励集聚区内的文化产业企业优先、快速发展。政策主导型文化产业集群也已成为当今世界许多国家政府所优先采纳的发展战略。例如，英国从 1997 年开始大力发展文化创意产业，在发展的过程中英国政府发挥了积极的推动作用和重要的影响作用，通过政府窗口对文化创意产业进行大规模的宣传并将其产生的创意内容不断地向外进行推广，在此过程中也制定了一系列配套措施，通过资金、税收、培训以及市场准入等手段，加强对文化创意产业的引导、培育、扶持，使其基于产业发展的创造性活力逐步融入国际经济社会的发展轨道。再如，韩国政府为了推动文化创意产业的发展，规划了 10 多个不同类型的文化产业园区，进行文化创意产业的资源优化，集中经营，形成规模效应，在园区内不断提升研发生产能力和创新实力。2009 年韩国政府各支持文化产业园区 200 亿韩元，各支持传统文化产业园 50 亿韩元，各支持综合文化产业园区 300 亿韩元。同样，我国政府也有大量自上而下推动文化创意产业集聚的发展经验。例如，上海"8 号桥"创意产业园就是市、区等各级政府在区域产业总体发展战略和规划的指导下，通过对文化创意产业发展的大环境及周围人群的区位需求、空间特征等进行分析，对区域经济、社会、文化等发展环境和条件进行综合评估，制定符合特定园区的文化创意产业发展规划。在招商引资方面，政府通过公开招标的形式，对投资开发主体的文化开发能力和招商能力进行评估，以此选择合适的投资开发主体。集聚区建设的前期规划、开发、招商等由投资主体实行市场化运作，而后期的实际运作则以"管委会为辅、企业为主"的模式进行，这种形成机制是政府规划推动与企业市场运作良性互动的结果。

　　2. 区位诱导型

　　区位诱导型文化产业集群是指文化产业源于特定的地理区位，或靠近特殊的文化创意群体，或靠近目标消费群体，或靠近交易市场，特定的地理区位能够促进文化产业集群的形成与发展。一般而言，集聚产生的初期都是由区位优势自发集聚形成的，最初属于自下而上的产业集聚，但发展到一定阶段后，政府一般会主动介入，承担一定的管理和协调的职责，使其发展更加规范和完善。作为世界闻名的艺术区，美国纽约曼哈顿岛西南端的苏荷（south of Houston street，SOHO）就是典型的区位诱导型集聚。苏荷原是 19 世纪工厂和仓库最集中的地区，它是一个占地不足 0.17 平方英里[①]的社区，一直被认为是"统楼房"（loft）生活方式的发源地。第二次世界大战后，金融业取代制造业成为纽约经济的支柱产业。与此同时，那些有理想才华却不名一文的青年艺术家"发现"了这片位于城市中但已被废弃的厂房，通过改造把这里变成自己的生活空间和艺术工作室，俗称"统楼房"。一开始，进驻曼哈顿苏荷的艺术家约占纽约艺术家总数的 30%，随着苏荷文化的发展，这里已成为"雅皮士"的住宅区。纽约市政府也曾计划对该地区的传统建筑实施拆迁，改建为现代化的写字楼和高级公寓，但遭到公众的强烈反对，20 世纪 60 年代起，纽约市政府与规划、立法部门对该地区进行了一系列旧城改造措施，制定并通过了一系列法规，包括允许艺术家自筹一部分资金与开发商一起建合作公寓、"统楼房"的底层只能用于商业用途等。20 世纪 70 年代纽约市政府则决定将苏荷列入历史文化保护区，明确规定以艺术经营为主，保存苏荷建立的初衷，由此产生的正外部性吸引了众多文化交流机构，如商业产业、娱乐产业、时装产业等诸产业集聚在此。就我国文化产业的发展来看，很多文化产业集群同样在最开始的时候利用了地理优势，在现有的产业布局的基础上建立具有自身当地特色的文化产业基地，如北京 798 艺术区、宋庄画家村等都属于区位诱导型文化产业集群。

　　3. 垂直关联型

　　韦伟和周耀东（2003）提出，在一些大型企业中，随着企业规模的增长，企

---

① 1 平方英里＝2 589 988.11 平方米。

业内部职能逐渐走向专业化，其中每一项职能部门经济活动都可能成为一个独立的区位，这种类型企业间形成了垂直分工型的产业链。垂直关联型文化产业集群是指在多层次产业集聚中，上下游企业间存在着原材料供应、成品或半成品生产或成品销售的投入产出联系的复合型产业集聚，文化产业中的传媒产业大多属于这一类。例如，北京 CBD①国际传媒文化产业集聚区就属于此种类型。该集聚区以国际传媒产业为主导，依托众多强势媒体，如中央电视台、北京电视台、人民日报和国际知名传媒机构，并以版权交易、书报刊发、影视内容制作与传播、广告业、网络服务为发展重点。北京 CBD 国际传媒文化产业集聚区集聚了 60%以上的境外驻京代表机构，80%以上的驻京海外新闻机构。为搭建国际化传媒产业平台，集聚区内管理委员会成立了北京 CBD 传媒产业商会，设立了北京国际版权交易中心和北京朝阳（CBD）保护知识产权举报投诉中心，集聚区内硬件环境不断完善，促使北京 CBD 国际传媒龙头地位的逐渐提高。

4. 水平关联型

水平关联型文化产业集群实质是同一产业群体，这种产业群体最大的特征就是集聚企业生产或经营的产品大致相同，面对共同的市场和用户，企业仅以提供差异化的产品来避免同质竞争。中关村创意产业先导基地属于此种类型，该基地是北京市首批十家文化产业集聚区之一，全球 500 强企业的雅虎（Yahoo），腾讯公司都已入驻先导基地，以图书城地区为中心，向北京大学科技园、清华大学科技园、中国人民大学文化产业园、北太平庄动漫设计中心和甘家口地区建筑创意设计带辐射，基地囊括的行业有软件、动漫游戏、创意设计、数字内容、出版传媒等，基地产业配套环境、中介服务和投融资体系日趋完善，北京数字娱乐软件公共技术支持平台、中关村创意产业动漫游戏孵化器建设项目都已启动建设。除了中关村创意产业先导基地以外，纽约百老汇和东京城区形成的一些卡通产业集聚地都属于差异化产品通过共同协作形成的水平关联型文化产业集群。

---

① CBD 指中央商务区（central business district）。

第 2 章　文化产业集群的复杂系统性

文化产业集群不是一类简单的系统，其在演进发展过程中具备典型的复杂系统性特征，采用传统的研究方法难以揭示其本质特征。本章应用复杂系统理论（system complexity）研究文化产业集群演化问题，丰富了文化产业集群演化研究的理论基础；弥补了经济学在刻画产业集群动态演化过程中的不足；同时，对文化产业集群的复杂系统性问题的相关研究进行了视角创新。

2.1　复杂系统理论

复杂系统理论是系统科学中的一个前沿方向，它是复杂性科学的主要研究任务。复杂性科学被称为 21 世纪的科学，它的主要目的是揭示复杂系统的一些难以用现有科学方法解释的动力学行为。与传统的还原论方法不同，复杂系统理论强调用整体论和还原论相结合的方法分析系统。目前，复杂系统理论还处于萌芽阶段，它可能孕育着一场新的系统学乃至整个传统科学方法的革命。

2.1.1　复杂系统的界定

物质系统是一切事物的总称，复杂系统是物质系统的重要组成部分。研究领域和焦点的差异性决定了学者对复杂系统的认识也不完全相同。美国学者赫伯特 A. 西蒙（Herbert A. Simon）、日本学者福田丰生及丹麦学者佩尔·巴克（Per Bak）借助系统要素间的作用与变化界定复杂系统概念。我国学者颜泽贤（1993）通过一系列对比剖析，提出复杂系统是所有复杂事物的总称，是物质多样性统一具体化的一种基本形式。复杂系统内部至少有若干个原生层次，各层次之间总是具有理论上的不可分解性和实际上的不可还原性（周玉强，2011）。因此，本研究将复杂系统理解为一个由许多部件、要素组成，系统内部呈非线性相互关系的物质系统。

根据国内外学者的研究，可归纳出复杂系统具有开放性、非线性、多样性、自组织性、涌现性等特性。开放性是指复杂系统与外部环境密切交流，交换物质、能量与信息；非线性是指复杂系统的先决条件，系统主体（或子系统）通过相互影响、制约和依存等方式，形成区别于单方面影响作用的互动关系；多样性是指复杂系统主体在相互适应、相互作用的过程中，呈现多方面分化发展；自组织性是指复杂系统在不受外力干预的情况下，通过自身主动组织而发生进化；涌现性是指复杂系统整体不是部分的简单"叠加"，而是多方位的层级进化，即整体超越部分之和。

2.1.2　复杂系统的基本概念

复杂系统是相对于简单系统（如线性系统）和非线性系统而言的，由于研究者的学科领域不同，对复杂系统的理解也不完全相同。因此，复杂系统至今尚没有统一的定义，实际上给出复杂系统的定义本身也变得很复杂。

1999 年 4 月美国《科学》杂志出版"复杂系统"专辑时，两位主编就指出：通过对一个系统分量部分（子系统）的了解，不能对系统的性质做出完全的理解，称这样的系统为复杂系统。Simon（2000）认为复杂系统指的是由许多部件组成的系统，这些部件之间有许多相互作用，不是简单的叠加。在这种系统中，整体大于部分之和，也就是说，即使已知部件的性质和它们相互作用的规律，也很难把整体的性质推断出来。Bak 和 Chen（1999）将有巨大变化性的系统称为复杂系统。

一般认为，复杂系统由众多存在复杂相互作用的组分（或子系统）组成，系统的整体行为（功能或特性）不能由其组分的行为（功能或特性）来获得。这里的复杂相互作用是指系统的组分间用无数可能的方式相互作用，正是这种组分间用无数可能的方式相互作用，才使复杂系统涌现出所有组分不具有的整体行为（功能）。詹姆斯·海斯（2003）描述复杂系统的复杂行为时给出如下公式：

$$复杂行为 = 简单规则 + 丰富关联$$

上述公式表明了构成复杂系统的组分、组分间的相互作用及整体行为（功能）三要素之间的深刻关系。正如史蒂芬所说，每当你观察物理或生物方面非常复杂的系统时，你会发现它们的基本组成因素和基本法则非常简单（颜泽贤等，2006）。复杂问题出现是因为这些简单的组成因素在自动地相互发生作用。米歇尔·沃尔德罗（1997）指出，复杂性其实存在于组织之中，即一个系统的组成因素用无数可能的方式在相互作用。复杂系统的组分及其相互关系就像国际象棋中的每一步，这些步数的组合就像是在比赛。组合不仅仅是集聚，组合物的组分之间存在相互作用，通过这种相互作用会形成复杂的结构；但它不仅仅是相互作用，它在表现组分特征的同时，还传递着作为整体而新产生的点。大尺度组合特别能激起人们的兴趣，因为它产生了高度的复杂性和无限的可能性（沈小峰，1993）。

综上所述，如果系统的整体行为可由其组分的行为来获得，即满足叠加原理的系统是简单系统，而系统的整体行为不能由其组分的行为来获得的系统就是复杂系统（李士勇，2006）。

2.1.3　复杂系统演化及特征

1. 复杂系统的状态

一般说来，对复杂系统的认识需要通过人为的抽象并加以描述，然后借助于数学、计算机科学等方法和技术，分析和模拟系统的复杂变化行为。这包括两方面的工作：一方面是系统动力学的描述，即通过对系统中各种要素之间的刻画，借助数学的工具，探索系统状态变化的规律；另一方面是从系统的现有状态出发，通过对状态空间重构，揭示系统运动变化的规律。

假设研究的复杂系统是由 N 个主体构成，其中任一个主体为 O，其运动状态可以用 n 种变量来刻画，$X = \{X_1, X_2, X_3, \cdots, X_n\}$，那么，该系统就可以用 N_n 维的空间来描述。借助空间重构技术和数学分析、计算模拟技术等，可以在二维或三维空间上展示系统运动的变化状态。如果系统构成主体之间的关系（规则）是确定的，并可以通过一组微分方程来描述，那么，通过对微分方程的求解，就可以得到系统运动的轨迹。通常复杂系统某个状态的运动轨迹具有以下几种类型：固定点吸引子、有限周期吸引子、奇怪吸引子、分形、混沌吸引子和随机性行为。

2. 复杂系统的演化

复杂系统的不断演化大多借助三种途径进行：

第一种途径是系统的自组织，这是复杂系统的一个关键特征。自组织使系统能够改变内部的结构以更好地适应环境，使系统在学习过程中一点点地改变其内部结构。

第二种途径是系统的耗散性结构，是指处在远离平衡态的复杂系统在外界能量流或物质流的维持下，通过自组织形成的一种新的有序结构。

第三种途径是系统的自组织临界，即复杂系统具有在随机变化和停滞之间保持平衡的能力。一个系统能够达到一个临界点，不必对系统采取任何行动就可以使之位于崩溃的边缘，而不是偶然经历一次（Bak and Chen，1999）。自组织临界是系统自组织的一种形式，在这种情况下，内部结构调整的速度太快以致系统不能够适应，但为了最终的生存，系统又必须适应。对自组织临界点的研究大多局限于生态系统和生物系统，对经济系统的研究较少。

3. 复杂系统的演化特征

自组织演化行为是一个系统的过程，根据国内外学者对复杂系统的研究，本研究归纳出复杂系统具有开放性、非线性、非平衡性、多样性、自组织性、涌现性、涨落等特征（颜泽贤等，2006）。

1）开放性

复杂系统的开放性，即系统与环境发生的相互作用，指系统与所处的环境之间的物质、能量和信息的交换，由于有这些交换，要界定复杂系统的边界往往是困难的。复杂系统具有开放性，系统的范围并非系统自身的特征，而常常由系统的描述目标决定，往往受到观察者位置的影响。复杂系统的开放性促使系统本身与环境之间不断发生相互作用，并促使系统不断适应环境的变化。系统开放是自组织演化的环境条件，也是首要条件，因为任何系统只有在开放的条件下才能演化发展，也只有在开放的条件下才能获得生存所需的物质能量和信息。系统开放是与系统孤立和系统封闭相区别的，系统开放不像系统孤立一样与环境完全隔离，也不像系统封闭一样与环境有能量交换而没有物质交换，系统开放与环境既有能量交换又有物质交换，是在自身矛盾运动和外部因素综合作用下的发展。

2）非线性

非线性是复杂系统的先决条件，特别是自组织、动态适应和进化关系重大时，与非线性原理密切相联系的是不对称原理（许国志，2001）。线性的、对称的关系适用于结构透明的简单系统（司马贺，2004）。在复杂系统中，必须找到打破对称并利用非线性放大能力的机制，这是由存在大量相互作用的层次和竞争资源来保证的（成思危，2001）。非线性的实质是指系统主体（或子系统）之间并不是单方面的影响作用，而是相互制约和相互依存的互动影响关系（Scott，2000）。非线性的相互作用是自组织演化行为之所以能够发生的根本条件。非线性关系是一种和线性相区别的关系，不满足叠加原理（加和性原理，即 $f(x+y)=f(x)+f(y)$；均一性原理，即 $f(ax)=af(x)$；二者合起来，称为叠加原理），组分之间、组分与结构之间、因变量与自变量之间不成比例，并且系统的行为在这种关系中是确定的。它包括以下内容：①非线性在数学上来说，是指两个元素或两个变量的非线性关系，它们不是单向的，也不成比例；②非线性相互作用在系统中的表现主要是，当系统输出的信息反馈到输入端时，起到加强或削弱系统初始效应的正负反馈作用。

3）非平衡性

非平衡性也称远离平衡态，是自组织演化的必要条件。所谓非平衡性是指系统不断和外界环境进行物质、能量与信息的交换，吸收低熵物质输出高熵物质使系统"新陈代谢"处于充满活力的状态，这种状态并非一种平衡态和近平衡态，而是一种远离平衡态，是系统保持和产生自身有序结构的根源，是使系统演进到更高组织结构，促使系统内部有序性提高、组织性加强的一种状态。

4）多样性

主体间的相互作用和不断适应的过程，使主体向不同的方面发展变化，形成了多样性（朱宗涵，2002）。在适应过程中，由于种种原因，主体之间的差别会发展与扩大，最终形成分化，这是复杂系统的一个显著特征。无论是生物系统、生态系统，还是经济系统均具有多样性，这种多样性一方面是指组成系统主体的多样性，另一方面是指主体之间以及主体与环境之间作用的多样性。复杂系统的多样性特征决定了其功能的多样性。

5）自组织性

复杂系统的自组织性是指系统在没有外部设计者的干预或不存在某种中央化形式的内部控制的情形下，内部结构也能够发生进化。如果系统的能力满足一些约束条件，则能够通过自组织过程发展分布形式的内部结构（姜璐和谷可，2001）。这种过程中，结构既不是对外部被动的反应，也不是主动的、预先编程的内部因素的结果，而是在环境、系统的现存状态和系统的历史之间的复杂相互作用的结果。

6）涌现性

系统科学把系统整体才具有的、孤立的组成部分及其总和不具有的性质定义为系统整体的涌现性。穆勒提出了涌现的三个判据：①一个整体的涌现特征不是其部分的特征之和；②涌现特征的种类与组分特征的种类完全不同；③涌现特征不能从独立考察组分的行为中推导或预测出来（欧阳莹之，2002）。约翰 H. 霍兰（2000）提出了区分涌现现象的四个标准：第一，涌现现象应该是系统中重复发生的模式，展现一种永恒新奇的现象；第二，涌现现象展示了一个层级制组织，在这个组织里每一个层次有选择的构件组合，构成组织中高一层次的构建；第三，涌现是通过从下向上的影响和从上向下的影响两个不同方向对各个层次发挥作用的；第四，涌现规律性超过部分总和。涌现性是复杂系统演化过程中具有的一种整体特性。

一个复杂系统由许多单元组成，它们之间动态地发生相互作用，形成了系统的不同层次和规模。在最低的系统层次上，系统由许多个“简单”系统组成，它们表现出简单的系统行为；“简单”系统相互关联合成高一层次的系统单元，这些单元再组织成更大的系统单元，并由此形成更高的系统层次（米歇尔·沃尔德罗，1997）。在更高的系统层次上，系统涌现出不能再简单地从任意一层次上的单元行为来加以推断的行为。该种涌现的行为，可以是受微观单元行为较大影响的混沌行为，也可以是受微观单元行为影响不大的锁模行为。

7）涨落

涨落是自组织演化行为发生的“诱因”和“触发器”，是自组织演化的充分条件。在系统的自组织行为中，存在着许多偶然性，这种偶然性使系统内部各个元素之间、元素与结构之间发生变动，这种变动可能使系统内部产生新的有序结构，这种现象称为涨落。涨落有微涨落和巨涨落之分。微涨落通常出现在系统处于稳定状态或者平衡状态时，这时的微涨落不会对系统造成影响，因为它会被系统结构的负反馈作用抵消。但是，如果涨落不是出现在稳定状态或者平衡状态时，就会对系统造成影响，这种微涨落不会被系统结构的负反馈作用抵消，反而会快速增长，当增长到一定程度时，就形成了巨涨落。这时巨涨落的形成代表着系统内部各个元素之间、元素与结构之间形成了新的有序结构，这种结构一旦被某种正反馈机制加以放大并稳定下来，就成为了一个新的占主导地位的有序结构。

2.1.4　复杂系统理论在产业集群演化研究中的应用

从复杂性方面考察事物的起源、变化、发展、消亡或跃迁以及稳定等方面的原因和过程，就是复杂系统演化论的任务。产业集群发展正好经历着起源、成长、成熟和衰落等演变过程。因此，用复杂性理论来研究产业集群演化可以从深层次揭示其内在规律性。

1. 国内外产业集群演化复杂性研究述评

国内外已经有学者开始应用复杂性理论研究产业集群的演化问题。Brenner（2001）应用复杂性理论的自组织特性研究产业集群动力机制，分析了产业集群促进集群临界规模的超越和集群当地的共生作用的两个主要机制。Rullani（2002）指出集群系统的独特性：①集群是一种自然形成的自组织系统。集群不是人为设计的一种技术装置，作为解决问题的工具，集群大都是自发形成的。②集群是一种当地化的生态系统。集群内部的关系是通过历史累积形成的，按照其自身的逻辑组织起来。这种关系在外部是无法观察的，每一个集群内部的资源和关系带有独一无二性，因而无法复制。集群不仅处理信息和技术解决方案，而且发展自己的社会结构、集体形象、价值观与心灵。③集群是一个生活系统。集群是集群中的人们获取非经济需要的场所，这包括人们的互动、沟通以及感觉。Cooper 等（2004）运用复杂性理论解释了具有很大增长潜力的产业集群形成的原因，即是由不同历史和文化氛围所产生的不同社会结构造成的，而文化氛围又与创新环境息息相关。Albino 等（2006）从复杂适应系统的角度解释了集群之所以有竞争优势的原因，认为复杂性理论克服了传统研究方法的局限性。集群的竞争优势不是由我们已知的集群特征造成的，而是集群为了适应外部环境，与外部环境协同演化的结果。

国内也有学者应用复杂性理论来研究产业集群的演化。李兴华（2003）以系统论和自组织理论观点为依据，探讨了科技企业集群形成与演化的自组织过程、机制、特征和主要条件。刘恒江等（2004）通过建立产业集群涌现性的CGP（constrained generating procedure）模型，从涌现性的发生条件、机制、规律以及判断依据四个方面分析集群的动力机制，解释集群动力机制的非线性、动态性等复杂性质，并分析其功能演化规律。陈继祥（2005）从复杂系统理论考察产业集群，并认为产业集群具有技术创新、开放、企业之间相互竞争与合作等表现，因此，产业集群是一种复杂适应系统，自组织是产业集群的基本特征。井然哲和覃正（2005）通过引入自组织理论，分析了企业集群系统和谐发展的条件和过程，对企业集群系统和谐发展机理进行了探讨。胡恩华和刘洪（2007）提出了从复杂适应系统角度研究产业集群创新行为的思路。张东风（2005）应用复杂性理论，对自组织集群成长、进化机理进行了探讨，提出了集群涌现的一般特征与成长机制。芦彩梅（2007）从复杂系统理论的角度，对产业集群的复杂性特征进行了分析，并指出产业集群发展的最佳位置是处于混沌的边缘——复杂状态；指出产业集群演化的基本方式是自组织和他组织，而演化的根本动力是集群成员间的合作竞争和协同演化。蔡彬清等（2008）以自组织理论为基础，分析了产业集群演化中的锁定效应，结果表明，只有避免产业集群演化中的各种锁定现象，打破缩影效应，才能真正完善集群自组织机制，使产业集群实现可持续发展。董湧和陈继祥（2008）以复杂适应系统理论分析了产业集群的内在层次，阐明各层次主体间相似性，揭示产业集群的分形体结构；建立、推导了基于分形介质反应动力的数学模型；解释了产业区内产业集聚的微观机制和条件，并指出了影响产业集群形成和发展的几个重要因素。

以上国内外学者的相关研究，弥补了经济学在研究产业集群演化中的不足，为研究和把握产业集群演化及其规律提供了新的思路，同时为促进产业集群良性演化，加强产业集群治理，制定产业集群发展政策等方面提供了理论依据。

2. 产业集群系统演化本质再认识

复杂适应系统理论认为，复杂适应系统具有自组织、适应性和动态性特征。其中，自组织是复杂适应系统演进的内在机制。根据对集群本质的认识，产业集群作为一种复杂系统，同样具有明显的自组织特性，集群系统各要素的自发行为和其间的非线性相互作用所表现出的自组织行为推动着集群系统不断演进成长（何铮和谭劲松，2005）。因此，产业集群持续成长过程是集群不断自组织演进成长的过程，自组织是产业集群实现持续成长的关键机制，并贯穿于整个集群生命周期。

从复杂系统理论视角考察，产业集群整体与部分之间不仅具有对立性，而且还具有内在的统一性，其整体的性质由互相依存的各个部分的关系来决定；同时，产业集群具有自身的调整性，集群构成要素（如企业和机构）之间具有互相调节的能力和作用，从而不但保证了产业集群作为整体存在，同时又赋予了产业集群对外部环境的适应能力（李刚，2005）。此外，集群内各行为主体经过变异和适者生存进化为对外部环境具有高度适应性的灵敏结构；集群在演进的过程中不断与外部环境交换物质和能量（如新企业的进入、新技术的引进、人才的流入等）；集群内部各要素或因素之间存在非线性的相互作用，有利于促进集群内复杂问题的解决（如集群的创新问题、集群的升级问题），从而促进集群成长；集群内各行为主体的能力、规模均不同，具有多样性和差异性等特征，从而保证集群具有适应外部环境的能力和持续成长的能力。因此，基于复杂系统理论视角重新认识集群系统是很有意义的。

2.2　文化产业集群的复杂性分析

2.2.1　文化产业集群的系统性界定

文化产业集群与其他复杂系统一样具有多样性、相关性和整体性等特性，是一类典型的复杂系统。首先，多样性体现在以下几点：组成文化产业集群的主体具有充分的多样性，集群各主体之间交互关联，形成各种错综复杂的产业链；竞争具有多样性，文化产业集群内企业之间存在多种形式的竞争；集群内的企业在劳动分工中存在多样性。其次，文化产业集群具有相关性，集群内由于地理临近，主体之间往往会协同创新，共同实现企业的价值增值；集群内企业之间正式或非正式的各种交流以及人才的流动，都会引起知识的流动，这样集群内的关联企业能够实现共同发展、共同进步。最后，文化产业集群具有整体性，文化产业集群是内部主体相互间具有复杂关联作用的有机整体，集群内企业往往持有共同的价值观念，集群内企业之间协作与配合，形成了一个高效的生产系统，从而有利于提高整个文化产业集群的经济效益。

2.2.2　文化产业集群的复杂性特征

1. 开放性

文化产业集群是一个区域集聚体，但并不是一个区域绝缘体。在文化产业集群的形成与发展中，基于资源限制和发展需求，随时会与外界进行物质、资金、人才、技术、信息等的交换。在此过程中，文化产业集群不断吸收来自外界的"养分"，满足对物质、资金、人才、技术、信息等资源的需求，更新自身产业结构、技术层级、运行机制、管理模式等，在"你来我往"中实现演化发展。由此可见，文化产业集群具有明显的开放性特征。

　　开放性是文化产业集群的生命，也是文化产业集群系统产生和进化的首要条件。文化产业集群所具有的开放性表明文化产业会不断吸收、消化并逐步形成适应本地区特色的产业集群。景德镇作为举世闻名的瓷都，以其深厚的陶瓷文化作为依托，景德镇的产生与发展主要基于当地优质的高岭土和历代烧瓷工艺的传承，以及作为历代宫廷用瓷的烧制地，而拥有的深厚文化底蕴。伴随着经济社会的发展，传统制瓷工艺已经不能完全满足快速变化的市场需求。所以，景德镇在坚守传统陶瓷工艺的基础上，开发符合年轻人需求的创意瓷器，顺应时代和市场变化的需求，逐步形成以传统陶瓷工艺为核心，以创意陶瓷设计、研发为两翼的陶瓷创新网络，最终使景德镇陶瓷焕发出新活力，这体现了文化产业集群演化的开放性。

2. 动态性

　　与其他经济组织一样，文化产业集群会随着时间呈现动态变化，由最初产生，逐渐经历成长、成熟甚至衰退。集群中的企业也在不断的学习与交流中发生变化。在这个过程中，集群整体或者集群内部某一部分出现不确定的因素将会导致集群产生"突变"，即集群或集群个体行为发生变化，由此导致集群结构发生变化。例如，技术更替会吸引新企业，也会淘汰旧企业。

3. 非线性

　　非线性是指个体变化、个体间的相互作用并不遵循简单、规则的线性关系。文化产业集群主体多元，关系复杂，集群子系统、内部主体间进行的各种各样的互动往往不是简单线性因果关系，而是经过主动选择、适应后的非线性互动因果关系。例如，资源、创意、市场、服务在集群中实现共享产生的一系列经济效应、文化效应、规模效应是非线性的。当然，这种非线性带来的反馈效应不仅涵盖正面，也涵盖负面。非线性特性形成文化产业集群内部既促进又制约的复杂关系和发展氛围。

　　非线性说明文化产业集群是相互作用、相互联系的网络系统，这种网络系统并不表现为链条式的线性关系，某一环节的错乱并不会影响文化产业集群整体的发展，因此文化产业集群内部系统中存在着错综复杂的交叉网络关系。文化旅游城市的发展符合非线性，现今文化旅游城市的发展是将特有的文化资源、特色饮食、工艺品、民俗等相结合，说明文化产业集群形成过程中存在着非线性的网络关系，即文化旅游名城的形成是文化资源集合的体现，同样缺乏其中任意要素，产业集群依然会存在，并在演化过程中逐渐形成内部稳定性。

4. 涌现性

涌现性即整体大于部分之和（Dirk et al.，2011）。文化产业集群由许多相关文化企业、政府、中介服务机构、金融机构、教育培训机构组成，主体之间通过竞争与协作，优化自身发展环境，获取利益。此过程为集群带来的整体效益，大大超出了个体单独努力的效益——规模溢出效应因此产生（李士勇，2006）。由此可见，文化产业集群内部合理的分工协作实现了整体大于部分之和的集群效果，也从属性、特性、行为等方面超越了单个主体，更加速了创意、技术等的涌现。

5. 非平衡性

文化产业集群具有非线性和开放性特征，在形成和发展中，必然会受到集群内部主体之间竞争、协作等作用关系的影响，从而远离平衡态，而与外界进行资源交换、经济合作之类的交流会促使集群更加远离平衡态。可以说，文化产业集群的发展演化无时无刻不伴随着远离平衡态的发生。在一次一次的远离平衡态中，文化产业集群逐渐呈现出有序的结构，并实现了经济效益的提升。

非平衡性是文化产业集群系统从无序到有序的必要条件（方永恒和易晶怡，2015）。非平衡性说明文化产业集群内部始终不会存在绝对的平衡，文化产业集群内部的平衡只是相对存在的，会因创新机制、外部环境的变化而导致其逐步由不平衡状态进入相对平衡状态。例如，北京 798 艺术区最初由于空间大、租金低廉，吸引大批的艺术家进驻，逐步形成集创作、交流和展览于一体的文化产业集群。而伴随着大批知名艺术家和艺术品公司的进入，租金上涨严重挤压了艺术家创作和展示的空间，大批艺术家迁出。798 艺术区进入相对的平衡，知名艺术家和艺术品公司的进入，吸引了大批游客参观 798 艺术区，798 艺术区逐渐演变为集旅游、文化交流、展览于一体的文化产业集聚区。798 艺术区从形成、发展到转型这一过程的根本推动力是文化产业集群系统内存在的不平衡性。

6. 自组织性

自组织是系统主体在没有外力干预的情况下对环境所做出能动性的反应，是一种通过自身选择，达到新的、有序状态的适应过程。文化产业集群内部企业作为自组织性主体，能够积极主动地与其他主体进行合作与竞争，并通过自动调整自身状态来适应所处集群的内外环境的变化，以此争取最大效益，延续自身发展。这种自组织性是集群长久存在与发展的基础，但是自组织性往往也是不可预期，无法预测最终的结果，这无形中又增加了文化产业集群的复杂性。

7. 涨落与分叉

涨落是系统内部或者环境变化对处于平衡态系统的随机性破坏，也是维持系统平衡的动力。分叉是控制系统的重要参量发生改变从而引发系统性质的改变。文化产业集群的产生与发展归因于多种关键性因素，如资源禀赋、人文环境、政府政策等，这些因素相互作用，在破坏集群系统平衡的同时，也维持了系统平衡，引起集群效益的变化。文化产业集群涨落具体表现为原有层级的创新和新层级的产生。前者是企业通过创新改善自身状况，并对其他企业产生影响，促进集群的发展；后者是新企业的加入，为集群注入新的创意、技术、人才，在某些情况下会对集群的根本性变革起到重要的推动作用。

涨落变化是文化产业集群系统演化的原始推动力，当文化产业集群系统处于非组织状态时，涨落是系统发展为自组织的契机；当集群系统从非组织状态进入自组织状态后，涨落是系统远离平衡态的驱动力。文化产业集群自组织演化过程中有很大的不确定性，这种不确定性对系统内部的稳定状态进行扰动，引起系统结构的振荡，这种现象就是涨落，它分为内涨落和外涨落两个方面。内涨落主要是指由个人的灵感、企业的创新偏好所引起的产业集群结构的调整、产品的更新换代等。外涨落主要是指消费者对创意偏好的改变、政府政策的变化所引起的产业集群内部战略部署的调整。涨落特征说明文化产业集群系统内部的稳定特性或状态受到了侵扰。嵩山少林寺的发展体现了涨落特征，李连杰主演的《少林寺》，使少林功夫重新吸引了广大观众的兴趣，一时间以少林为题材的电影和电视剧层出不穷，也带动了少林寺周边武校的风靡，少林寺逐渐形成以武会友、弘扬少林功夫和佛教文化的特色产业。由于武术爱好者的蜂拥而至，以武术为核心的少林文化逐步形成。少林寺将武术和佛教的禅宗相结合，创新性地开发具有少林寺标示的祈福、养生以及清修系列产品，逐步形成了以少林寺为核心的文化产业集群。

综上所述，文化产业集群是一个典型的复杂系统，将文化产业集群视为复杂性系统进行研究具有一定的可行性。

2.3　文化产业集群系统的构成

从复杂系统的角度来剖析文化产业集群的结构，首先要了解文化产业集群系统由哪些要素组成。具体而言，文化产业集群系统可以划分为主体子系统、环境子系统和资源子系统，如图 2-1 所示。

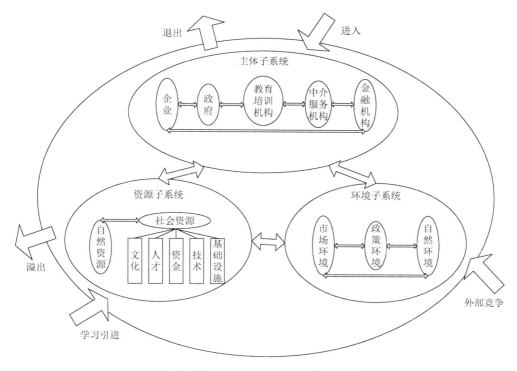

图 2-1　文化产业集群系统的结构框架

2.3.1　主体子系统

初始发展阶段，从事文化产业某细分行业的企业受规模效益和成本降低的引导，在某特定空间集中起来。经过一定时期的发展，从事相关产业领域的企业和中介服务机构也相继出现，如物流、投资、销售、广告宣传等，随着集群规模的不断扩大，政府必须介入来规范集群的良好发展环境，同时，文化产业本身对创新和人才的要求很高，这就要求有相当的教育培训机构与之相匹配（黄斌，2012）。文化产业需要创意人才和最新技术，对资金的需求也非常大，需要一些专业的金融机构与之相匹配。这样企业、政府、中介服务机构、金融机构、教育培训机构相互影响，共同构成了文化产业集群系统的主体子系统。

2.3.2　环境子系统

任何企业或产业的发展都离不开健康的环境。环境在不断影响文化产业集群发展的同时，集群的发展也会对环境造成影响（孙剑和孙文建，2010）。文化产业集群的环境子系统主要分为市场环境、政策环境和自然环境，其中市场环境和政策环境是最主要的。因为文化企业要通过市场来创造利润，消极的市场环境，即消费需求不旺盛，会严重抑制文化产业集群的发展（李士勇，2006）。这时政府的作用至关重要，良好的政策环境可以为文化产业集群的健康发展提供重要保障。政府可以采取多种措施来调控市场环境，制定多种政策来规范和优化市场环境等。当然，自然环境也在一定程度上影响着文化产业集群的发展，一旦自然环境变得恶劣有可能会延误集群建设项目的进度，甚至影响集群整体收益。

2.3.3 资源子系统

资源禀赋优势是文化产业集群建立初期要考虑的基本条件之一。集群发展离不开资源的推动作用，自然资源的基础推动作用对文化产业集群来说，与其他集群一样是不可或缺的。同时，文化产业集群系统由于其自身性质的特殊性，对文化、技术、人才、资金和基础设施等社会资源要素具有更高的依赖程度。由此可见，文化产业集群的资源子系统主要包括以文化、技术、人才、资金和基础设施为代表的社会资源及各种自然资源（黄斌，2012）。

第 3 章　文化产业集群演化的理论分析

3.1　演化与文化产业集群演化的概念

3.1.1　演化的概念

演化（evolution）一词来源于拉丁文，最初是运用到生物领域的，后来 Schumpeter 和 Nichol（1934）在研究创新过程时把演化思想运用到了经济管理领域。演化与进化的区别在于进化强调的是一种向上、向前的发展，它是指一种积极的结果，而演化则侧重于随着时间的推移所表现的向前、退步或者不变的一种中性状态，它是指随着时间变化的一种过程（李舸，2011）。

演化是事物发展变化的过程，是事物从一种多样性统一形式转变为另一种多样性统一形式的具体过程。演化包括两方面：一方面是新层次的产生，即结构演化；另一方面是跨越层次的相互关系或新层次结构关系的形成，即功能演化（颜泽贤，1993）。早在古代，各个国家的哲学家就已经开始通过观察事物发展变化过程，试图总结事物演化的特质。中国古代的哲学家将世间万物的演化描述成一个相生相克、连锁循环的闭合链条，始点也是终点。古希腊的哲学家则认为世界本质是某种发展起来逐渐生成的东西（恩格斯，1971）。

在近代，科学的发展使人们摆脱了古代模糊性、思辨性的表达，开始对演化进行科学性的研究，提出许多观点。例如，时间的可逆性，即不存在时间箭头，自然界的基本过程具有可逆性。但到了近代后期，牛顿力学的广泛应用，人们开始注重研究时间的方向，Clausius（1965）指出，一个孤立系统，不论其初始条件和历史如何，都会向熵大增的方向演进。达尔文利用物种生存斗争和自然选择描述生物进化，认为系统是从混乱走向有序。但是这些说法都没有脱离限定于特定领域的狭隘片面认识。

直到 20 世纪，人类对世界的探索更加深入，科学的飞跃式发展使人类对事物的演化又有了更多不同的看法。Bertalanffy（1950）利用联立微分方程对系统的演化趋势、演化方式等做了数学描述。到了 20 世纪 60 年代，一系列的系统理论，如耗散结构理论、协同学、超循环理论和混沌学等如雨后春笋般涌现。耗散结构理论提出非线性是演化的终极原因，非平衡是有序之源和涨落诱导演化等原理，阐释了自然界从低级有序向高级有序的演化过程，并提出许多研究复杂系统及其演化的有效工具；协同学同样研究的是一个系统如何自发产生一定的有序结构，提出不稳定性是新旧结构演替中的媒介，深刻地回答了系统有序演化的规律和机制问题；超循环理论则提出在复杂的事物或复杂的因果关系中都可以发现循环现象，把无生命到生命的进化过程分成了六个基本阶段，说明了大分子自组织的整个进化过程；混沌学则研究了混沌的特征、实质、发生机制以及如何描述、控制和利用混沌，并对系统演化中的有序与无序、确定性与随机性等方面做出阐述，丰富和发展了现代系统演化理论。

3.1.2　文化产业集群演化的概念

文化产业集群演化是指把文化产业集群看成一个复杂系统，从复杂性角度出发研究文化产业集群的衍生、成长、成熟、迁移或衰退，以及造成这些现象的原因和过程。文化产业集群演化主要包括两方面：一方面，核心层、外围层、相关产业层的产生，这是文化产业集群演化的主要标志之一；另一方面，核心层、外围层、相关产业层之间的关系或新层次结构关系的形成，这是文化产业集群演化的具体内容。首先，文化产业集群演化不仅包括狭义上的系统从简单到复杂、从低级到高级、从无序到有序，还包括新层次的产生、新层次关系的形成以及最终构成完整产业链的一种状态到另一种状态的过渡。其次，文化产业集群演化不是原有的多种层次和组分的重组，而是新层次、新结构和新功能的形成。最后，文化产业集群演化是自身内部矛盾运动的结果，一般是由最初的单个企业发展到最后的完整产业链，都是在原有矛盾出现并得到解决后，集群才向前发展的，正是这些不断出现的新矛盾推动着文化产业集群的形成。

长期以来，国外学者关注的一个重要研究热点就是众多著名的文化产业集群。近年来，有些学者开始探究其演化动力，以把握其演化的本质规律。比较有代表性的研究成果主要包括：Mommaas（2004）对荷兰五个具有代表性的文化产业集群进行深入分析，研究其演化策略。该文认为，文化多样性、文化民主主义、激励创新、激励艺术等因素对文化产业集群发展具有重要影响（戴钰，2013）。Yusuf和 Nabeshima（2005）从行业的构成角度研究文化产业集群演化，通过分析各国的文化产业，如日本的动漫产业，韩国的电影、游戏业等，研究文化产业内部行业之间的联系程度及网络关系，并得出文化产业形成的网络组织对其演化产生重大影响的结论。

国内学者对文化产业集群演化的研究大多从空间经济学和结构视角出发，研究文化产业集群的演化模式和结构等内容。付永萍等（2012）总结出文化产业集群演化的几种不同模式，分别为企业自发集聚模式、市场引导模式、政府规划模式和产官学研相结合模式。基于文化产业集群的结构视角，林明华（2012）认为，文化产业集群是典型的具有开放性、远离平衡态和非线性的复杂系统。林明华认为文化产业集群是从无序化向有序化演化发展的。这是从复杂系统视角研究文化产业集群演化的问题，是对前人研究的补充，但还不够深入、全面，有待进一步探索。

从国内外研究现状来看，当前对文化产业集群演化的研究系统性方面仍有欠缺，致使其演化体系不够健全。王猛和王有鑫（2015）则认为基于文化产业集群的复杂系统属性来剖析文化产业集群的演化，更能准确地描述其体系的不同方面，是完善演化体系的基础。

3.2　文化产业集群演化的影响因素

3.2.1　内部影响因素

1. 主体行为

文化产业集群系统主体行为，如主体之间的竞争与合作、进入与退出、对资源的依赖和互补影响着集群结构的形成。企业等行为主体基于自身利益、发展状况和对外部环境的考虑，会选择好的、信任度高的伙伴进行合作以应对市场环境中的竞争，而随着集群规模的扩大，资源的稀缺性会促使企业选择竞争实现自身发展；一些新的企业与集群主体产生联系，成为集群结构中的新节点，一些企业由于自身能力减弱，无法应对集群竞争，被迫断开已有连接，选择退出；此外，集群主体自身不具备发展需求的完备资源，必须对集群内部以及外部产生资源依赖关系，以此实现自我创新与成长。主体之间动态的、非线性的行为活动促成集群系统结构的涌现，自发成为影响集群系统结构的内在因素（王睿华，2016）。

2. 创意人才与创意机制

密度知识型的文化产业集群依赖持续性的创新活力，这种活力源于集群内部创意、知识、技术、信息等隐性知识的流动和溢出。集群主体之间逐渐形成的非正式关系加速了企业间、企业与服务机构、集群内外的知识溢出，在集群内部形成一个隐性的可共享的知识平台，实现了各种创新资源和要素的扩散与共享。知识溢出的需求使集群主体之间的互动逐步深化，也在一定程度上调整着集群内部资源流动的方向和速率，对文化产业集群系统结构的形成产生影响（王睿华，2016）。

文化产业集群发展的根本动力是人的创造力。Ache（2000）认为新生的创造力源于某个地方的某一群人，这一群人正是 Florida（2002）称为创意阶层的创意人才。Florida（2002）认为，区域增长的引擎是人，城市通过吸引具有创意能力的人才促进经济的增长。创意人才在一定程度上属于高学历教育、劳动力中待遇丰厚的阶层，他们能够广泛地适应不同环境，在不同的产业做不同的工作，既能发展技术，还能从中体会到乐趣。创意阶层的活动人员与其他产业的人员具有不同的特质，因其从事的为"创造有意义的新类型"技能的研究，整个团队主要由"超创意核心人员"和"创意职员"组成。其中"超创意核心人员"主要创造生产新体制与设计，使产品及理念能够容易转化并能被广泛应用，如设计一种产品、编制一段能不断演奏的音乐等。而"创意职员"则主要在知识密集型产业中工作，如高科技领域、金融服务业、法律事务领域、保健业和商业管理领域等，以解决创意问题为主，收集并对照知识去解决专业化问题等，这类工作需要接受过正规性、系统性教育的高学历人才，因此是高水平的人力资本。这些创意阶层构成了创意人才的主体。

厉无畏和王慧敏（2006）认为，创意人才就是掌握较高水平的知识，具有较强的创新能力，能够运用自己的创作技能和手段把特有的表达内容与信息转换、复制、浓缩到新的创意产品（或服务）中去，并且能够推动该创意产品（或服务）的生产、流通及经营的人才集合体。创意人才具有富于想象、敢于创新、年轻和流动性强的特征。按行业来分，可分为艺术类人才、设计策划人才、技术人才和经营管理人才等。Florida（2002）进一步认为年轻人是现代创意经济时代增长的关键引擎，原因有两个：第一，他们是做重活的人，能从事工作时间更长和更累的工作，最主要的是他们更倾向于冒险，因为年轻，没有小孩。在快速变化的创意产业中，刚毕业的年轻人占多数，因为他们拥有现代的和最新的技术。第二，单身的时间更长，结婚年龄比过去一代要晚 5 年。因此，城市为了在创意时代繁荣，必须着力培养和造就大量的创意人才来满足这个社团的社会兴趣与生活方式。

无论是 Ache（2000）的"某一群人"还是 Florida（2002）的"创意阶层"，或是厉无畏和王慧敏（2006）的"创意人才"，在本质上是一样的，都是具有创造精神并能带动创意产业区创意链条发展的相对特殊人才。他们既是社会的精英，更是自由的"叛逆人"。这些人通常具有不同于常人的思维和行为方式，所以Florida（2002）又将这些人称为"波西米亚人"。这些人也许称不上社会的精英，但是具有创意的思维。创意在此意义就是"另类"的思维和想法。一些主流文化难以接受的思想，常常被"新新人类"所接受，并风靡世界。这是因为，消费新文化和创意产品的主体正是那些新文化的制造者。这些"新新人类"，被Zukin（1989）称为"城市先锋者"，他们追求城市的多样性和不同性，而他们的到来又是形成城市多样化和不同性的主体，从而使城市成为创造力的汇集地。在这一意义上，也使移民构成了创意产业区创造力的主要动力和创意人才的主体。以伦敦为例，伦敦是世界上最大的都市之一，有 30 多个不同的民族群体和超过 800 万的都市区人口，包括犹太人、爱尔兰人、俄罗斯人、中国人等。他们带来了不同的交易方式、技能、手艺和天分，从而支撑了伦敦在世界城市上的位置。这一现象在每一处都能看到，包括历史建筑、工艺形式、食物、文化和逻辑思维与表达等，如哈顿公园（Hatton Garden）的珠宝商，伦敦的纺织品交易商等。

在这里，我们把有利于创意形成或者有利于创意具体化为产品的客观条件称为环境因素。从对环境因素的界定我们可以知道，影响文化创意产业发展的环境因素主要分为两种类型：第一，有利于形成创意的环境——创意氛围。文化创意是人脑对外界信息进行艺术加工的产物。所以，文化创意需要相关信息丰富的环境以及能够激发人脑创造性思维的氛围。巴黎塞纳河的左岸就是这样一个激发灵感、产生创意的地方。自法国查理五世起，左岸地区开始成为文化的集散地。今天的左岸云集着历史悠久的咖啡厅、饭店和装饰考究的精品店。此地生活节奏舒缓，人们生活悠闲惬意。有些文化艺术工作者认为也许某一天在左岸的一家咖啡厅，一不小心就会坐在海明威曾经坐过的凳子上，这里可能到处弥漫着名人的文化创作、生活背景。第二，有利于创意产品化的环境。文化创意产业之所以称为产业，是因为文化创意需要商品化，需要转化为客观的产品。假如不能商品化，再好的创意也无济于事。文化创意产业的发展需要激发创意者灵感的环境，更需要把头脑里的创意具体化到商业环境中。近百年来，文化创意产品的经典代表——美国电影风靡全球，一部大片动辄在全球席卷数亿美元票房。我们也知道美国大片制作地主要是好莱坞。那为什么这些大片的制作地主要是好莱坞，而不是世界其他地方呢？原来，好莱坞其实就是一个产业工厂，在那里形成了完整、发达的电影制作产业链条，汇聚了形形色色的制作人、演员、导演、摄影师、灯光师、音效师、特效工作者等电影从业者。编剧把自己的作品拿给制作人，只要剧本故事足够好，能够打动制作人，制作人很快会组织电影制作团队，将剧本商品化。

与之相对应，创意人才也是重要的集聚动力因素之一，文化创意产业的形成发展离不开创新。创意阶层是创意的载体，他们具有创新思想、冒险精神和文化内涵，在新知识经济时代，他们依靠更先进的信息技术，将文化与传统产业重新组合，将创意与经济活动有效地整合，进行再创新，生产出高价值的文化创意产品和服务。同时作为文化创意产品的生产者和消费者，他们将文化与创意带入当代的经济生产和生活中。作为生产者，他们的创新加速了经济的增长；作为文化创意产品的消费者，他们对区域内环境和设施要求"苛刻"，这也促进了文化创意产业集聚的进程和创新加速。当代是知识经济的时代，文化创意产业的兴盛是知识经济发展带来的福利，知识经济离不开人才，尤其是创意人才。创意产业具有创造性特征，需要大量的人力投入，不仅仅需要艺术设计人才、创意人才、机器设备操作人才，更需要能够将创意与产业结合的管理型人才。而产业集聚带来的益处便是将上述的人才集中在一起，通过正式的或非正式的形式在他们之间传播信息，在交流当中，获取灵感；同时，知识的外溢性，集聚区内的各类创意人才还可以通过"干中学"较快地学到新知识、新信息，帮助再创新。新知识经济时代，信息和人才都很重要，文化创意产业在空间上的集聚能够方便信息和人才更加有效地得到利用，这也是产业在空间上集聚的内在动力。在知识经济的今天，如何将复杂庞大的知识、信息等智力成果外化成大众喜闻乐见的文化产品进行消费，其过程离不开创意的凝练。具备创意思维的创意人员将各类知识与文化消化提炼，创新出现代的、时尚的、新颖的创意作品，在现代信息技术的支持下，以动漫、电影、艺术设计、绘画等多种形式为载体，创造出不断发展变化的文化创意产品，使其成为现代大众的日常精神消费品。知识与创新是文化创意产业形成发展的内在驱动，所以作为知识与创新载体的创意人才便是关键。

良好的创意环境为创意人才提供了发挥才华的有利空间，激发他们的创作灵感，是创意产品生产的前提，同时，有利的创意产品化环境将创意思想产品化，鼓励创意人才投身于创作之中，无论作为文化创意产品的生产者还是消费者，创意人才又对发展中的文化创意产品提出更高的要求，促进产业的创新，这一连锁反应促进了文化创意产业的发展。所以说，创意环境和创意人才均是推动文化创意产业发展的重要驱动力因素（肖雁飞，2007）。

3. 网络文化

优质的文化环境对文化产业集群系统结构十分重要，直接影响集群主体合作交流的热情、集群网络关系的坚固程度、集群创新资源的流动速率。集群内部形成得到普遍认同的创新意识、合作精神、共同愿景等网络文化能够成为一种凝聚力，增强集群主体合作交流的热情，促进集群主体之间形成深厚的信任关系，提高集群创新资源流动的速度和效率，降低交易成本和风险，也能成为一种控制力，影响集群结构的弹性，改变结构的性质，成为影响文化产业集群系统结构形成的又一重要因素。

4. 学习机制

Kamann 和 Nijkamp（1991）提出，产业集群系统结构中形成的联系，是一种学习的过程。集群主体需要通过复杂的网络互动获取自身发展所需的各种互补性资源，提升创新能力和发展活力，这是一种多层次的学习过程。学习机制贯穿于整个集群网络，成为调适集群主体间联系的一种纽带，促进集群内部创意人才的交流和转移，促进新的产业和服务、创新效应的不断涌现，是文化产业集群系统结构形成的重要推动力（王睿华，2016）。

5. 文化底蕴驱动

创意产业使英国经济得以复苏，成为英国吸纳就业人员最多的行业，甚至成了伦敦最重要的产业之一。2002 年以创意产业为基础的各类经济形式占美国国内生产总值的 70%左右，占加拿大国内生产总值的 60%左右。创意产业被世界上一些大都市视为产业升级的方向，在知识经济时代，对提高城市竞争力具有重要意义。在我国，北京、上海、深圳等地率先发展了文化创意产业（王娜等，2012）。可以看到，目前全世界文化创意产业在某些国家或地区较为集中，文化创意产业集群的形成由多种因素共同作用产生，其中文化底蕴是一个重要的因素，它是一个地区产生文化创意产业的重要驱动力因素之一。

文化底蕴是一个地区人文形态的积累，包括文化资源和人文精神，是人类活动中积累的、历史的、民族的、宗教的、风俗习惯的劳动成果和思维活动的升华，并以历史遗址、民族民间工艺、文学、绘画、神话传说等形式表现出来。地区的文化底蕴是创造的前提。在文化创意产业的发展过程中，区域文化底蕴为它奠定良好的基础。文化创意产业是文化、创意、科技的有效深化组合，文化创意来源于文化，但是它又高出于文化，是对文化资源本身的一种延伸拓展（王伟年，2007），文化底蕴不仅孕育着文化创意产业，同样孕育着那些辛勤创作的创意人才。创意人才对创意产业的发展具有非常重要的作用。一个城市的文化底蕴是培养创意人才的摇篮。良好的文化底蕴有利于创意人才的集聚、技术交流，并创造出更好的作品。因此，一个地区的文化底蕴是该地区文化创意产业发展的基础动力。有丰厚文化底蕴的城市，往往人才充裕，当地的文化创意产业具有明显的区位优势。在伦敦，人们走进一条小巷子里就能嗅到莎士比亚或狄更斯的烟草味，正是伦敦的文艺范吸引了世界各地的艺术家在此定居。他们在此相互激发灵感，把头脑中的闪光点与商业结合，创造出一个个创意产业的经典故事。相反，文化贫乏的地区，创意人才对该地区避之不及，缺乏创意人才，当地发展文化创意产业当然谈不上有何资源优势可言（苏妮妮，2013）。

3.2.2　外部影响因素

1. 社会基础

文化产业集群的发展要不断创新，所以文化产业工作人员要时刻保持自己的创新性。而"创新血流"的更新，有赖于高度密集的地方劳动力市场的柔性化。劳动力市场的柔性化是指在企业的内部强调分工，这样能更好地激发员工的创造性，让企业内部的劳动力成为学习型的劳动力，从而促进企业更好发展。而柔性劳动力的发展造成兼职人员的大量出现，柔性劳动力市场逐渐趋于饱和。在柔性劳动力市场发展的过程当中，我们要明确了解它的作用：它对促进文化产业集群发展非常重要。这个重要性主要表现在以下三个方面。首先，在柔性劳动力市场当中，各种劳动力资源都能够方便地获得。相比于其他产业模式，文化产业是一个劳动密集型产业活动。在文化产业过程当中，企业要求劳动者能够严密地把控市场大环境，和市场进行融合。因此在这个过程当中不仅需要高技术的人才，还需要一些低素质的劳动力。其次，一个具备柔性化的组织，可以更好激发人们进行创新，企业能够得到更多的创意。文化产业公司在进行工作的时候，一般都是以团队的形式进行工作，在工作过程当中团队内部需要互相磨合和熟悉。通过了解我们发现很多人才更愿意倾向于兼职或者跳槽，不愿意投身于特定企业进行长期工作。这个时候就需要劳动力在组织上的柔性化，需要团队内部相互磨合和熟悉。在人才跳槽的问题上给予政策要求和补偿，达到稳定人才的目的。最后，要完善柔性劳动力雇佣系统，只有这样才能够更好地激励创新。想要实现创意产业的更好发展，就必须完善柔性劳动力雇佣系统，这样才能保证个人和团体都能更快在这个系统当中找到合适自己的位置，以便促进柔性劳动力市场更好发展（肖雁飞，2007）。

2. 政府行为

政府行为是文化产业集群系统结构形成的重要影响因素，尤其对那些政府主导性文化产业集群来说，政府行为的重要性不言而喻。政府通过一系列规划布局、设施建设、政策支持、经济补贴等措施创造出一个良好的集群环境吸引各类企业及相关机构入驻，并通过宏观引导，规范集群主体行为，促进文化产业集群系统结构的形成和发展。在文化产业集群的发展先导时期，政府行为起到关键性的主导作用（王睿华，2016）。

相对而言，文化产业集群想要得到更好发展，就必须将它置入一定的文化氛围当中。实践表明，政府通过制定营造文化氛围的制度来激励文化产业集群发展的措施非常有效，文化产业集群在相关制度下得到了进一步发展。一般来说，城市地理区位和历史环境对其发展是有帮助的，如旧金山、上海和香港等是地理位置优越的城市。但是这些优越条件只有与政府能动作用结合才能改变经济结构，发掘增长潜力。正如 Mitchell（1999）所说，城市想要保持自己的创新力，就必须用正确的吸引模式来激励创新。要营造一个轻松积极向上的氛围，还要能对自己的医疗服务以及基础设施进行完善，这样才能为相关的经济活动提供发展的基础，以便促进城市经济更好发展。虽然说制度的构建和政策行为与创意产业区的增长并没有直接的关系（事实表明有许多城市竞相吸引高附加值的创意服务业，但仅有少数的赢家），但是构建文明城市的前提是要完善城市的相关公共设施服务，为市民提供更加良好的医疗以及生活服务。一个各方面设施都非常完善的城市，才能得到更好的发展（Yusuf and Nabeshima，2005）。在推动城市创意产业区发展的过程当中，政府部门通过对城市进行规划以及建设相关的基础工程，来强化城市文化的建设，如合理规划城市公共空间，积极地建设一些公园等。还通过制度构建以及文化软件设施的建设来强化城市的文化意识。对于一些高校和科研院所投入大量资金，积极发展文化相关产业，为各项创意类的项目发展提供便利。伦敦、纽约等城市之所以能够发展成为文化产业中心，是因为政府在制度以及政策上不断鼓励它们进行创新。

具体来说，政府通过制度激励推动文化产业集群的发展，主要表现在通过公共政策来营造适合文化产业发展的环境。在全球化时代，对于追求成为文化中心的城市来说，应该利用什么样的模式作为发展点、采取什么样的措施来增加对企业和人才的吸引力，特别是促进那些能大幅度领先并增加收入的文化产业集群和服务业的发展，已成为政府需要认真思考和努力的方向。问题在于不管利用什么样的城市发展模式，追求的最终目标还是促进产业发展创新。但一般来说，只有正确强调贸易自由和金融政策，文化产业集群的重要性才会增长。因此，政府对文化产业集群的制度激励和公共政策主要体现在五个领域：①知识产权保护。知识产权保护对于创意产业区发展是至关重要的，主要是加强专利、版权和商标等知识产权保护，特别是对软件、音乐、书籍、电影、录像和其他容易复制的创意产品的保护。②交通设施建设。提供方便和密集的公共交通网，目的是保证交通安全和减少环境污染。例如，新加坡政府在有关加大投资多模式的公交设施和限制私人汽车措施方面走在了世界前列。③城市建设的交流性。包括拓宽建筑和街道、环线公路和城际轨道系统与大众运输系统供应协调、枢纽机场和港口的建设等，为城市内部和城市与国际、国内交流提供方便。④城市规划的保护性。政府在制定城市土地利用规划和区域政策时，主要应用于商业服务和创意产业区中，包括交通、娱乐、居住、商业建设与内城复兴等旧城区土地的保留和综合利用等，这些对创意产业区的发展都是很重要的。⑤文化项目设施的扶持性。公共设施、交通政策和区域规划非常成功地创造了"友好服务型"的城市环境，为休闲的出现、娱乐设施和创意阶层的文化价值提供了基础条件。由于文化价值的公共性，政府需要经常为一些文化价值源泉提供美好的社会风景，如博物馆、歌剧院或其他能帮助提高表演艺术的设施。而且，创意产业区的一些文化产业是需要政府加以特别扶持和保护的。因为文化产业发展需要特别的艺术和文化氛围，而创意人才大多是一些"贫穷"的投资者。为此，政府有必要规划一些文化旗舰项目，并有意识地压低艺术家的创作成本。例如，伦敦的路易斯翰宣布开辟一个"创意商业企业区"，并以低于市场价的价格把场地卖出，以确保文化活动仍然是伦敦混合建筑的一部分（吴金明等，2005）。

总体来说，政府有意识地把制度激励和政策制定倾向于文化产业集群的基本设施建设，目的就是要促进创意人才的国际流动、吸引创意人才的入驻，包括"移民环境"和易于商业化活动的城市交通设施等政策。因此，城市可居住性、环境质量、文化设施、休闲供给，特别是休闲的娱乐空间，如绿色空间、综合利用的邻里区域等，营造了创意产业区发展"友好服务型"的城市环境，都与制度激励的作用和功能是分不开的（肖雁飞，2007）。

3. 市场需求

市场经济的发展时刻带动着市场需求的变化。多样化、个性化的市场需求以及由此实现的需求效应直接对文化产业集群系统结构产生影响。文化产业集群的网络规模、主体数量、主体之间的关系等很大程度上取决于市场需求的拉动。很多企业随着新市场的诞生而加入集群，这些新的企业会与旧企业之间产生各种关系。随着集群规模的日益扩大，企业分工不断深入细化，产品链、价值链以及制度创新得到调整与深化，从而推动文化产业集群系统结构的形成和发展（王娜，2010）。此外，为了抓住市场机遇，集群企业需要提升文化、人力、资本、技术等资源的整合能力，必要时还需要借助外部资源和网络，以此满足市场需求。市场因素是促进文化创意产业发展的内在的最根本的驱动力因素，利益是产业集聚的根本动力。经济活动中有需求，便会激发供给动机。可以说，产业形成、选择、发展的过程符合经济发展的客观规律（王子龙和谭清美，2006）。市场因素如何驱动文化创意产业的发展，我们可以从以下分析中得出。任何产品，必须通过马克思所说的"惊险的一跃"——也就是通过市场销售出去，企业才能获得利润，才有可能继续生存和发展。如果文化创意产品不能在市场上销售出去，企业无法获得利润，那么该企业的发展将是不可持续的。文化创意产品是创作者通过艺术加工创造出的产品，不同于只满足人们衣、食、住、行等基本生活需求的日常生活必需品。这种产品主要是满足受众审美需求，使消费者达到精神愉悦的目的。因此，文化创意产品相比较日常生活必需品，具有更大的需求价格弹性，此类商品价格的变化会引起销售数量的较大波动。价格上升时，销售数量减少；价格下降时，销售数量增加。不过，文化创意产品的销售绝不仅仅受此商品规律的影响，区域经济发展程度对此也有非常大的作用，在经济发展程度不同的市场，文化创意产品的销售受需求价格弹性影响程度也不相同。在经济发展程度较好的地区，家庭在食品等生活必需品方面的支出占总支出的比重较低，家庭成员能够支配更多的资金用来满足个人的兴趣爱好，因此，相对富裕地区文化创意产品的销售受需求价格弹性影响较小。在经济发展程度较差的地区，家庭在食品等生活必需品方面的支出占总支出的比重较高，家庭成员能够支配的用来满足个人兴趣爱好的资金较少，因此，消费者对价格变化的敏感度较高，文化创意产品需求价格弹性较大。

由以上分析我们可以发现，文化创意产品并非生活必需品，在经济发达的地区需求价格弹性较小，在经济相对落后的地区需求价格弹性较大。经济较发达的地区存在更加强烈的文化需求，由需求引发供给，从而形成市场。众多的文化创意企业因市场因素的指引在一个地区集聚，逐渐形成产业群也便是我们看到的文化创意产业集群。因此，经济发展程度较好的地区对于文化创意产业来说具备更好的市场因素，现实中我们也可以看到，文化创意产业多分布于经济发达的地区或城市。可见，市场因素是文化创意产业集群形成的有效驱动力（苏妮妮，2013）。

4. 竞争与合作

由于产业集群系统的协同竞争机制，集群企业之间的竞争与合作关系普遍存在。产业集群系统的竞争与合作有利于激发创新、提高效率、降低成本、加剧竞争和加强合作等，这样能够更好地提升集群系统的竞争力。这种新型的竞争模式是一般企业所无法拥有的。也就是说在其他条件都一样的情况下，集群企业比非集群企业更具有竞争力，在市场竞争当中更能够脱颖而出。产业集群系统内的合作有纵向分工协作与水平共生合作两种，主要表现为参与主导产业的企业，上游生产设备、资源的供给商，下游的生产企业和消费者，提供基础设施的政府组织，提供 R&D（research and development，研究与开发）的高校和科研院所等组织之间的合作与交流。因而，产业集群系统演化在一定程度上反映了集群企业间的分工程度以及不同组织之间的合作。

5. 系统的环境

产业集群系统环境主要是指影响产业集群发展的各种内外部条件，主要包括自然资源、投资环境、基础设施、集群政策、集群文化和外部市场环境等。其中自然资源、投资环境与基础设施等条件具有特定的区域特性，是产业集群系统演化的先决条件。而集群政策、集群文化和外部市场环境是产业集群系统演化的外部动力，无论是产业集群系统的先决条件还是外部动力的变化，都直接影响其竞争力，从而影响产业集群系统演化的绩效（王睿华，2016）。

6. 地方文化

Landry（2008）认为应从两个方面对创造力进行理解：一方面是创造人才的动力，另一方面是把文化作为创意来源。在文化产业发展的过程当中，要尤为注意地方文化，这是文化产业集群能够形成的关键因素之一，也是文化产业集群能够形成自己竞争优势的主要动力之一。每一个地方都有自己独特的文化，这些文化只存在当地，不能够被其他地方模仿，所以可以借此形成具有地方特色的地方产品。虽然在后期可能会被其他地方模仿，但是它所蕴含的文化底蕴是不可能被其他地方模仿的。在当下的文化经济环境当中，创意产品与发源地息息相关，蕴含了发源地的一些特质。Santagata（2011）认为，生产的地方性代表了最终产品独一无二的特性，这些地方资产的经济价值如此巨大，以至于地方通过贸易记号和地理起源证书方式致力于保护其地方品牌。当地方文化作为一种经济因素进入产品当中时，它本身所具备的意义就值得我们进行深入研究。此外通过它本身的意义，又可以吸收更多的地方文化资产，让这些地方文化资产更具价值性，最终实现产品地方文化和产品性质之间的互动，使这种关系逐渐被强化。这种地方文化和产品性质的紧密联系几乎在好莱坞建立了一个世纪，由此解释了地方文化、好莱坞和产业之间的递归强化关系。

必须加以强调的是，地方文化对于创意产业区的发展有很大的推动作用，因为地方文化当中的一些文化资源正逐渐成为地域发展过程当中的核心竞争力。文化资源体现在人们的技巧和才能中，不仅包括事物（如建筑），也包括象征性活动和地方手工艺产品和服务。刘维公（2001）指出，当今，艺术文化变成了当代资本主义经济发展的核心动力、产业升级的推手。美学已经不只是停留在创作理念阶段，更重要的是要与生活实际进行联系；美学的目的也不仅仅是对文艺作品进行表现，它的最终目的是让现代人对消费产品有一个全新的理解。在当下的社会当中，艺术文化和经济进行了广泛的结合，这种结合前所未有。这是任何艺术文化工作者必须体会到的时代环境变迁。Scott（2000）指出，纽约、洛杉矶、伦敦、巴黎以及东京之所以能够维持自己的地位，主要就是依靠文化经济的发展。这些城市是文化之都，每年向世界各地输送着各式各样的文化产品。当下增长最快的部门就是文化产业部门，但是随着一些资源和制造业的下降，文化产业正在向经济中心阶段转移，可以被看做欧洲许多城市的挽救者。Bourdieu（1986）首先提出了文化资本的概念，继Bourdieu（1986）之后，Throsby（1994）更加明确地指出，文化资本的表现形式是财富，财富可以形象地表现出文化的积累，而文化资本在发展的过程当中又分为有形和无形这两种存在模式。有形的文化资本模式的经济价值通过内涵向价值进行传递；而无形的文化资本模式更具备研究价值，它不是直接与经济进行挂钩，而是必须要在一定的条件下才能创造出经济价值，如我国的传统文化。Throsby（1994）认为，文化资本在经济活动当中具备的生产功能增长了不同形式资本之间的互相替代性及转换性，对经济的推动作用非常明显。

正是由于文化对经济推动增长不可估量的作用，Storper（2008）认为地方和文化是孪生姐妹关系，因为地方一直被理解为人类密集相互关系的所在地，文化在发展的过程当中，更容易在一些人口密集的地方发展起来，而在发展的时候还能形成辐射效应。也就是说，一些文化活动或者商业活动，更容易在一些大都市发展起来，文化活动受到中心区域的经济物质和社会文化特性驱动，在这些地方更容易形成创意产业区。文化产业集群大多在中心区域发展，正是中心区域文化继承性导致了创意的不断产生，而这种特性主要表现为文化遗产。

文化遗产是过去创造力的总和，这种创造力的结果是保持社会不断向前运动。创造力不仅是对新事物的发现，也是怎样合适地处理旧事物的手段。

7. 规模经济驱动

马歇尔（1964）在对经济模式进行研究的时候，认为外部的规模经济和产业集聚之间有着非常紧密的关系，他认为产业在特定地区的集聚能够形成外部规模经济，外部规模经济能够给该地区带来更大范围的产业集聚，也就是说外部规模经济是产业集聚的一大诱因。Stigler（1939）认为，在一个区域产业中，若企业所处的环境和享有的资源是相同的，那么具有规模经济的地区的企业生存能力是最强的。在市场环境的优胜劣汰下，自然生存能力强的企业能够存活下来，这也就是企业寻求在一定地区集聚的原因。新经济地理学代表人物克鲁格曼也认为经济活动的集聚与规模经济有紧密的联系，能带来经济效益的递增。行业内分工贸易的主要动力就来自于规模经济，国与国之间的贸易或者地区之间的贸易，是建立在分工的基础上的，而分工的动因则是规模经济潜在的经济效益（陈柳钦，2009）。

以上的理论同样可以用来解释文化创意产业集聚的动力及源泉，大量文化创意企业集中在一起，也有一些文化创意企业会向着企业相对较少的地方集中，两种作用力形成一股合力，促进文化创意企业和消费者相互带动发展并在该地理上集中，这就是集聚合力的作用结果（魏守华，2002）。文化创意企业内在有一种冲动想要集聚到一起生产，产品内分工协作鼓励吸引着大量的文化生产经营者和消费者在区域内集中，共享多样化的文化产品和文化生产要素，市场规模不断增大，集聚逐渐形成。规模经济为集群内的文化创意企业节约大量的成本，带动企业间的联合效应能形成规模需求和更为专业化的生产与服务，为集群内企业提供便利，降低交易费用。正因为集聚能带来规模经济效益，所以获得规模经济效益是文化创意产业集聚的内在动力。企业集聚带来的集聚优势使这些企业之间内化了互动关系，企业通过学习，对内外资源进行重组、协调，促进文化产品的生产和创新。在同一个集聚区内的企业享受公共的文化基础设施、服务体系和外部资源，减少外部设施和建设资本的再投入，节约生产成本。借助集体的力量，创意和灵感能够快速得到启发，这比单纯依靠一个企业在信息闭塞的情况下酝酿更加经济有效，可见集体的力量制造出的结果远远大于个体闭门造车的结果。集聚区便是一个汇聚各种产品的大市场，专业化的企业可以借助集聚区的声誉、知名度来扩展市场，可以依靠集聚经济或专业市场的整体营销宣传，扩大每个企业开拓市场的能力，集聚区把大量的买者和卖者集中在某一固定地点从事交易，可以节省大量的搜索成本，降低双方因信息不对称带来的不必要成本。规模经济不仅带来范围经济和降低交易费用，还能带来更多效益，如不同类型创意产业集聚区吸引着具有相同价值观和文化认知的创意人才，帮助企业迅速发现目标市场，减少搜寻成本，使相关文化创意企业集聚成一个区域，有利于文化创意企业形成较为完整的产业链条，减少企业人员招聘、原料采购、产品销售等环节的成本。不难发现，规模经济效应既是集聚带来的好处，又是文化创意企业往特定区域集聚的动力考量（苏妮妮，2013）。

8. 文化氛围

文化氛围是文化创造力产生的源泉。一般而言，城市文化氛围的形成得益于城市便利设施的创造力及文化底蕴、艺术氛围等，进而产生文化创造力，构成文化产业集群发展的动力。

第一，通过城市便利设施和公共空间的营造吸引创意阶层。20 世纪，西方城市经历了几次城市社会变革。在 70 年代，大城市里贫困和犯罪四处蔓延，中产阶级纷纷移向郊区，城市中心形成了贫困者和移民等弱势团体的居住区。但自 90 年代以来，大城市中心区出现了新的转机，在很多城市，犯罪率和失业率降低，城市的居住环境得到很大改善，在郊外长大的年轻人追求城市中心的各种便利条件，逐渐回到城市中心居住。由此，在城市社会学理论中出现了城市便利论（urban amentity theory）的学术观点。城市便利论认为，城市发展的推动力主要在于人力资本的积累，受过高等教育的劳动力有向便利性高的城市——富于多样性、市民态度宽容、有多种生活方式可供选择的城市——集中的趋势。其中以 Florida（2005）对创意阶层的假设最为注目，它的假设是：在物质生活比较丰富的后工业社会中，人们对工资等经济条件的关注降低，但对城市的音乐、艺术等人文环境与气候、湿度和绿化等各种城市生活的便利条件的需求越来越高。城市的各种各样的便利条件会吸引创意阶层，而为了能得到这些受过高等教育的劳动力，企业也会跟随着创意阶层来到这些城市。所以，政府与其为了吸引企业投资而实行各种减税政策，不如投入一些资金用于城市便利性的建设，从而吸引创意阶层，因为他们才是创意经济发展的主要推动力（任雪飞，2005）。

便利性高的城市为满足创意阶层的多种生活方式的需要，提供了良好的居住环境，包括城市音乐和艺术、室外体育活动、自行车专用路线和大片的城市绿地，以及咖啡店、各国风味餐馆等。但 Florida（2005）进一步强调，并不是所有的便利性都会给城市带来活力，大型的体育场馆、剧院、游乐园等设施的建设会浪费大量的人力财力，创意阶层也对这些去处无太大兴趣。相反，酒吧、咖啡店、有特色的餐馆、小剧场、书店等小规模的街区水平的各种便利设施和各种艺术展等文化活动对创意阶层更具有吸引力。城市便利论为城市规划者和政策制定者打开了新世界的大门，促使他们纷纷改建城市的各种设施，包括历史建筑、改造的阁楼、步行街区、大量的咖啡店、艺术和音乐空间、体现本土街道文化的社区以及绅士化的、混合利用的内部城市社区。Landry（2008）也谈到过城市空间和便利设施（urban space and facilities）对城市创造力的作用，认为公共空间（public space）允许人们超越家庭、职业和社会关系的范围交流，有助于形成创造力。包括：①物质公共空间（physical public space），如城市中心的中立领土（urban centered neutral territory）。这些作为城市公共空间的中立领土，是让人们感到舒服放松的区域，同时通过交流，刺激了多样性的社会环境，帮助创意思想的形成。②集会地方（meeting places），包括虚拟和现实（virtual and real）集会地方。现实的集会地方是公共空间，人们可以在此举办会议、公共演讲等，如咖啡馆、酒吧、俱乐部、讨论沙龙等。虚拟的集会地方则是赛博空间，即互联网空间。城市创意环境的建立就是要创造这些可激发创意的各种公共空间和便利设施。

第二，通过推动社会网络的形成提升创意网络的创造力。一般而言，创意氛围的形成只有城市便利等硬件设施是不够的，还需要依托硬件设施形成创意网络，提升创意网络的创造力。在创意社会中，创意活动不是独自一人的游戏，而是团队游戏。所以，社会网络的形成是至关重要的。社会网络是创意网络形成的基础，它的重要性在于由此产生网络效应和网络价值。在农业社会、工业社会乃至信息社会中，创造价值在于稀缺性，所以当事物变得丰富时就贬值了。但是，网络经济颠覆了此种稀缺价值的逻辑：价值在于丰富性和相互关系，并创造利益递增，使价值被整个网络分享，即越多人加入网络，网络价值越高。例如，硅谷最大的创新可能是其社会网络组织模式，而不是产品。区域本身网络建筑，包括从前的工作伙伴、亲密的同事、企业之间的信息联系、公司的快速运转周期、敏捷的电子邮件文化等，创造了密集的社会网络关系，造就了一种真正的硅谷网络经济，创造力不断产生，即创意网络的形成。创意网络的形成关键在于组织文化的形成，包括信任的建立、打破规则、在失败中学习、催化剂组织（如高校和科研院所）等。创意网络的形成在地域上要求空间上相邻，方便交流和相互联系。因此，城市成为创意网络集聚的主要空间，尤其是城市中心周围过剩的产业建筑（即内城衰败区），可以为其提供创意场地（Landry，2008），多样化的人群在内城衰败区通过形成闹哄哄的创意鸣（creative buzz）——包括设计、互联网公司，年轻的多媒体企业家和艺术家等不同创意产业主体而产生创意氛围。在此种氛围下，城市经济繁荣、新产品和服务不断涌现，从而形成重要的实验和孵化带。

第三，通过艺术教育和艺术文化设施的完善提升艺术氛围的创造力。创意不仅包括技术，也包括艺术文化上的创造力，而艺术文化创造力得益于城市艺术和文化氛围的形成。艺术文化氛围的形成不是一蹴而就的，而是一个长期的过程。为此，城市管理者有意识地加强艺术教育和艺术文化设施的提供，可以提升艺术文化氛围的创造能力。艺术教育可以提高艺术修养水平，一般有两种形式：①正规教育及其体制，指学校课程的设立。艺术教育要从儿童开始，重点是对各学校和社区普及艺术教育，让儿童接触艺术，发展他们潜在的才能，这是对未来投资的保证；在中学阶段，让学生有机会接触不同阶段的艺术，然后加以训练和教育。对于学校正规艺术教育，纽约的做法是扩大教育的融资渠道，如各级政府以及各基金、商业机构和私人慈善机构，加大对各学校和社区普及艺术教育的力度，让纽约儿童能够在众多世界级表演大师和艺术家包围的环境中成长。②业余性的艺术和文化培训，包括加强社区和街道的艺术设施。纽约的做法是将艺术和运动设施搬到社区，在给学龄儿童提供业务培训的同时，服务老年人、家庭妇女和下班回家的成年人。同时，艺术设施的设立也可以给年轻人带来很好的兼职工作，如大学生、年轻的艺术自由职业者和运动员。艺术设施的提供不仅包括上述艺术设施，还包括艺术创作的场所。对此，纽约的做法是注重艺术中心的建设，为艺术家提供创作、表演和展示的活动场所。1960～2000 年，纽约林肯中心和 SOHO 的复苏，证明了主要的艺术设施和活动能够从经济发展中获得间接的发展。与此同时，因为推动了一批艺术中心的规划建设，如形成了一个关于改造布鲁克林音乐学院（BAM）街区的计划，使这个原本具有创新性但位置偏僻的文化场所获得了发展。在这个伟大而古老的学院周围，纽约市政府修建一系列的舞蹈室、艺术家工作室，给艺术家团体提供场地，给艺术家提供住所和表演场所。总之，纽约的宗旨是让艺术家在这个拥挤的昂贵的城市里拥有自己的生活、工作和聚会场所，就像"奥林匹克村"一样。

　　第四，通过大学的作用提高城市 R&D 的转换能力。在创意产业区发展中，大学起到重要的作用，Florida（2005）曾专门就大学对"3T"（技术、人才和容忍性）的作用作过探讨。他认为，首先，大学是技术创造中心，具有高水平的科研设施和科研人才，成为新创企业的孵化器，是形成知识专利的地方，为专业化研究提供场所。其次，大学是创意人才密集的地区，大学生一般是来自五湖四海的人群，这些不同民族、不同专业、不同思想的人群构成多样化人群，是创意思想不断产生的源泉。成功大学的核心是建立知识分子容量的能力，这是通过吸收和聘请拔尖人才才能达到的。最后，大学社会氛围开放，年轻人居多，能容忍不同思想人群的存在，社会容忍度高。事实上，大学的根本作用体现在城市 R&D 的转换能力。Miller（2008）认为，城市 R&D 能力是创造力产生的重要推动力，也是创意产业区发展的研发能力和技巧创造力。大学对城市 R&D 转换的作用主要包括高新技术和时尚产业两个方面：①在高新技术方面，吴伟平（2008）在论述成功创意中心时，观察到几乎所有的群落（特别是高新技术 R&D）通过地方大学和研究机构的关键作用，架起了技术和产业之间的桥梁。因此，许多创意产业区在靠近大学的地方盛行，产业活动和学习及地方文化交织在一起。大学最有影响的是可以作为一个节点，与世界其他重要学习中心联结起来，为思想的产生和扩散做出贡献，这与人才流动的作用是一样的。大学与都市经济紧密联系能增加社会和网络资本，促使相互依赖的创意产业集聚形成创意产业区并繁荣起来。例如，大部分学者认为，美国海湾地区的生物技术 R&D 的发展是斯坦福大学、加利福尼亚大学和加利福尼亚大学伯克利分校的影响作用结合起来的结果。②在时尚产业方面，大学和学习对地方的重要性再次显示出来，如纽约，学校不仅是设计培训的集聚地，也是建立关键社会网络的渠道。学校的实习培训，或地方产业领导者的访问指导，使学校与产业之间的互动联系加强（肖雁飞，2007）。

3.3　文化产业集群演化的标度

演化是一种不可逆的特殊运动形态，它是复杂系统运动的基本特征。复杂系统演化的研究中，演化进程的理论标度一直是人们首先关注与着力探讨的问题（顾培亮，2008）。描述系统演化标度的理论方法有定性与定量之分，定性描述侧重于质的方面，是一切研究的基础；定量描述侧重于量的方面，是认识达到理论阶段的标志（伊·普里戈金，1986）。通过上面的论述，我们得出文化产业集群是一个典型的复杂系统，文化产业集群演化的机制、动力、模式和评价是其演化进程的主要标度。

3.3.1　文化产业集群演化的机制

结合对文化产业集群系统构成和演化条件的分析，研究发现文化产业集群具备自组织演化的非线性、非平衡性、涨落、开放性的条件，正是因为具备了这些条件，才能明晰文化产业集群现实的演化进程是如何开展的，并对文化产业集群的各阶段演化机制进行深入探讨。

文化产业集群系统演化的根本问题：非线性相干机制是文化产业集群自组织演化的首要和根本机制。文化产业集群内部核心层和相关支撑层以及辅助层之间相互竞争协作形成了一个完整的产业链，产业链中各行为主体之间存在非线性作用，这种非线性相干机制使文化产业集群这个复杂系统产生新质、发生涌现，这种机制是文化产业集群系统演化发展的根本动力，是系统形成有序结构和产生复杂性的内在动因。

文化产业集群系统演化的前提问题：临界与分叉是文化产业集群系统演化的前提和基本机制。在文化产业集群演化过程中系统会不断地分叉，出现向不同状态和结构发展的情况，这种情况为系统进入更高阶段提供了可能性。

文化产业集群系统演化的基础问题：反馈是文化产业集群演化自稳定机制形成的基石。文化产业集群在演化过程中必须与外界进行物质能量和信息的交换，当系统从外界吸收的能量信息，如知识的外部性使系统偏离原来状态并使系统向更高级阶段演进，促使系统内部的有序性提高、组织性加强，那么这种反馈就是正反馈，正反馈在文化产业集群由低级阶段向高级阶段演进过程中发挥着重要作用；当系统从外界吸收的能量信息对系统的发展存在消极影响，如边际报酬递减，最终阻碍系统向更高级阶段演进，那么这种反馈就是负反馈。受到正反馈作用的系统必然打破某一定态向高级状态发展，然后又以相对稳定的状态为基础进行演进。

文化产业集群系统演化的独特机制问题：突现机制是文化产业集群自组织演化的一种重要和独特机制。文化产业集群演化是从简单到复杂、从无序到有序、从低级到高级的过程，每一次的演进都伴随着新质的出现，这种新质推动着系统从旧状态进入新状态。文化产业集群这个复杂大系统以及各子系统中都存在着突现机制。

文化产业集群系统演化的道路决定问题：选择和评价机制是文化产业集群演化过程中关乎演化道路选择的一种机制。在文化产业集群的演化过程中，选择和评价机制体现在很多地方，如在自衍生阶段企业的形态特征表现为规模较小、技术人才稀少、企业之间的关联度不高、没办法进行知识信息的交流、未形成也没有获取知识的途径等，企业要获得生存首先得冲破现实环境的约束获得必要的生存价值，同时在自衍生阶段企业间难免存在竞争现象，通过竞争显露出差异，最后选择优势生存价值、淘汰劣势生存价值，使系统向更高级方向发展。

3.3.2　文化产业集群演化的动力

1. 群体系统演化的动力

群体系统演化是以生态系统为背景，并受到生态系统内各种环境因素影响的过程，生态系统就是群体系统与其环境之间不断进行物质、能量和信息交换的统一整体。群体系统的生态关联变现出多样式的群体与群体之间的相互作用（相互制约），在一定的环境条件中实行协同进化（盛昭瀚和蒋德鹏，2002）。

群体的生态性演化模式，主要描述群体与群体之间生态关联的不同情形的演替。在群体的实际活动和发展过程中，其总是同其他群体以各种方式构成相互作用，因而从特定群体来看，与其有生态关联的其他群体就是特定群体的环境因素，考察特定群体与其他群体之间生态关联的变化，大体上可以勾勒出演化趋势，简略地说，就是共生、生存竞争、协同进化。

（1）共生。群体必须与其环境建立和维持开放性的共生关系，才能持续进行自身的进化。群体的共生关系，就是它们在一定的生存环境（指介质、空间和其他自然环境）中保持群体之间，主要是不同种类的群体之间的共同生活而彼此有利。这种共生关系，既可能是双方都得益的互利共生，也可能是单方得益而它方无害的偏利共生。此外，群体之间还普遍存在着敌对共生。一种群体以另一种群体为生存条件，彼此之间构成直接或间接的生态关系的复杂网络。此外，在一定的自然环境中维持生存的群间关系还有：寄生关系——一种群体以另一种群体系统的局部组织为介质，并寄居于该群体系统之中；捕食关系——一种群体以另一种群体的个体为营养介质而赖以生存，这两个群体构成捕食者和捕食物的关系。

（2）生存竞争。生存竞争是群体系统，尤其是生命系统与其生存环境发生的关系。按达尔文在《物种起源》中表述的有关思想，这种关系包括群体内个体和同群其他个体斗争，或者和异群个体斗争，或者和生活的物理条件斗争。因而，生存竞争是群体内和群体间发生争夺生存条件的运动，在有限的生态环境内表现出适者生存的结果。生态需要相似的竞争性群体系统不能共存于同一生态位置。因此，在生态位置的争夺过程中，必然会导致生态分离，包括群体的栖息空间、营养介质和生命活动时间等方面的变化。

（3）协同进化。协同进化是群体与群体、群体与生态环境之间在相互依存关系中的进化过程。以捕食者群体与捕食物群体之间的生态关系而论，在长期进化过程中，捕食者群体和捕食物群体之间就从单方的依赖性质发展为双方的依赖关系，它们之间在种群数量关系上保持一种动态平衡，在自然条件下共同进化。洛特卡-沃尔泰拉方程，就是描述这种关系的模型。假设捕食者和捕食物共存于一有限空间，那么捕食物群体的增长率会因为有捕食者而降低，这个降低因素也会随捕食者密度而变化。捕食物群体的方程为 $\dfrac{\mathrm{d}N}{\mathrm{d}t}=(r_1-\varepsilon P)N$。其中，$t$ 为时间；r_1 为捕食群体的内禀增长能力；ε 为捕食压力常数；P 为捕食者密度。捕食者群体的方程为 $\dfrac{\mathrm{d}P}{\mathrm{d}t}=(-r_2-\theta N)P$。其中，$-r_2$ 为捕食者在缺乏食物时的瞬时死亡率；θ 为捕食效率常数。上述两个方程描述出捕食者和捕食物的模型行为，即捕食者群体和捕食物群体产生周期性振荡，表明一个群体的密度受到另一个群体密度的制约。

2. 文化产业集群系统演化的动力

文化产业集群系统演化是在文化产业集群的动力作用下实现的。文化产业集群的动力机制的根本力量是获取持续竞争优势和推动集群发展。本地根植性蕴涵丰富的生产要素，文化产业集群的内源动力机制将其转化为内生优势；政府行为和外部竞争环境等外源动力机制的作用带来文化产业集群的外部优势。文化产业集群系统演化的根本动力是集群系统内部企业间激烈的竞争与协作。竞争能够增强企业的活力，激发企业的创新能力，提高企业的运行效率；协作可以实现资源、品牌、资金、信息等要素的共享，优势互补，强强联合，共同创新，取得协同效应。集群企业间形成的既竞争又合作，既分工又整合的动力机制，增强了文化产业集群系统的竞争力，推动文化产业集群系统协同演化。协同演化存在着竞争性协同演化和合作性协同演化。竞争性协同演化可以促进双方效率的不断提高；合作性协同演化可以促进文化产业集群整体最优资源配置。竞争性协同，更多地表现为竞争；合作性协同，更多地表现为合作。不论是竞争性协同，还是合作性协同，都从整体上促进了文化产业集群的演化和发展。

从整体上来说，文化产业集群系统的协同演化过程，一般是从竞争性协同演化向合作性协同演化发展。在集群集聚的初期，少数企业开始集聚，为求得自身的生存，企业之间采取竞争态度，努力获得竞争优势，以求赢得市场对企业的认同。通过这种竞争，企业间相互学习、相互适应，提高了企业的水平，维护了企业之间共同的利益，逐步壮大了集聚规模。当集群系统供给规模与市场需求接近平衡时，在客观上，为争取客户、争夺市场，集聚的同类企业间会进行明显的竞争，而竞争的结果，优胜劣汰，集群系统内部进行重新洗牌整合。通过这样一个过程，集群企业的生产、经营状况得到进一步改善，效益得到提升；而且更为重要的是，通过这个过程，集群内企业形成广泛的集群意识，逐步采取更为合作的态度，渐渐过渡到集群系统发展的下一个阶段——合作性协同阶段。这标志着，集群系统步入良性发展时期。在这一时期，集群系统内企业具有了区域品牌意识，也开始更大程度地分享集群带来的集聚优势。文化产业集群系统内众多企业，包括核心结构的上下游产业链、同位互补企业、同位竞争企业及支撑体系和外部环境体系构成集群系统网络，为维护企业的利益与集群系统的整体利益，集聚企业进行合作性协同演化。

3.3.3　文化产业集群演化的模式

文化产业集群模式是指文化产业在产生、发展过程中所形成的内在联系以及独特的存在方式和运行机制。它在本质上是一种产业经济的组织形式。一般认为，从不同的角度和不同的分类方法，可以划分出不同类型的文化产业集群模式。根据动力机制可将文化产业集群划分为市场主导下的渐进式模式、政府主导下的"蛙跳式"模式、市场与政府共同主导的协同式模式。根据集聚要素可将文化产业集群划分为高新技术要素集聚型、文化艺术要素集聚型、商业消费要素集聚型。根据空间分布可将文化产业集群划分为散点分布型、点线分布型、网络分布型。根据区域功能可将文化产业集群划分为科教型、旧城型、新区型。

3.3.4　文化产业集群演化的评价

研究系统演化的目的在于通过与认识对象的相互作用，了解系统在特定环境下的运动规律，进而达到利用、控制和改造对象的目的。因此，在描述系统的演化时，不光要有客观的描述，而且要有主观的评价，这个主观评价也存在一个标度问题（颜泽贤，1993）。

　　系统演化的主观评价是客观实际与主观目的相互结合的产物，它既与系统演化本身的性质有关，也与人们对它的需求及评价者本身的演化方向有关。通常人们总是把那些符合自己需要或与自己演化方向相同的演化看做进化，而把那些与此相反的演化看做退化。在对系统的演化进行标度时，人们也常常是自觉或不自觉地与自身的演化进程进行比较，这就不可避免地形成了一类特殊的、以人为尺度的评价体系。这就是说，系统演化的主观评价又涉及两个方面：一方面是系统演化对评价系统的有用性与经济性的关系；另一方面是系统演化与评价系统自身演化方向间的关系。当然，评价的结果还与评价方法的选择有关。例如，计算复杂性的问题和系统复杂性的问题就是如此。一个系统的演化本身可能没有变化，但评价系统感兴趣的方面和评价的方法变化了，评价的结果就会不同。与其他系统相似，文化产业集群系统演化同样具有多个方面和层次。在判定文化产业集群系统演化方向和标度演化进程时也必须充分注意到这一点。为了做到全面系统地评价文化产业集群系统演化，必须引入一个客观的多标度体系，从不同的方面来刻画文化产业集群系统演化，以客观、公正地评价文化产业集群系统演化的实际状况。

　　作为文化产业集群系统演化规律的理论研究，文化产业集群系统演化的原理所要回答的基本问题是：文化产业集群系统的演化具有什么样的规律？这些规律对于我们认识、控制和利用文化产业集群系统的演化有何实际意义？它在方法上对我们有哪些启示？由于原理所涉及的不是个别的现象而是具有普适性的本质特征，它必须建立在对文化产业集群系统演化的深刻的认识与理解的基础上。通过本章的分析梳理，为本书总结、归纳文化产业集群系统演化的原理提供了较为充分的理论线索。本书的后续研究将从文化产业集群系统演化的机制、过程、动力、结构、模式和评价等几个标度详细展开。

第4章　文化产业集群演化的机制

复杂系统理论认为,复杂系统具有自组织、非线性、临界与分叉等机制,其中,自组织是复杂系统演进的基础和根本性的内在机制。根据对文化产业集群系统本质的认识可知,文化产业集群是一种由多种要素和多种主体协同形成的复杂系统,通过各种活动与外界环境进行物质、能量、信息等的交流,从而保持了其不断从无序到有序、从低级到高级的演化成长。因此,文化产业集群具有明显的自组织特性,其各要素的自发行为和其间的非线性相互作用所表现出的自组织行为形成了特有的演化机制。

4.1　自组织理论概述

自组织理论是研究客观世界中自组织现象产生、演化等的理论。它是一种新的理论,目前尚未形成完整、规范的体系。本节根据相关文献,对自组织的定义进行了重新界定,并分析了系统自组织演化的条件、特征和判据。

4.1.1　自组织的定义

Haken(1988)认为如果一个体系是自组织的,那么这个体系在获得时间、空间或功能的结构过程中没有外界以非特定的方式作用于该体系。Flake(2000)指出,自组织是一种自发形成的突现,这种突现不是通过高层次客体之间相互作用产生而是通过低层次客体间的相互作用产生。而 Gershenson 和 Heylighen(2003)认为自组织是自发创生和自发突现的过程。保罗·西利亚斯(2006)认为复杂系统具备自组织的能力,这种能力使得系统能够很好地处理系统自身与外部环境的关系,使系统内部自发调节以适应外部情况的发展。在国外学者研究的基础上,我国学者也给出了相应概念。最具代表性的是钱学森和颜泽贤,钱学森指出自组织就是系统自发走向有序结构的过程(胡皓,2002),颜泽贤等(2006)指出自组织就是通过低层次客体自发形成高层次结构的过程。

从以上国内外自组织内涵的研究成果来看,尽管各种定义不尽相同,表述也不尽一致,但还是能够在不同的概念表述背后归纳出自组织的内涵。自组织产生于 I. Prigogine 建立的"耗散结构"理论,发展于 L. Von Bertalanfy 提出的一般系统论。它的核心思想是一种自发性,这种自发性表现为系统自动地从无到有、从低到高、从简到繁。自组织理论以耗散结构理论和协同学为核心,以突变论和超循环理论为两翼,存在于自然界乃至人类社会中。在生态学中,自组织表现为一种演替现象,这种现象要经历初期、中期以及末期,即先锋期、发展期和顶级群落期;在新经济地理学中,自组织理论呈现于演进过程中,即区域经济由低级向高级城市群形态的演化;在马克思主义哲学中,自组织理论揭示了辩证唯物主义发展观,即上升与下降、进步与退步的辩证法思想。总之,自组织是和他组织相区别并以有序、相对稳定的结构功能模式存在着的系统,在自组织的过程中其有序程度随时间推移而增加,它不受外界干预,也不听取系统控制者的指令,而是以系统中局域性的不经意的相互作用使系统由简单向复杂,进而向更为有序、有组织的模式发展。

4.1.2　系统自组织演化的条件、特征和判据

1. 系统自组织演化的条件

系统自组织演进必须具备一定的条件才能自发进行,对自组织条件的研究主要来自耗散结构理论(Prigogine,1987;Prigogine and Petrosky,1998),该理论认为,自组织演进须具备以下七个条件:

(1)系统开放。系统要建立一个有序结构,必须与外界有不断的物质、能量和信息的交换。而判断系统是否开放比较容易,只要知道系统有无输入和输出即可。

(2)系统开放的外界输入达到一定阈值。系统出现耗散结构的条件当然不是有外界输入输出即可,而是当这种输入达到一定阈值时,系统才可能向耗散结构转化。

(3)系统外界输入的平均化。系统的外界输入能不能针对体系的特定部分,是判断体系是否自组织地达到耗散结构的条件。

(4)系统应该远离平衡态。出现耗散结构的必要条件是外界必须驱动开放系统越出非平衡线性区,到远离平衡态的区域去。远离平衡态可以看做对开放系统要求的进一步强化和补充。

(5)系统是非线性的。如果是线性的,就排除了出现耗散结构的可能性。一般在非线性系统中存在正反馈和负反馈两种相反的作用机制,在不同的条件下它们各自的作用程度不同,同时它们的强度也受到系统状态变量大小的影响。系统在一定参数条件下,正反馈使系统偏离定态,进而状态变量变大又使负反馈加强,最终稳定在某一特定的状态上。系统从无序均匀定态向有序状态转变过程是正反

馈和负反馈机制综合作用的结果。非线性相互作用在系统演化方程中体现为非线性方程。非线性方程的解与线性方程的解有本质的区别。线性方程只有一个定态解，非线性方程可有多个定态解。当对平衡的偏离增大时，状态变量值变大，演化方程中的非线性项的绝对值也变大，使演化方程中的非线性项的作用也越大，在远离平衡态中非线性规律起支配作用。

（6）涨落。涨落是耗散结构出现的触发器，内在涨落是必然的，但是何时出现涨落以及涨落大小却是不可预测的。

（7）非稳定性。涨落表现了系统的非稳定性的一个方面，逐渐地远离平衡态也表现了系统的非稳定性的一个方面，非线性反映了系统内部的非稳定性。

在以上七个条件中，开放性、远离平衡态、非线性和涨落是运用自组织理论进行研究分析的前提。

2. 系统自组织演化的特征

自组织现象描述的是一个以系统形式存在着的有机整体的发生、发展并最终表现为具有某种有序的宏观现象。该宏观现象广泛存在于无机界和有机界；既存在于生物界，也存在于人类活动。自组织系统的行为模式具有以下七个特征：

（1）信息共享。系统中的每个单元都掌握全套的"游戏规则"和行为准则，这部分信息相当于生物 DNA 中的遗传信息，为所有的细胞所共享。

（2）单元自律。自组织系统中的主体有独立的决策判断能力，在"系统规则"的约束下，每个主体有权决定自己的行动。

（3）短程通信。每个主体在决定自己的行动时，不但要根据自身的状况，还要了解与它邻近主体的状态，主体之间通信距离较短，通信所得信息往往不完整。

（4）微观决策。每个主体所做出的决策只与它自己的行为相关，而与系统中其他主体的行为无关；所有主体各自行为的总和，决定整个系统的行为；自组织系统一般并不需要关乎整个系统的宏观决策。

（5）并行操作。每个主体的决策与行动是并行的，并不需要按照什么标准来排队以决定其决策与行动顺序。

（6）整体协调。在各主体并行决策与行动情况下，系统结构和规则保证了整个系统的协调一致性与稳定性。

（7）迭代趋优。自组织系统的宏观调整和演化是在反复迭代中不断趋于优化。事实上，这类系统一般无法达到平衡态，而往往处在远离平衡态的区域进行永无休止的调整和演化；停止就表示系统的"死亡"。

3. 系统自组织演化的判据——熵

熵是自组织理论的重要概念，由热力学第二定律的提出者之一、德国物理学家克劳修斯提出。热力学第二定律表明了这样一个事实，即在一个封闭系统中，总能量虽然保持不变，但能量在转化过程中可能变为不能做机械功的部分。或者说，只能从比周围更冷的物体中得到功，即热不能自行从较冷的物体流向较热的物体，这就是热力学第二定律表达方式之一。

给定某物体的绝对温度为 T，对其加热 ΔQ，则 ΔQ 与 T 的比值 $\Delta Q/T$ 被称作该物体熵（S）的增量 ΔS。设某一较热的物体 A 的温度为 T_1，另一较冷的物体 B 的温度为 T_2，将 A 和 B 靠在一起，就会有热 ΔQ 从 A 流向 B，此时 A 的熵减少 $\Delta Q/T_1$，即 $-\Delta Q/T_1$，而 B 的熵增加 $\Delta Q/T_2$。此时系统总熵的变化就是 A 和 B 熵之和，即有

$$\Delta S = -\Delta Q/T_1 + \Delta Q/T_2$$

由于 $T_1 > T_2$，$\Delta Q/T_1 < \Delta Q/T_2$，$\Delta S = -\Delta Q/T_1 + \Delta Q/T_2 > 0$。

也就是说，由温度不同的两个物体所构成的系统，其熵总是增加的；且假定其他条件相同，温差越大，整个系统的熵增量也就越大。

根据以上推导，可以把熵的微分表达式定义为

$$dS = dQ/T$$

其涵义为，系统的熵（S）等于该系统在一定过程中所耗散（或吸收）的热量（Q）除以它的绝对温度（T）。

熵概念和热力学第二定律的提出，既是人们对复杂对象开始整体研究的标志，也是引入"时间之矢"思想并描绘系统演化的过程。因此，熵为系统演化的过程与方向提供了一个科学的判据，其意义集中体现在以下几方面：

（1）熵是系统的一个态函数，表示系统在某个时点所处的状态稳定与否，变化方向如何。具体而言，熵对系统演化所要求的条件、演化方向以及演化限度等方面所提供的判断根据逐渐成为共识。熵的变化还能作为判断能否发生变化、变化发生后能否可逆等问题的依据。事实上，在不可逆过程中，$dS > 0$，也就是说，熵的增大总是过程进行的方向，这就是熵增加原理的核心，该原理可被推广到有限范围的一切具体的运动过程。在封闭的系统中，宏观静止的平衡态是系统在自发过程中发展的最终结果。系统在此平衡态时，熵达到最大值。因此，系统的自发不可逆过程也即熵增加的过程，达到平衡态下熵最大时，过程终止。

（2）表征系统能量分布的均匀度是熵的宏观意义。系统能量的参差不齐是能量转化为功的必要条件，并且，从高密度区域流向低密度区域是能量运动的趋势，直到均匀位置。因此，功只有在能量密度的变化过程中才产生。能量分布越均匀，熵就越大；若系统能量分布完全均匀，系统的熵就达到最大，而此时正对应着系统的平衡态。从宏观意义上讲，同样可以利用熵来度量不可利用能的变化。不可利用能在增加过程中，熵是不断增加的，同时增加着能量分布均匀度。这些不可利用能不可再用来做功。过程的不可逆性是不可利用能增加的根本原因。

（3）在物理学关注熵的同时，其他学科领域也引入熵的概念。例如，熵拓展到生命科学中，研究人员认为有机体就是依赖负熵而生的。或者，更确切地说，新陈代谢中本质的东西，乃是有机体成功地消除了当它自身活着的时候不得不产生的全部熵。信息论中也引入了熵的概念，认为信息就是负熵，将熵视为一个系统失去信息的度量，信息的丢失表示系统混乱程度的增加，熵的增加对应于信息的不断丢失。在一个系统中，有序程度越高，信息量就越大，则熵就越小；反之，无序程度越高，信息量就越小，则熵就越大。所以熵是系统的无序度、不定度的一种度量，而熵的消除意味着有序度——信息的产生，信息与熵是互补的。熵的概念也被引入经济领域。早期的经济学家认为，人类的各种形式的活动都是从环境中攫取能量，以降低其所处系统的熵。另外，熵的概念也在系统科学、哲学、文学、艺术等领域得到不同程度的引进，而在经济领域中的运用将是本书的重点。

4.2　自组织与文化产业集群演化

自组织是指不存在外部指令，系统按照相互默契的某种规则，各尽其职而又协调地自动形成有序结构，具有协同性、自转换性和自调节性。关于产业集群系统的自组织特性，国内外学者也进行了一定的研究和探索。

4.2.1　自组织演化的机制

1. 非线性相干机制

非线性相干机制是自组织演化的首要和根本机制。非线性相干机制是相对于线性作用而言的，它不像线性作用所包含的关系是呈直线关系、稳定的、结果是可预测的，而是不呈直线关系、不稳定的、结果是不可预测的，存在多种可能性的一种机制。在系统内部非线性相干机制具体表现为：首先，非线性相干机制的作用使系统内部各个元素之间、各个要素之间相互联系起来，使系统联系成一个整体，最终使系统从低级到高级、从无序到有序演化发展。其次，当系统不断与外部环境进行物质能量信息的交换时也表现出了非线性相干机制作用的特征。最后，非线性相干机制是系统处于非平衡状态下演化发展的驱动力。

2. 临界与分叉

复杂系统总是从低级到高级、从简单到复杂演化发展，而从一种状态到另一种状态的过渡过程中必然存在一个分支点，这个分支点就是临界点。而在这个临界点上又存在着多种向不同结构和状态发展的情况，这种情况称为分叉。在复杂系统演化的过程中临界与分叉就好比树的分化演化，在某种条件下，系统不会一直处于稳定状态，它会在系统内部非线性相互作用和外部促使状态改变的控制参量的作用下，打破这种状态出现新的状态，这些新的状态会有好坏之分，在系统本身的选择和评价下，那些好的状态会为系统向更高级演化提供机会，成为演化的重要前提。

3. 反馈与自稳定

反馈是系统自组织演化自稳定机制形成的基石。反馈是指系统在与外界进行物质能量和信息交换时产生的结果对自身演化发展造成的影响。如果这种结果对系统自组织演化产生积极的影响，使系统演化到更高组织结构，促使系统内部的有序性提高、组织性加强，那么这种反馈就是正反馈；反之，如果这种结果对系统自组织演化产生消极的影响，阻碍系统演化到更高更好的状态，那么这种反馈就是负反馈。自组织演化过程是打破某一定态不断发展变化然后又以相对的自我稳定为基础进行演化。所以，自稳定是系统自组织演化的一种内在机制，自组织演化过程在开放性、非平衡性、非线性等作用的扰动下能够不受外界指令自我稳定，这种自我稳定的能力在为演化提供基石的同时，可以指导演化不偏离最终方向。

4. 突现机制

系统演化过程中突然出现了新质，使系统从旧状态进入新状态就是突现，它在系统演化过程中具有不可取代的地位。这种新质的出现存在突然性、难预测性、非连续性，但它又不能单独地发挥作用，它离不开非线性的相互作用，也离不开自稳定机制。突现存在以下三种方式：①在复杂系统内部各子系统合力使整体作用发挥，或者各子系统分工协作、齐心协力使整体功能实现，使系统演化到更高更复杂状态。②在复杂系统内部存在相互独立和相互联系的各个子系统，它们在某种条件下可能联合起来，逐渐向更高层次发展。③在复杂系统内部，新质的突现可能是信息控制的结果，如一种社会现象的突现，知识文化在其中就起到了很重要的控制作用。

5. 选择和评价机制

选择和评价机制制约着演化道路的选择。选择和评价机制可以理解为，在演化过程中系统内部各个元素之间、元素与结构之间相互竞争和相互制约，它们之间通过生存竞争各自夺取所需资源，求得自身生存的同时又为了实现一定的目标而不断通过协同、相互利用完善自己求得发展，实现系统优化，最终使系统走向更高级的有序状态。

4.2.2 产业集群自组织演化研究概述

Pouder 和 John（1996）认为产业集群的演化是企业群体在外界环境作用下的自发行为和集体选择过程，所以它也具备优胜劣汰、从低级到高级的进化规律，具有自组织、自适应和协同进化的内在动力机制，而不是无组织的混合体和堆积物。Chiles 和 Meyer（2001）认为，产业集群不只具备主流经济学所描述的区位效应、创新能力、竞争优势等静态特征，它更是在独特的企业家精神或企业家集体作用下的复杂动态过程，产业集群规模的扩大、集群效应的发挥、企业能力的提高等都可用涌现来解释，因此要对这种涌现进行控制和引导，并发挥它的作用，才是产业集群成长的关键。Brenner 和 Greif（2003）应用复杂科学中的自组织理论来研究产业集群动力机制，发现传统经济学在解释产业集群动态演化过程中存在不足，而复杂科学理论在这方面具有明显的优越性。他们应用复杂科学理论探讨了产业集群内的两个主要机制：促进集群超越临界规模和集群的当地共生互动作用。可见，自组织是产业集群持续演化的动力机制。

李刚（2005）认为，产业集群作为一种特殊网络组织形式，不仅呈现出一般的组织特性，而且无论是从整体观察其静态的结构特征和形成条件，还是从内部视角分析其动态的形成过程和演化机制，产业集群都具有显著的自组织特性。产业集群的自组织特性表现为：①集群的生产是非平衡发展的结果。集群的生成是众多差异性极大的企业及相关机构，在多种因素的作用下，从无序到有序的结果。只有众多的企业及相关机构集聚于某一地区才有可能产生集群，非平衡态是集群成长的前提条件之一。②集群内部的子系统包括企业、政府及相关机构，有竞争者、供应商、合作者和顾客，他们之间具有非单一的、非对称的和复杂的相关性。③集群是开放的系统。集群之所以能够形成和成长，是因为集聚经济的产生，吸引外部相关产业或机构的进入。同时，集群演化也依赖于外部市场、原料、资金等，集群通过与外部环境之间的能量交流，当从外部获得的信息增值大于集群内部的熵增，即集群系统实现减熵，就能进化。④集群演化是系统涨落以触发旧结构的失稳、探索新结构的过程。只有通过创新网络和学习机制，通过引进累积知识存量和产生知识溢出以形成巨涨落，从而使集群系统富有创新活力并获得持续的竞争优势。

何铮和谭劲松（2005）通过分析认为集群可以被视为一个复杂适应性系统加以研究，集群本身作为一个复杂系统表现出要素之间的非线性关系、互为削弱的力量共同存在，从而导致系统发展前景的模糊性；同时，集群系统内各元素自发行为和其间的相互作用所表现出的自组织过程是推动集群持续成长的关键机制。

　　上述学者对产业集群系统自组织机制的研究，为本研究提供了一定的理论基础。从上述学者的研究可以看出，产业集群系统演化的过程与复杂系统自组织演化的过程类似，产业集群系统各要素相互间的自组织作用过程，推动产业集群从混沌到有序再到新的混沌。产业集群系统演化过程中，核心企业、配套中小型企业、教育培训机构、中介服务机构等各类行为主体之间存在着既竞争又合作的协同关系，这种协同竞争关系推动集群从分化到整合再到新的分化，从无序到有序再到新的无序，从平衡到混沌再到新的平衡，从而形成产业集群不断演化的活力和动力。同时，产业集群系统中任何一个行为主体的自组织过程总是在与其他行为主体的相互联系、相互作用之中实现的，也总是在不同程度上受到产业集群的制约。实践表明，产业集群系统的自组织特性保证了集群内各子系统具有充分的能力和资源来实现内部的协调与平衡，并能更好地适应外界环境的迅速变化，从而使产业集群系统能够在动态的环境中实现持续成长。因此，产业集群系统的持续成长既是其内在自组织机制运行过程的体现和结果，也是其内在自组织机制运行的客观要求。

4.2.3　文化产业集群的自组织特征

　　文化产业集群的自组织行为是指集群对环境进行适应，并在一定条件下通过自身的选择，改变环境，从而达到新的、有序状态的各种行为，内容包括企业经营趋同、集体学习和理性选择、代表集群整体对外谈判、形成关系契约和道德契约、培育集群文化、调解企业间矛盾和冲突以及集群治理等。

　　本研究基于复杂系统理论的自组织理论来研究文化产业集群系统的形成演化，涉及系统科学的分析方法和耗散结构理论。因此，首先必须考虑文化产业集群系统是否具备伊·普里戈金（1986）耗散结构理论中耗散结构所必须具备的开放性、远离平衡态（非平衡性）、涨落和非线性作用等系统自组织的基本条件。

1. 文化产业集群系统的开放性

　　在系统论中，特别是在耗散结构理论中，开放性的系统是有机体具有的一个重要特征。位于特定区位的文化产业集群不可能将自己封闭起来，注定是一个开放性的系统。首先，文化产业集群系统的区位本身具有不确定性。虽然文化产业集群系统总是和特定区位紧密联系的，但是实际中其地理指向具有很大的模糊性。尽管文化产业集群系统一般以行政区划为基础进行称谓，但是该区划是一个范围很大的地理概念，而非具体以这个文化产业集群系统中的所有企业实际所在的位置为依据。因此，以行政区划为依据的称谓并非对文化产业集群系统的空间限制。从地理空间上讲，文化产业集群系统具有很大的自由生存和发展的空间。而研究中采用以行政区划为依据的划分也是具有积极意义的。一方面有利于对文化产业集群系统的物质信息流动状况进行统计和分析，另一方面体现了文化产业集群系统作为宏观研究对象的现实存在，为我们在以后引入熵的概念作为判据提供了宏观范围的界定。其次，文化产业集群系统的边界具有模糊性。文化产业集群系统本身就不是封闭的或孤立的，而是具有系统性，因此应明确将文化产业集群视为一种具有开放性的社会经济有机体。

2. 文化产业集群系统的非平衡性

文化产业集群在竞争市场中并不是处于平衡的状态，而是经常被技术创新推动而处于不断变化的非平衡状态。技术创新就是文化产业集群基因的变异，竞争和适应是文化产业集群复杂适应系统基本的要点。文化产业集群发展的规律，从复杂系统的概念出发，首先是国家或本地政府发展经济的需求，虽然有些文化产业集群是自发产生的，但在现代社会中，它们的产生还是要靠政府的外力推动。实际上，政府的推动促进了高科技文化产业集群的形成过程。集群本身是一个复杂系统，当政府的作用力减弱或集群面临的外界市场力量超越政府的作用时，就打破了平衡，即使有时处于一种平衡，那也是一种动态的平衡。处于这种状态下的文化产业集群的发展壮大，是一个复杂适应系统通过自组织、自学习、自适应不断演化壮大的过程。

3. 文化产业集群系统的涨落

涨落是指复杂系统的运动具有很大的随机性，这种随机性对系统结构存在状态扰动造成的现象。涨落显然是不可避免的，这种系统内部的随机扰动——涨落，既是一种破坏系统稳定的干扰因素，也是系统自发地重新组织的契机，它对耗散结构的形成起着触发作用。文化产业集群系统主要是由个人的灵感和企业的创新引起的，集群结构调整、产品的更新换代、企业重组和政府集群政策等也会引起涨落。涨落的不断出现会引起文化产业集群系统不断地演化发展。各种涨落的累积和叠加会形成巨涨落，巨涨落的形成会导致文化产业集群系统出现新结构。但是，如果各种微观涨落未被放大为巨涨落，文化产业集群系统就不会出现新结构，其演化发展就会停滞，进而导致文化产业集群衰落。

4. 文化产业集群系统的非线性作用

耗散结构理论认为非线性作用是指个体自身的属性以及个体之间的相互作用，并非遵循简单的线性关系。个体在与系统或环境的反复交互作用中表现出的非线性更为突出，其中也包括个体集聚作用的非线性效应。文化产业集群是一个由具有共同性和互补性的各种组织集聚于某地的系统。集群子系统之间存在着各种各样的非线性相互作用，这种非线性相互作用几乎是集群的集聚行为，比人们用求和方法预期的要复杂得多。因此，文化产业集群系统的这种非线性使集群子系统之间的相互作用、相互影响不是线性的、简单的、被动的、单向的因果关系，而是主动的适应、协调、互为因果的关系。这种非线性相互作用往往也会存在负反馈和正反馈，导致个体间存在相互制约、相互激励的复杂关系。文化产业集群系统竞争与协同的非线性相互作用机制，是文化产业集群系统演化发展的根本动力。正是由于文化产业集群系统内线性机制的作用，集群系统才会从无序到有序。

4.3　文化产业集群演化的分阶段机制

通过对文化产业集群演化的概念和特征分析发现，文化产业集群具备自组织演化的非线性、非平衡性、涨落、开放性等特征，这些特征表明文化产业集群具有复杂系统的特征，其演化也必然具备复杂系统演化的机制。本节将对文化产业集群各阶段的演化机制进行探讨。

4.3.1　自衍生阶段演化机制

在必然和偶然的因素下，文化企业从无到有，在此阶段企业的形态特征表现为企业数量较少、规模较小、技术人才稀少、企业之间的关联度不高、没办法进行知识信息的交流、未形成也没有获取知识的途径，企业只有依靠自己摸索发展集群，成长缓慢。

可以将此阶段的非线性相干机制记为 $a = b^x$，a 为文化产品，b 的自乘是指企业自身的一种相干或相互作用。具体如图 4-1 所示。

图 4-1　自衍生阶段非线性相干机制示意

在自衍生阶段，临界与分叉机制主要表现为：①政策制度环境的不完善、企业之间的关联度不高，难以形成合作，最终使产业优势无法发挥，导致萌芽中的企业无法扎根并最终离开该集群，或者还未成形的集群夭折；②政府制定了有利于该产业发展的战略和规划，采取了一系列有利于产业发展的措施（如提供廉价土地），促使集群发展到下一阶段。具体如图 4-2 所示。

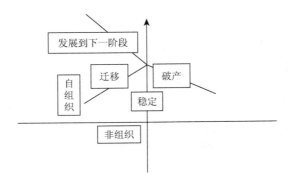

图 4-2　自衍生阶段临界与分叉机制示意

在自衍生阶段，反馈机制主要是指输入和输出对集群衍生所产生的影响。输入指的是集群在衍生过程中受到的影响，输出指的是集群在衍生过程中造成的外部影响。自稳定机制的作用主要表现为：①极少数文化企业的出现是由于获得了某种相对的自稳定，如果没有自稳定机制的辅助作用就会出现某种随机的巨涨落。②极少数文化企业，因企业数量少、规模小，企业间未建立合作关系，无法进行知识信息交流，加之政策制度的不完善，使企业在发展过程中出现迁移或夭折的情况，通过自稳定机制，文化产业集群会在不同程度上抵制熵增，延缓衰退或解体的过程。具体如图 4-3 所示。

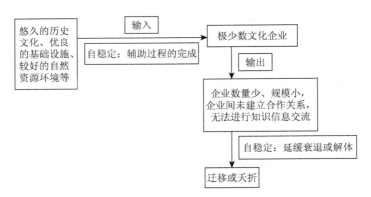

图 4-3　自衍生阶段反馈与自稳定机制示意

文化产业集群的突现在此阶段主要有三种方式：一是集群内部的协同与分化；二是超企业综合；三是信息控制性突现（颜泽贤，1993）。处于自衍生阶段的企业数量极少，企业主要是靠自身发展，企业间的合作网络尚未建立，所以此阶段的协同作用不是各企业间的非线性合作，也不是简单协同（采取相同的行为），而是企业自身的复杂协同（各自采取不同行为）；同时在此阶段也不存在企业间通过一定的中介实现企业与企业间结合的超企业综合；存在信息控制性突现，因为从非组织到自组织，少数文化企业的出现与悠久的历史文化等是有关系的。

4.3.2 自成长阶段演化机制

在自成长阶段，大量文化企业出现，企业间的联系加强且集聚效应显现，相关支持辅助性产业开始建立，政府的扶持政策也为集群的成长创造了良好的发展环境。

在自成长阶段，随着外来企业的加入，原有少数文化企业的核心人员也在经济刺激下创办新的文化企业，再加上原有少数文化企业，使此阶段出现大量文化企业。随着大量文化企业的涌现，企业开始扎堆，企业间的联系加强，出现了集聚效应和规模优势，企业为了降低成本、获得更大经济效益，企业分工出现，相关支持性产业开始建立，相关辅助性产业以及政府的扶持政策也相应地为集群的成长贡献力量。具体如图 4-4 所示。

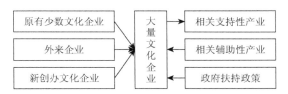

图 4-4 自成长阶段非线性相干机制示意

在自成长阶段，临界与分叉机制主要表现为：大量文化企业的不断涌现，企业间的联系加强，但是不同主体要根据自身利益进行决策，这就导致主体间会从自身出发选择竞争或合作。这种竞争或合作的关系具有不确定性，它取决于某一时期的发展状况，这种发展情况相当于一个临界点，这个临界点过后就会出现竞争或合作两种不同情况的分叉。具体如图 4-5 所示。

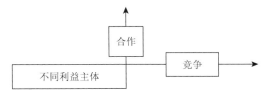

图 4-5 自成长阶段临界与分叉机制示意

在自成长阶段，反馈机制主要是指输入和输出对集群成长所产生的影响。输入指的是集群在成长过程中受到政府扶持政策的实施、完善的发展环境等的影响，输出指的是集群在成长过程中使企业数量、规模扩大等。自稳定机制的作用主要表现为：①大量文化企业的出现是由于获得了某种相对的自稳定，如果没有自稳定机制的辅助作用就会出现某种随机的巨涨落。②文化产业集群的演化总体上是信息量的增加，自稳定机制在此阶段是保持已有信息量。可以理解为，大量文化企业的出现使企业数量、规模扩大，企业间的合作交流出现，知识溢出效应显现，自稳定机制保持已有信息量为集群成长发展提供便利。具体如图4-6所示。

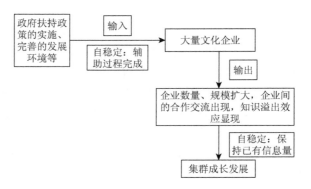

图4-6　自成长阶段反馈与自稳定机制示意

　　文化产业集群的突现在此阶段主要有两种方式：一是集群内部的协同与分化；二是超企业综合。处于自成长阶段的企业数量增加，大量文化企业出现，企业间的联系合作加强，企业间的合作网络开始建立，所以此阶段的协同作用是各企业间的非线性合作；同时在此阶段存在企业间通过一定的中介实现企业与企业间结合的超企业综合，如相关辅助产业的建立。

　　文化产业集群演化过程中选择和评价机制的运行主要有三方面，即适应、竞争、选择。在自成长阶段企业的形态特征表现为企业数量、规模扩大，企业间开始合作交流，相关辅助产业建立，企业要成长就必须适应环境，积极引进人才，扩宽知识获取路径；同时，在自成长阶段企业间存在竞争现象，通过竞争显露差异，找到差距，弥补不足；最后选择有利条件、淘汰不利条件，使集群向更高级方向发展。

4.3.3　自成熟阶段演化机制

　　自成熟阶段又可称为自稳定阶段，是自成长阶段发展的延伸阶段。此阶段伴随着相关辅助产业的完善，集群形成了完整产业链，文化产业集群的体系最终成熟并实现了良性循环。此时成熟的文化产业集群随着时间的推移可能会演化出两种情况：一种是成熟集群继续发展，另一种是成熟集群走向衰弱。

　　文化产业集群在自成熟阶段已形成基于供应商—生产商—销售商的完整产业链，企业与企业、企业与中介服务机构间实现知识和信息交流，相关辅助产业也相应完善。文化产业集群内各企业间、各机构间的相互作用与相互联系形成了网络关系，并形成了良性循环，这种网络关系产生的网络绩效以非线性的方式产生。具体如图 4-7 所示。

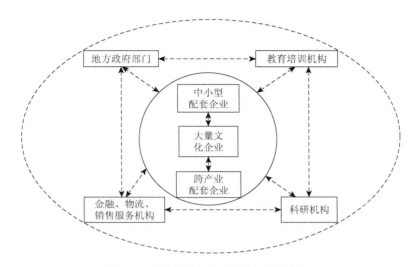

图 4-7　自成熟阶段非线性相干机制示意

在自成熟阶段，临界与分叉机制主要表现为：①成熟集群继续发展；②集群中的企业开始迁离该集群；③成熟集群走向衰弱。继续成熟的集群表现为品牌效应、规模效应、知识溢出效应、经济效益、创新能力不断提高；外迁企业主要是为了寻求更加低廉的生产资料，伴随着集群的成熟，相应的土地租金变得较高，高技术人才的争夺更加激烈，造成工资水平的上涨、市场占有的难度加大，而其他地区会出台更为优惠的政策和措施吸引集群内企业迁入此地区；走向衰弱的集群主要是因为路径锁定现象的发生，集群内企业懒于完善学习机制、扩宽获取知识信息的路径、引进新人才，依赖与原有企业建立的互惠合作关系生存。具体如图 4-8 所示。

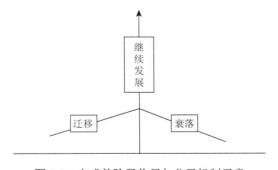

图 4-8　自成熟阶段临界与分叉机制示意

在自成熟阶段，反馈机制主要是指输入和输出对成熟集群所产生的影响。输入指的是集群受到政府提供的服务和政府进行必要的规范的影响；输出指的是伴随着集群的成熟，相应的土地租金变得较高，高技术人才的争夺更加激烈，市场占有的难度加大以及出现路径锁定现象等，使集群出现迁移或衰退现象。自稳定机制的作用主要表现为：①文化企业的成熟是由于获得了某种相对的自稳定，如果没有自稳定机制的辅助作用就会出现某种随机的巨涨落，使集群突然成熟。②集群出现迁移或衰退的情况，通过自稳定机制，文化产业集群会在不同程度上抵制熵增，延缓迁移或衰退的过程。具体如图 4-9 所示。

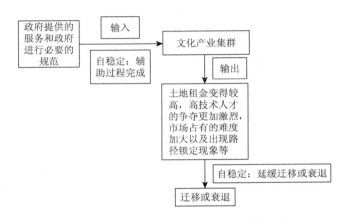

图 4-9　自成熟阶段反馈与自稳定机制示意

文化产业集群的突现在此阶段主要有两种方式：一是集群内部的协同与分化；二是超企业综合。处于自成熟阶段的文化产业集群内各企业间、各机构间的相互作用与相互联系形成了网络关系，并形成了良性循环，这种网络关系产生的网络绩效是各企业间、各机构间以非线性方式所进行协同作用的结果；同时文化产业集群这个成熟网络的最终目的是实现良性循环，必须通过一定的中介实现企业与企业间结合的超企业综合。

文化产业集群演化过程中选择和评价机制的运行主要有三方面：即适应、竞争、选择。在自成熟阶段企业的形态特征表现为企业间的知识共享加强，企业进行标准化生产，规模效应出现，企业间的分工更为细化且形成了完整产业链，文化产业集群的体系最终成熟。此时成熟的文化产业集群可能会适应大环境继续发展；伴随着集群的成熟，相应的土地租金变得较高，高技术人才的争夺更加激烈，市场占有的难度加大以及出现路径锁定现象等；随着竞争的加剧，一些企业为了降低生产资料成本会迁移出集群向外寻求发展机会，而一些企业会选择继续留在集群内发展。

4.3.4 自衰退阶段演化机制

文化产业集群在经历了很长时间的发展之后活力会逐渐减弱，企业很可能会由于安逸的发展环境而产生惰性，最终集群可能会破产、迁移，如果政府部门采取必要措施积极引导集群进行战略调整和转型升级，那么集群还会有扭转颓势继续发展的可能。

文化产业集群的衰退不是突然崩溃瓦解。它是集群内部不完善的学习机制、创新意识淡化、效率低下、恶性竞争等非线性作用的结果。随着文化产业集群的衰退，企业开始外迁或破产，使得集群创新系统的节点数量减少，导致创新效率低下，配套设施和环境恶化，最终加速文化产业集群衰退。具体如图 4-10 所示。

在自衰退阶段，临界与分叉机制主要表现为：①集群企业外迁；②集群企业破产；③集群转型升级。随着文化产业集群系统的衰退，出现集聚不经济现象，集群企业开始外迁寻找其他发展机会；伴随着高技术人员的流失、学习机制恶化、创新意识淡化，集群企业出现规模不经济，企业难以生存，最终选择破产；虽然文化产业集群处于自衰退阶段，但是集群原有创新体系并没有

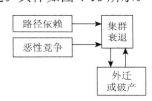

图 4-10 自衰退阶段非线性相干机制示意

完全瓦解，此时，如果政府部门积极引导集群进行战略调整和转型升级，文化产业集群则可以扭转颓势继续发展重新走向有序。具体如图 4-11 所示。

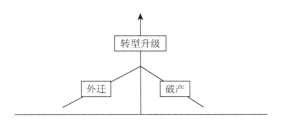

图 4-11 自衰退阶段临界与分叉机制示意

在自衰退阶段，反馈机制主要是指输入和输出对集群所产生的影响。输入指的是集群受到政府正确引导和支持的影响，此时，如果政府部门积极引导集群进行战略调整和转型升级，文化产业集群则可以扭转颓势继续发展；输出指的是伴随着集群系统衰退，集群企业开始出现外迁、高技术人才流失、学习机制和基础配套设施和环境恶化等情况。自稳定机制的作用主要表现为：①文化企业的衰退是由于经历了某种相对的自稳定（路径依赖），如果没有自稳定机制的作用就会出现某种随机的巨涨落，使集群突然崩溃瓦解。②在此阶段如果政府部门正确引导

和支持集群进行战略调整与转型升级，通过自稳定机制，文化产业集群会在不同程度上抵制熵增，延缓衰退的过程。具体如图 4-12 所示。

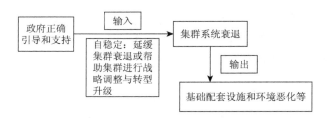

图 4-12　自衰退阶段反馈与自稳定机制示意

　　文化产业集群的突现在此阶段主要有两种方式：一是集群内部的协同与分化；二是信息控制性突现。处于自衰退阶段的文化产业集群内各企业间、各机构间的相互作用与相互联系所形成的网络关系开始瓦解出现分化；文化产业集群的演化总体上是信息量的增加，在自衰退阶段可以理解为，文化产业集群出现路径锁定效应、学习机制恶化、创新意识淡化，使知识信息量难以满足集群的发展，最终导致大量文化企业的迁移或破产。

　　文化产业集群演化过程中选择和评价机制的运行主要有三方面，即适应、竞争、选择。在自衰退阶段企业会在路径依赖的影响下自生自灭，最终顺应环境自衰；集群系统的衰退使发展环境更加恶化，过度竞争情况也更加严重；随着集群发展情况的不乐观，一部分企业会在政府部门的引导下进行战略调整与转型，一部分企业会选择迁离出该集群寻找其他发展机会或者选择破产。

4.4　文化产业集群演化的内生机制

　　在认识了文化产业集群各阶段的演化机制后，文化产业集群是如何演化的，文化产业集群演化的运行方式到底如何，便是本节将要讨论的文化产业集群演化的内生机制问题。

4.4.1　非线性相干机制：演化的根本

　　非线性相干机制是文化产业集群自组织演化的首要和根本机制。具体包含以下三层含义：第一层，文化产业集群和传统的产业集群不同，其对原材料和劳动力的依赖性不强，但对地方人文环境有着较强的根植性，它的产生必须以深厚的文化积淀为依托，它的发展需要与各区域的价值、传统、风俗等结合，不断从外部获得产业集群所需的负熵流，这就决定了它与外部环境的关系是一种非线性的关系。第二层，文化产业集群内各企业间的相互作用与相互联系形成创新网络关系，这种网络关系产生的网络绩效不是以一种线性的方式出现，而是系统内部各要素相互作用产生的协同效应和反馈的结果。第三层，在文化产业集群系统形成过程中，系统内新质的产生就是因为组成系统的子系统之间存在着非线性的交叉催化作用，这种作用既有使子系统相互促进协同并不断发展的正反馈，也有维持系统内部稳定、抑制系统偏离的负反馈，系统在这种正负反馈的作用下形成的关系是非线性的，它不满足叠加原理。

4.4.2 临界与分叉：演化的前提

临界与分叉是文化产业集群系统演化的前提和基本机制。具体包含以下三个方面：第一，文化产业集群是强调创意经济价值的产业组织，所以创新在推动集群发展的过程中具有重大的作用，这就需要不断形成与产业发展相适应的创新机制，在这种新的创新机制推动下集群必然和原有模式产生分支，这个分支就会导致临界点的出现，而在这个临界点上又存在着采用新创新模式带来的好或坏的情况之分。第二，文化产业集群是一个由不同利益主体构成的复合网状集聚体，每个主体都要根据自身利益进行决策，这就导致主体之间会从自身出发选择竞争或合作。这种竞争或合作的关系具有不确定性，它取决于某一时期的发展状况，这种发展情况相当于一个临界点，这个临界点过后就会出现竞争或合作两种不同的情况。第三，在文化产业集群的各阶段演化中，都可能出现临界与分叉现象。例如，在自衍生阶段，企业规模较小、技术人才稀少、企业之间的关联度不高、没办法进行知识信息的交流、未形成也没有获取知识的途径、相关辅助产业未建立、政策制度不完善等，使未来的发展情况也存在不确定性，可能会朝着多个方向发展，或者夭折或者步入下一阶段。

4.4.3 反馈与自稳定：演化的基石

反馈是文化产业集群演化自稳定机制形成的基石。具体来说，文化产业集群的演化要经历自衍生、自成长、自成熟和自衰退阶段，当文化产业集群处于自衍生阶段时，正反馈（政府制定该产业的总体发展战略和规划，采取了一系列有利于产业发展的措施）使集群发展到下一阶段，促使集群向自成长、自成熟阶段演进，然后又以这一阶段的稳定状态为基础进行下一阶段的演进，这种自稳定的能力指导着文化产业集群演化不偏离方向；负反馈（政策制度环境的不完善、企业间关联度不高，难以形成合作，最终使得产业优势无法发挥）使集群无法向更高级阶段演进，最终使集群夭折。

4.4.4　突现机制：演化的独特机制

突现机制是文化产业集群自组织演化的一种重要和独特机制。具体包含以下三个方面：第一，在文化产业集群这个复杂系统中，系统内部核心层、相关层、辅助层分工协作，最终合力使集群整体从旧状态发展到更加有序、更加成熟的新状态，获得了旧状态所不具有的属性和功能，集群的整体竞争力得到加强。第二，集群内部的单个企业在集聚效应下开始共享劳动力市场、中介服务机构和基础设施以及知识网络，最终使自身更能抵御市场风险，环境适应能力、创新能力、合作共荣能力得到突现，这种突现所带来的优势是未集聚前单个企业所不具有的。第三，文化产业集群从最初的混沌无序状态演化到时间、空间、功能上的有序状态离不开相关政策和制度的支持以及政府部门的有效引导。在文化产业集群的演化过程中，难免会出现基础设施不完善、恶性竞争、产权纠纷等情况，这就需要政府部门完善基础设施，建设出台相关法律法规，规范不当行为，为文化产业集群的发展提供良好的环境。而这些新举措的实施以及政策制度的出台本身就是一种涌现。

4.4.5　选择和评价机制：决定演化的道路

选择和评价机制是文化产业集群演化过程中关乎演化道路选择的一种机制。在自成熟阶段，相关辅助产业的完善、企业间知识共享的加强、企业进行标准化生产、规模效应出现、企业间的分工更为细化并形成了完整产业链，文化产业集群的体系最终成熟。此时成熟的文化产业集群随着时间的推移可能会演化出两种情况，一种是成熟集群继续成熟，另一种是成熟集群走向衰弱。要使集群走向成熟，就需要企业将品牌效应、规模效应、知识溢出效应、经济效益、创新能力不断提高，避免路径锁定现象的发生，实现优胜劣汰的作用。

第5章 文化产业集群演化的过程

文化产业集群是一种复杂系统，认识和理解文化产业集群，需要认识和理解文化产业集群复杂系统的演化过程（方永恒，2011）。现实中的文化产业集群都处在一定的时间历程，具有时间历程的过程研究更容易描述文化产业集群的现实状况（颜泽贤，1993）。

5.1 复杂系统演化过程的理论

5.1.1 复杂系统演化过程的特征

1. 复杂系统演化过程的显著特征

复杂系统演化过程的最显著特征就是其不可逆性。不可逆性是客观世界的基本事实，是复杂系统的运动特征。复杂系统具有时间非对称性和空间非局域性，系统的时间不可反演，复杂系统的运动在时间上显示出对称性的破缺；复杂系统演化在空间上的轨线是一种非局域的概率性分布，复杂系统可以实现的态是一种概率性分布的"混合态"，非局域性的时空结构能够更有效的描述客观世界的不可逆演化。此外，不可逆性是系统空间结构内在活动性的客观体现。复杂系统演化理论强调在系统内在形式上就有时间非对称的活动性。系统的微观结构是具有空间和时间结合特征的时空结构，内在具有活动性。这些活动性改变着它们的结构状态，使系统的宏观行为呈现出一系列不可逆的过程。

2. 复杂系统演化过程的阶段特征

1）复杂系统个体演化过程的特征

复杂系统个体的演化分为创生、发展进化、消亡三个阶段（秦怀杰，2012）。系统个体创生阶段具有分化性、类聚性、成核性、归并性和边界闭合性的特征。系统演化的起点状态并不是绝对的无序和平衡，均衡状态被打破时就会出现分化。分化后的部件，在特定的条件下，不同部件之间相互竞争和相互吸引，在一个核心的吸引下类聚成团。由类聚产生的元胞通过相互串通和进一步的改组实现归并过程。系统边界的闭合性是系统创生的标志性特征。系统个体发展进化阶段具有缓慢起步性、线性发展性、自我更新性和自我复制性的特征。系统的发展有一个缓慢而艰难的起步阶段，系统在时间和空间上会进行简单的线性发展扩张，系统对自己的内部结构开始进行更新，并对系统与环境的关系进行调整。当系统的结构和属性发展到相当的程度以后，就有必要将这时系统的特有信息保持下来，保存信息的一个主要形式就是进行自我复制。系统个体消亡阶段具有衰变性和消亡性。衰变对于个体来讲是不可避免的，最主要原因是在系统的个体发展中为提高效率而产生的特化使系统不断丧失对环境的灵活性，其结果使系统的结构越来越不稳定。系统消亡是系统个体生命的终点。

2）复杂系统群体演化过程的特征

群体是个体的集合，群体具有群内个体所不具有的某些突现性特征，复杂系统群体演化过程除了具有系统个体演化过程的特征之外（王德鲁，2008），还具有序变性、进化性和生态性。复杂系统群体演化进程经历有序—混沌—新型有序这样循环往复的序变性演化，每经过一个周期，复杂系统群体就进到一个更新颖化、更复杂化的较高层次（白璐，2009）。复杂系统群体在自身演化过程中存在群体基本要素和结构发生部分或全部转变的进化趋势，这是一种不可逆转的过程。复杂系统群体的演化是以生态系统为背景，并受到生态系统内各种环境因素影响的过程。复杂系统群体需要与生态系统内各种环境因素不断地进行物质、能量和信息的交换，而复杂系统群体之间则存在共生、竞争、协同进化的演化关系。

3. 复杂系统演化过程的其他特征

1）复杂系统结构演化过程的特征

复杂系统结构包括系统组成部门、内部关系及构形三个方面的内容，其演化过程具有主要关联性和相对稳定性关联的特征。主要关联性指的是那些对系统的特性和外部功能起决定性作用或主要作用的内部关联。相对稳定性关联指的是那些在系统存在的全过程中始终保持的、不会因小的扰动而发生巨大的变化，以至丧失的动态和静态联系。复杂系统内部结构各层次的关系具有两个重要的特征：一是大量原发关系产生变异；二是诸种关系高度统一。

2）复杂系统性能演化过程的特征

复杂系统性能包括数量、性质和强度三个方面的内容，其演化过程具有主体需求性。系统性能的演化实际上就是在不同主体需求的作用下系统与其他系统相互关系的演化。一个系统会因与外界的关系不同而具有很多方面的性能；系统内部关系的数量、强度变化达到一定阶段后会形成质变；在系统演化的不同阶段，性能的强度各不相同，主要性能有一个凸形的变化模式。

3）复杂系统形态演化过程的特征

复杂系统形态包括外形、构形和轨迹形态三个方面的内容，其演化过程具有拓扑性。系统的外形拓扑结构在系统演化过程中不断地变化。系统的构形则决定了系统的性质，构形的演化是系统整体的构形和态势的不可逆变化。在时间维度下，系统运动轨迹的形态实际上就体现了系统运动的规律。而轨迹的形态变化在一定程度上反映了系统运动规律的变化。

4）复杂系统信息演化过程的特征

复杂系统信息包括信源、信道和信宿三个方面的内容，其演化过程具有相互作用性。信息相互作用的特征在于它能消除信宿关于信源的不确定性。信息是复杂系统演化的必要条件。任何系统的目的是保持系统自身的稳定和求得自身的发展。一个处在环境不断变化中的系统，依据外界和系统自身的各种信息来进行选择。系统越高级，它对外界的控制能力也越强，交流的信息量也越多。

5.1.2　复杂系统演化过程

1. 系统对环境的适应

系统与环境的相互作用是系统演化的外部动力。系统的演化过程，从一定意义上讲，是一个不断适应环境和改造环境的过程。由于一个系统总是生活在一定的环境之中，而环境又是不断变化的，系统如何随环境变化，这就需要系统去适应环境。即使环境一时没有变化，或者环境变化较小，系统自己也会发生变化。变化了的系统如何适应既存的环境，这也需要系统调节自己的结构和行为方式。复杂系统对环境适应的含义具体如下：①生存状态。对于一般的系统来说，这个生存状态可以理解为系统在结构上保持整体结构的完整，而不致解体；在性能上保持系统特有的属性，而不致失去自己特殊的本质属性的状态（李辉，2013），这种状态实际上是作为一个有机整体的系统所必须具有的。②生存状态的保持。一个生存状态，不管它是好是坏，如果需要保持，必须满足四个必要条件。第一，系统能够对自己的结构和行为方式进行变动或者调整，也就是说要有可以变动的适当范围和进行变动的能力，否则就无法达到适应的要求；第二，系统能够及时地感知外界的变化，或系统与环境关系的相对变化；第三，系统能够对这种变化引起的结果作出对自己是有利还是不利的判断，也就是说，系统要具有接受、获取、处理信息的能力以及作出评价的标准和方法；第四，系统的环境或系统与外界的关系要足够的"宽松"，即至少要给系统以适应的可能，而不能过于"严峻"使任何适应活动都失去意义。③适应性自稳定和适应性自重组。系统对环境适应，按其调节的幅度和范围可分为两类。一类是适应性自稳定，一类是适应性自重组。前者是指外界环境发生的变化较小，系统通过自身的调节活动或适应活动能使自己的状态回到原来的状态的情况。后者是指外界环境发生的变化很大，系统无论如何调节也无法回到原来的状态，或者回到原来的状态但已经失去了意义的情况。

2. 自稳过程

当系统与环境的关系的变动较小时，系统总是力图回到原来的状态，这是一种自稳定的行为。适应性自稳定有两个基本特征，一是整个过程都是自行发生和完成的，故可称为自稳定；二是系统自行调整的结果都是最终能回到原来的状态。系统演化中自稳定过程实现的具体途径有以下两种：①局部调整。对一个系统来说，可以把它的结构和行为方式分为两个部分，一个是基本骨架和基本的行为方式，它们是系统的基础部分，另一个是辅助部分和可变动部分，它们是系统的次要部分。当系统受到的干扰较小时，偏离原来状态的程度一般也较小（只要不是处在临界点附近），所以只需作局部的小范围调整即可，这时的调整主要是针对系统的次要部分进行。在环境变动不大的情况下，只调节系统的局部结构或可变动部分是十分自然的，也是最为有效和省力的。问题的关键在于如何根据环境的变动确定调整的范围和调整的方式。②以负反馈为主。局部调整是就小扰动而言的，回到原来的状态则需要作以负反馈为主的调节活动，也就是把输出的一部分回送到输入端时，使输出减少的那种反馈形式。要实现负反馈，首先必须在系统内部存在一条反馈回路（这个回路可以是有限的信号通道，也可以是无形的因果链），以便及时将系统与环境相互作用的结果（信息）反过来作用于系统和环境；其次要对系统与环境相互作用的结果进行适当的"交换"，以便在反馈之后造成减弱而不是加强原来的趋势。

3. 自重组过程

适应性自重组是为了适应全新的环境，系统的结构和行为方式必须进行全面的、根本性的调整，使自己达到一种新的状态。这种情况实际上是对原来系统中的要素进行重新组合，是对原来结构和行为方式的根本改造。但是，这种重新组合和根本改造虽然受到来自外部的巨大压力，却又是系统自发进行的，所以我们把它称为适应性自重组。①自重组是个"破旧立新"的过程。自重组从本质上讲是要组成一个新系统（结构、模式等）取代旧系统，也就是我们所说的"破旧立新"的过程。但是这个过程又可以分为两种情况：一种是生存空间有限并且紧张，容不得新旧两种结构或组合形式同时存在，这时旧的结构不破，新的结构就难以建立起来，它们之间就会因此而发生一场"你死我活"的争斗。但是，应该说这不是唯一的情况，在许多情况下未必这么紧张，总是有一定的回旋余地，这时存在另一种情况——"先立后破"，让新的结构或模式先建立起来，经过一段新旧"体制"共存的阶段，让它们在这个阶段中相互比价、相互竞争，最后新结构、新体制、新模式战胜旧结构、旧体制、旧模式。②自重组以正反馈为主。与负反馈相比，正反馈的结果是使系统朝着某个方向偏离的趋势得以加强。这对于打破旧结构是必不可少的。我们讲了"破旧立新"的两种情况，这两种情况在现实过程中的确都可能发生，但不管哪一种形式，旧结构都必然被新结构所取代，这是没有疑义的。旧结构要被打破，需要经历一个失稳的阶段，旧结构的失稳，从理论上讲就是一个对原来状态的偏离不断放大的过程。对于这种情况，正反馈正好起主要作用，因为正反馈的特征，就好比在发生共振时那样，使原来微小的偏离，不断放大。③自重组需要寻找新的稳定点。与自稳定不同，自重组需要寻找新的稳定点，这就使自重组过程更为复杂。寻找新稳定点的过程实际上是一个探索的过程，而探索过程又包括试错、记忆、学习、预测、决策和预调节六个阶段。这里要重点说明的是，新的稳定点有时是"预成"的，即当环境和系统都相对确定时，它们的确存在一个最佳的匹配状态，这个最佳的匹配状态可以通过计算机模拟获得，也可以通过其他方式进行预测。因为它是相对确定的。但在许多情况下，特别是对那些复杂程度较高的系统，或者环境非常复杂的系统，这种最佳的匹配状态则不是"预成"的，而是在演化过程中逐渐形成的。

4. 自组织过程

自组织就是系统通过自身的力量自发地增加活动的组织性和结构的有序度的进化过程，它是在不需要外界环境和其他外界系统的干预或控制下进行的。它是在远离平衡态和输入负熵的条件下，通过涨落或噪声以及系统元素之间的表现为自催化、交叉催化和超循环等形式的非线性协调相互作用，使系统发生分叉和突变，从而重新组织自己的实体、过程和力，形成新的有序结构的过程（颜泽贤，1990）。自组织是复杂系统演进的基础性和根本性的内在机制。自组织是复杂系统的一种能力，它使系统可以自发地、适应性地发展或改变其内部结构，以更好地应付或处理它的环境（季托，2011）。自组织系统就是通过低层次客体的局域相互作用而形成的高层次结构、功能有序模式的且不由外部特定干预和内部控制者指令的自发过程，由此而形成的有序的、较复杂的系统。自组织演化要求复杂系统是一个开放系统，开放系统与外界既有能量交换又有物质交换，系统的自组织演化既要考虑系统内部的熵产生，还要考虑要素不断地流入和流出。为了保持系统远离平衡态，必须由环境持续向系统输入能量或低熵物质，使系统及其元素处于一个动态过程，经过一系列循环的变化，以低能高熵的物质或能量形式从系统中输出。复杂系统自组织是一个由组成元素或行动主体局域相互作用进展到形成全局性秩序的过程。自组织过程的非线性相互作用的主要表现形式是系统的组分之间以及系统的组分和结构之间存在着反馈关系，包括正反馈和负反馈。在更为复杂的自组织系统中，会出现多重的正反馈环和负反馈环，有一些方向的变化被扩大着，而另一些方向的变化则被抑制着，从而导致系统复杂的结构与行为。系统进化和系统退化并不矛盾，它们都是不可逆变化洪流中出现的基本过程。

5. 耗散性过程

耗散结构理论是指一个远离平衡的开放系统，当外界条件变化到一定的阈值时，可能从原有的混乱状态转为时间、空间或功能上的有序结构（郑浪，2009），这种结构称为耗散结构。耗散结构是系统和环境相互作用达到某一临界值时出现的有序结构，它的形成是一个从量变到质变、从无序到有序的过程。系统的耗散性过程，即系统在与其他一个或多个组织相互作用的时候，通过内部扰动和外部力量，使系统进入一个更高层次的组织状态。就经济系统与环境的关系发生大的转换来说，就是一个耗散性的过程。例如，在工业革命过程中，新技术引入某一产业将会引起经济内部结构迅速发生变化。

6. 自组织临界过程

许多复杂系统自然地向临界状态演化，其中微小的事件引发了能够对系统中任何数量的要素产生影响的链式反应，复杂系统绝不会达到平衡，而是从一种亚稳状态演化到另一种亚稳状态。复杂系统存在于多节点构成的多维立体态空间，在非常稳定的系统中，可能只有一个或若干强吸引子，系统会很快达到稳定状态之一，并将不再轻易地移向其他状态。同时在非常不稳定的系统中，没有强吸引子，系统只是混沌地来回跳动。自组织临界的过程就是一个自组织系统试图使自身平衡于僵硬和混沌之间的某个临界点。如果每一个所需的系统状态都必须是以强的稳定吸引子而出现的，那么大量的系统资源都将是受束缚的（某点的自由度受限意味着许多节点必定是共享的），系统的适应能力也将严重受损。偏好提供了一种机制，复杂系统可以借此调整自己，保持在临界水平，甚至当外部世界的复杂性起伏不定时也如此。那么，复杂系统形成不得不朝向临界性发展的趋势，导致了复杂性的增长。

5.2　文化产业集群演化过程的理论

5.2.1　文化产业集群演化的含义

文化产业集群演化是集群从一种多样性统一形式转变成为另一种多样性统一形式的具体过程，具体的演化包括两方面的内容：一方面是新增层次的产生，即结构演化；另一方面是跨越层次的相互关系或新层次结构关系的形成，即功能演化。

首先，文化产业集群的演化是集群处在原有多样性统一的基础上的演化。人们往往把事物从小到大、从简单到复杂、从旧质到新质的发展也叫做演化，但这是对事物演化的一种狭义理解。其次，文化产业集群的演化不是原有多样性成分的重组，而是新的多样性的统一。演化是新的多样性代替原有的多样性，以一种新的统一形式代替原有的统一形式，新旧之间无法进行直接的还原。再次，文化产业集群演化是一个内部矛盾运动。事物从原有的多样性统一形式到新的多样性统一形式，是内部原有矛盾发展的结果。原有矛盾解决，又产生了新的矛盾。文化产业集群演化就是"多"与"一"这对矛盾不断运动并不断更新其存在方式的过程。最后，新增层次是文化产业集群演化的主要标志之一，文化产业集群内部结构就靠新增层次维系着。伴随着新增层次的生成，集群内部演化出一个新的物质层次结构的具体化形式，文化产业集群由各层次间特定的相互关系维系着。

5.2.2　文化产业集群演化过程的特征

1. 文化产业集群方向演化过程的特征

文化产业集群作为一种开放的复杂系统，开放导致系统的演化具有多个演化方向和路径，其演化过程的方向具有不可逆性。文化产业集群与外界的物质、能量、信息交流对文化产业集群的演化具有重大的影响作用，导致系统的进化、生长、发展，也导致系统的退化和解体。文化产业集群演化是多方向的，其具体的发展方向取决于开放的性质、程度、时机以及系统内部和外部的各种具体条件。

2. 文化产业集群结构演化过程的特征

文化产业集群处于有序态时，内部相互作用机制形成特定的相关结构，在一定的时间内可以维持其特定的秩序。当这些系统自发地脱离这种状态时，便会向无序的最大几率态变化。于是，文化产业集群的有序状态就让位于无序的或混沌的状态。处于混沌态的系统表现出其系统行为的内在随机性、对初始条件的敏感性和分形性。在混沌态，文化产业集群的初始秩序被打破，但并非处于绝对的无规则性和无秩序性。一个远离平衡态的开放系统，通过与外界交换物质和能量，可能在一定条件下形成新的稳定结构，即耗散结构，实现由无序向有序的转化。文化产业集群由无序转变为有序的途径和形式是多样化的，即使未远离平衡，开放系统也可能运用内在的演化机制使自身摆脱某种无序状态，逐渐创构出新型有序的结构。

3. 文化产业集群性能演化过程的特征

文化产业集群内主体之间协作与竞争的相互作用，超出了独立个体努力的效果，产生了文化产业集群的溢出效应（王欣欣，2016）。可见，文化产业集群发挥系统的总体功能作用大于各个组成部分之和的作用，而且系统的属性、特征、行为等与单个企业不同。这一特征保证了文化产业集群在演化过程中能够不断涌现出个体企业所不具有的整体的创新能力和技术水平，整体涌现性是一种系统效应。

4. 文化产业集群形态演化过程的特征

文化产业集群形态演化是从某个具有阶段特征的整体结构与态势的系统向另一个具有阶段特征的整体结构与态势的系统的演化过程。这里所指的形态演化不单单是指事物的外表，而且是指与系统的内容、本质和发展动力等都有密切联系的演化。形态演化是相对于内部和外部关系而言的，这种关系可以是空间的和时间的，也可以是静态或动态的，但都集中体现系统的整体结构与态势，并且不同的系统与不同的方面会具有不同的形式，但系统与产业集群的外形、构形和轨迹对所有的文化产业集群演化都是重要的和具体的。

5. 文化产业集群信息演化过程的特征

文化产业集群为适应外界环境变化和内部结构行为调整，系统自身内部以及系统与外部环境之间发生各种交互作用。正是集群中信息的自组织、自适应、自聚集、自加强、自协调，使得系统呈现复杂性，持续推动系统功能和结构不断演化。文化产业集群是人机共存的系统，人的智慧与计算智能紧密整合并相互作用，共同推动系统向前演化。为适应未来新技术、新业务的挑战，文化产业集群信息化体系也在不断向着未来方向进行演化，未来信息体系演化的方向主要为网络演化方向、基础设施演化方向、大数据演化方向、云计算演化方向。

5.3　基于生命周期的文化产业集群演化过程

生态学视角研究者认为，复杂系统可以类比为一个具有生命力的生态系统，有着起源、成长、成熟和衰亡的生命周期，遵循从简单到复杂、从低级到高级的发展规律。当一个物种迁入一个新生态系统中时，数量会发生变化，其增长方式有两种：J 形增长（理想环境）和 S 形增长（非理想环境）。文化产业集群是开放系统，在生存的生态系统中存在天敌并且资源也不充足，因此，文化产业集群的增长遵循 S 形增长。S 形增长为逻辑斯谛曲线，又叫阻滞增长曲线，逻辑斯谛曲线分为开始期、加速期、转折期、减速期与饱和期五个时期。与此同时，将达尔文的物种进化论推广到一般系统进化论甚至复杂系统进化论会形成广义的进化论原理，就是盲目的变异与选择的保存原理。

5.3.1　诞生阶段

文化产业集群是文化产业企业这一种群在一定的历史时期内进化而形成的产物，是文化产业企业种群的遗传变异的累积和表型特征改变的演化过程。种群的密度或大小是种群的基本特征，是指一定区域种群个体的数量、生物量或能量。文化产业企业的迁入与迁出是文化产业集群变动的两个主要因子，是描述文化产业集群及文化交流的生态演化过程。文化产业集群发展进入逻辑斯谛曲线的开始期，开始期是文化产业集群刚开始发展的阶段，处于这个阶段的文化产业企业种群比较少，种群个体数量很少，密度增加比较缓慢。文化产业集群作为系统进化的一个机制，多样性变异通常是自发的、盲目的，不是直接针对外界环境的要求而发生的，而是在不知道变异者是否被选择的情况下发生的。文化产品的变异并非完全盲目，它来自人们为了社会的需要进行的发明创造，它也面临着或被接受或被淘汰的风险。由于文化产业集群系统构形的不同，变异体对环境的适应性各有不同，即生存概率不同。系统的不同变异体的生存概率不同，导致存在着多样化的选择，选择就是系统变异体多样性在环境的压力下的缩减过程。在这个过程中，一些不适应环境的系统变异、可能性与替代方案被排除，而适应环境者得以生存下来。文化产业集群复杂系统面临的环境包括自然环境、社会经济环境、社会政治环境和社会文化环境。在诞生阶段，文化企业的集聚还只是空间上的集中布局，企业之间基本上没建立起太强的产业关联和分工协作关系，处于一种地理空间上集中、产业关联上离散的状态（图 5-1）。文化产业集群必须与其环境建立和维持开放性的共生关系，才能持续自身的进化。文化产业集群生态系统中的能量流动、物质循环、信息传递还未完全建立起来，企业单纯地进行个体的初级能量生产和次级能量生产，为以后的加速发展蓄积力量。

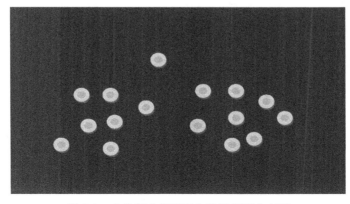

图 5-1　文化产业集群诞生阶段集群分布型

5.3.2　成长阶段

　　生态系统的结构主要是指构成生态系统诸要素及其量比关系,各组分在时间、空间上的分布,以及各组分能量、物质、信息流的途径与传递关系。在经历了诞生期,文化产业集群对所处的生态环境有了一定的适应后,各方面的条件都比刚开始的时候优越了很多,于是文化产业集群内的企业种群的生长进入了一个加速期(即逻辑斯谛曲线加速期)。大量的文化产业企业及相关辅助企业迅速集聚,文化产业集群的组分结构向横向和纵向的产业链延伸,相互联系、相互提供产品和服务的供应方或者服务方开始出现,产业链开始形成并逐步完善,文化产业集群不同种类的群体间建立起共生关联,形成以文化产业集群作为独立的定常流的共存关系。系统在进化的过程中,它的构形会产生多样性的变异,这种构形通常包括系统的个体与种类、属性与状态、行为与形态、结构与功能等方面。知识与劳动的分工不同、人们之间的偏好差异、人类及其科技人员想象力的丰富、知识积累、环境迁移、技术客体之间的复杂等都是造成这种多样性变异的原因。在成长阶段,文化产业集群开始形成以组分结构、时空结构和营养结构为主的生态系统结构,企业数量增加,密度增长也逐渐加快,当企业数量达到饱和密度的一半时,文化产业集群的发展进入逻辑斯谛曲线的转折期(图 5-2)。在此期间,文化产业集群已充分利用生态资源进行自我生长,种群密度增长达到最快。系统进化还必须有一个保存和传播的机制,使适应环境的被选择的变异体能保存下来、传播出去。在社会系统中,文化产业集群的保存与传播是通过文化基因来实现的。人类的语言、书本、学习过程、文化传统、科学规范等对于社会系统来说,相当于发挥生物系统中的遗传作用,使变异在代际间进行保持和传播。

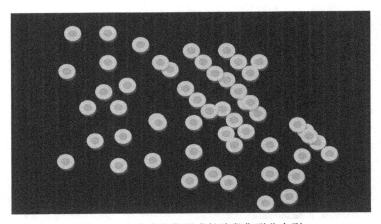

图 5-2　文化产业集群成长阶段集群分布型

5.3.3　成熟阶段

在文化产业集群发展的成熟阶段，当企业数量达到饱和密度的一半时，将种群密度始终控制在这个范围内，才能实现文化产业集群最快速的增长，同时符合生态环境的承载能力。当企业数量超过饱和密度的一半时，企业的各种发展条件已经不能容纳更多企业的生存发展，文化产业集群的发展就进入了逻辑斯谛曲线的减速期，企业的数量增长变慢。生存竞争是群体内和群体间发生争夺生存条件的运动，在有限的生态环境内表现出适者生存的结果。文化产业集群所处的生态环境具有相似的特征，即竞争性群体系统不能共存于同一生态位置。因此，在生态位的争夺过程中，必然会导致生态分离，包括群体的栖息空间、营养介质和生命活动时间等方面的变化。在成熟阶段，需要对集群内企业的迁入与迁出进行控制，对集群内的企业进行优化升级，对文化产业集群的结构进行调整，以实现资源的充分利用、保持生态的稳定性、促进种群间物质循环。集群内形成了以某几个大型企业为主，各企业相互合作竞争的有序结构，区域竞争优势增强（图 5-3）。

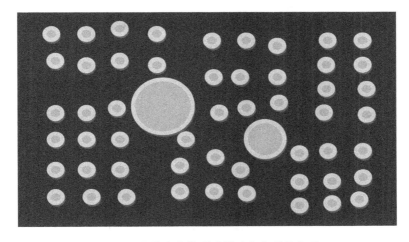

图 5-3　文化产业集群成熟阶段集群分布型

5.3.4　衰退阶段

文化产业集群内的群体与群体、群体与生态环境之间在相互依存的关系中协同进化。当文化产业种群的增长达到环境条件所允许的最大值时，文化产业集群的发展进入逻辑斯谛曲线的饱和期，企业数量达到饱和，数量很难再有所增长。此时文化产业集群规模超过了环境负荷量，导致地价、劳动力成本上升，污染严重，人口拥挤，集聚不能获得成本优势，表现为集聚不经济的状态，许多企业会选择迁移到更有集聚经济优势的区域，文化产业集群呈现萎缩的趋势。在衰退阶段，文化产业集群如果能够进一步激发自身的创新能力，那么集群将维持一种稳步成长的发展状态，反之，集群将无法适应生态环境而逐渐走向衰落（图5-4）。当然，如果能适时引导集群内企业向研发、市场营销等特色产业的高端环节发展，集群内也可能会形成产业高端环节的二次成长（图5-5）。

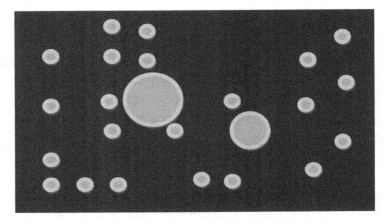

图 5-4 文化产业集群衰退阶段集群分布型

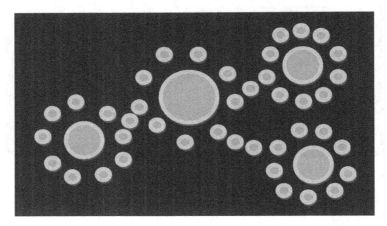

图 5-5 文化产业集群二次成长阶段集群分布型

5.4 基于自组织的文化产业集群演化过程

文化产业集群的自组织演化过程是指文化产业集群随着时间的推移自衍生、

自成长、自成熟、自衰退或自再生，并从无序状态发展到在时间、空间和功能上有序状态的行为过程。在此过程中，市场需求和利益驱动是文化产业集群形成的根本推动力，人文环境、基础配套设施条件、人才资源等优势是文化产业集群形成的外在推动力，根本推动力和外在推动力催化了文化企业的产生，但是单个企业或者极少数企业在发展的过程中由于规模小、技术人员稀少、创新成果不高、企业之间的关联度也不高、无法进行知识信息的交流也没有获取知识的途径，并且在此阶段由于相关支撑辅助层未建立，使外部环境条件不好、政策制度不完善，企业间在竞争中存在恶性竞争的现象，企业只有依靠自己摸索前进，获得的利润有限（图 5-6）。

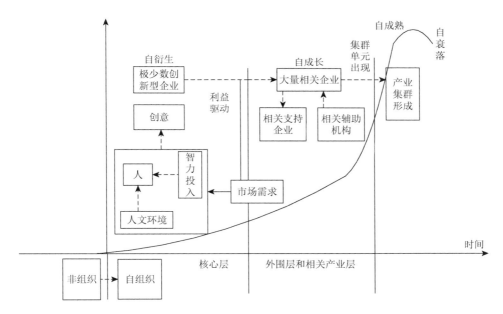

图 5-6 文化产业集群形成过程示意

在利润最大化目标的推动下，企业不得不自行采取合作的方式进行联合研发，或者协作（如企业之间的转包）从而达到降低成本，提高收益的目的，许多投资者也纷纷加入这一行业中来，原有文化企业的股东或者掌握核心技术的人员在强大的经济刺激和示范效应下离开原有企业创办自己的文化企业。然而文化产业集群的最终成熟，仅仅依靠文化企业自身是难以完成的，还需要大量相关企业以及辅助企业进入系统。随着大量相关企业以及辅助企业的进入，集群单元逐渐产生，企业之间的契约关系也趋于稳定，与此同时还伴随着知识溢出效应的产生。知识溢出是产业集群竞争优势的主要来源，不仅能推动集群子系统技术的创新，还能使个体及群体的竞争力得到提高，反过来，这也是系统内新质的产生过程。在此过程中竞争优势也逐渐转化为创新优势，最终创新优势防止了集群系统进入平衡态，促进了系统的动态有序。

文化产业集群的自组织形成过程是指文化产业集群随着时间的推移出现的自衍生、自成长和自成熟，并从无序状态发展到在时间、空间和功能上的有序状态的行为过程（方永恒和易晶怡，2015）。文化产业集群的自组织形成过程主要有四个阶段。第一阶段，自衍生阶段。这是文化产业集群由非组织到自组织的阶段。在这一阶段，一些偶然或者必然原因致使一个或者极少数文化企业出现并自我探索的向前发展。单个或极少数企业提供消费者所需求的文化产品并积极开拓新业务，努力形成价值增值链，但在这一阶段单个企业的竞争力弱，横向企业之间联系合作性不强，未来发展情况存在不确定性。第二阶段，自成长阶段。在利益的驱动下，新企业开始逐渐加入，企业数量得到增加，集群走向自成长期。在这一阶段，相关企业可能除了竞争外还会为了降低成本以获取更大利益和发展空间，加强企业之间的横向联系，使企业间逐渐建立起合作关系，通过这种合作，企业各取所需的向前发展。但是企业也可能在竞争的过程中相互制约，导致恶性竞争，最终使企业夭折。第三阶段，自成熟阶段。在自成熟阶段，企业开始大规模生产获得规模效应，大量的企业和相关辅助机构开始在空间和功能上相互联系，以核心企业为主导的战略联盟建立，最终使以文化企业为主导的产业价值链完善，产业集群得以形成并不断发展。第四阶段，自衰退阶段。在这一阶段集群由于路径锁定效应出现停滞发展的现象，集群内部企业会迁移出集群另寻出路，当迁移的企业达到一定数量后集群会自行衰退。

5.4.1　自衍生阶段

在文化产业集群的自衍生阶段，文化产业集群由非组织到自组织的转变可能是由一些偶然因素和必然因素（历史文化环境、基础配套设施条件、市场需求、人才资源优势等）引起的。在这一阶段，企业的形态特征表现为规模较小、技术人才稀少、企业之间的关联度不高、没办法进行知识信息的交流、未形成也没有获取知识的途径，企业只有依靠自己摸索前进；并且在这一阶段由于相关支撑辅助层未建立，使外部环境条件不好、政策制度不完善，企业间在竞争中存在恶性竞争的现象，因此从严格意义说这还不能称为一个完整的产业集群，未来的发展情况也存在不确定性，可能会朝着多个方向发展。

区域内存在适合文化产业发展的文化资源和市场需求时，文化企业开始选择在这样的区域内建立，随着文化产品生产的专业化分工，相应的配套企业为节省成本逐步迁移到这一区域，其他类似的文化企业因为在这一区域选址会减少公共设施的支出，同时因共享产品交易对象而降低交易成本，从而逐渐形成企业集聚。

随着企业集聚规模的增大，集聚带来的吸聚效应会吸引更多的企业和人才集聚，进一步形成外部效应。同类企业的集聚促进降低库存成本，集体采购可以降低采购成本，协同运输可以降低运输成本。同时同类文化企业间会形成相互竞争的局面，促进技术和管理创新，遇到生产或技术上的问题时，有利于形成合作。例如，浙江横店影视城影视产业链在初期集聚了 12 个影视拍摄基地，有浙江横店影视城有限公司、浙江横店影视娱乐有限公司等，还入驻了如华谊兄弟传媒股份有限公司、大润影视和香港东方娱乐等一批知名企业。这一阶段体现为文化企业的集聚，通常是处于文化产业链同一环节上企业的集聚，因此称为横向集聚阶段（张惠丽，2016）。

5.4.2　自成长阶段

经过自衍生阶段，集群有了雏形，许多投资者看到了强大的市场需求和利润空间并纷纷加入到这一行业中来，原有文化企业的股东或者掌握核心技术的人员在强大的经济刺激和示范效应下离开原有企业创办自己的文化企业，集群开始成长。所以在这一阶段以众多文化企业的建立为特征。在这一阶段文化企业会不断涌现，文化企业为了较为便利的获得企业发展信息，将企业建立在已有企业周围，集群企业的联系开始加强并出现了扎堆现象，这就导致企业之间开始共享劳动力市场、服务机构和基础设施以及知识网络，最终推动相关辅助产业的建立，相应配套设施也逐步开始完善。然而这时虽然企业扎堆，文化企业间的信任度提高，分工协作加强，出现知识溢出效应，文化企业发展所需的知识渠道加宽并开始形成知识网络，相关机构也开始建立，成为企业与市场之间的纽带，但这还不能算是真正的文化产业集群，只能算是文化产业集群的过渡形态，因为企业在地理位置上的临近并不代表着完整产业链的建立。文化产业集群的真正形成还需要步入自成熟阶段。

横向集聚的文化企业难以提供文化产业链上所有产品。随着生产专业化和人才专业化的不断发展，部分企业将生产任务外包给其他中小企业，但这种外包往往只是二者之间的一种单向合作关系（许登峰和傅利平，2010）。同时集聚规模的不断扩大，吸引文化产业链上的上下游企业进行集聚，形成一个或多个企业组成的核心企业，其他企业围绕着核心企业进行协作分工的模式。随着承包商承接业务量的增加，专业化程度不断提升，合作关系逐步稳固，产业链上业务专业化分工布局形成了纵向一体化结构，逐步形成完整的文化产业集群。文化产业集群发展时期组织模式中企业以园区方式集聚，运作与管理过程呈现自组织特征。这种集群组织结构显现出产品专业化分工、空间集聚性以及地域资源依赖性等特性（阮平南和张国徽，2011）。在外部环境发生变化时，集群组织引发适应性机制，其本身的复杂行为特征使其在与环境的动态互动中保持稳定状态。例如，浙江横店影视城影视产业链在成长阶段完成了产业链上游的影视制作产业发展和下游的影视旅游产业发展，同时发展了文化旅游商品开发相关产业、租赁服务业和酒店餐饮等配套服务业，集聚的企业（如浙江好乐多商贸有限公司、浙江东阳市益特贸易有限公司和浙江横店进出口有限公司等）汇聚注册参加拍摄的配角演员和群众演员均已超过千人。这一阶段出现了文化相关产业的集聚，形成了比较完整的文化产业链，因此称为纵向集聚。

5.4.3 自成熟阶段

自成熟阶段又可称为自稳定阶段，是自成长阶段发展的延伸阶段。这一阶段文化企业从为了自身发展扎堆在一起演化到分工细化、规模经济效应明显、产业链完整（核心文化企业、生产企业、营销企业与衍生品企业和辅助生产企业形成链条）的成熟文化产业集群，实现了从量变到质变的飞跃。

在文化产业集群纵向集聚形成以后，集群的横向和纵向合作网络初见雏形。由于企业的生产经营范围和管理制度上的差异，文化产业集群内部企业间还处于较低层次的合作。在政府的引导作用下，科研机构文化研发项目、文化产品专业化市场等的形成，促进文化产业集群多元主体的合作网络的形成，促进技术创新和产品创新。合作的网络结构有利于产生知识溢出，促进集群技术创新，刺激制度创新。网络中人才、技术、产品及原材料等物资创新和流动，形成了文化产业集群发展独有的竞争优势。由于这一阶段既有文化企业的集聚，又有相关企业的集聚，集群中主导企业与其他企业交互之间都存在着复杂的竞争和协作关系，构成了一种共生网络，形成了文化产业链上横向文化企业间的合作和纵向文化企业同科研机构以及相关产业间的合作网络，因此称为网络集聚。例如，浙江横店影视城不仅形成了核心内容产业链，如影视产业链、动漫产业链、影视旅游产业链、影视音乐产业链和演艺产业链，还形成了服务性产业链，如影视广告产业链、影视教育产业链、影视会展产业链和文化经济产业链等，以及衍生性产业链，如租赁服务业、酒店餐饮、零售业等配套服务业，还成立了东阳横店收藏家协会、浙江省企业家民间文化遗产保护促进会等机构和中介组织以及上下游关联企业，如生产性企业、贸易类企业及置业投资类企业（如横店集团英洛华电气有限公司、横店置业投资有限公司等）。不仅如此，横店影视城还进行了产业链整合，建立了产业发展平台、企业联盟，扩大了新产业类型，汇聚新企业，完善消费终端市场，不断推出新的文化产品和服务，满足游客等各类消费者的文化需求。浙江横店影视城作为目前较为成功的国内核心层文化产业集群，得益于集群网络的建设。从其企业构成可以看出，浙江横店影视城选择性地引入各种投资基金和金融机构以及风险投资机构,构建出多元化的融资体系。信息、技术、资金得到充分流动,人员得到充分就业,相互交叉的关系链和产业链条构建出严密的网络支架。

5.4.4　自衰退阶段

在自衰退阶段,集群可能会出现两种情况,一种情况是集群破产;一种情况是集群迁移。在集群自成熟期,集群规模经济效应明显、产业链、文化产业集群的体系最终成熟,但是随着时间的推移,集群内企业很可能会由于安逸的发展环境而产生惰性,依赖原有企业建立的学习机制,不注重引进新人才、创新意识淡化,最终出现路径锁定效应、集聚不经济,发展停滞。当集群发展停滞时,如果政府部门进行必要的干预,采取一系列强有效的政策措施进行积极的引导,那么集群有可能继续发展;如果政府部门没有进行干预或者说干预效果没有达到预期,那么一些企业可能会迁移另寻出路,当迁移的企业数量达到一定程度后集群就会衰退。自衰退阶段和自成熟阶段相比,最明显的特征是无论创新意识还是学习能力都降低了,而对于文化产业集群来说,创新是集群的生命,没有创新就不会有集群的发展,集群自衰退。

5.5　基于多视角的文化产业集群演化过程

不同文化产业集群演化过程中新增层次的诱导因素不同,如核心企业、集群租金、治理模式和嵌入性,探索多视角下文化产业集群的演化过程是本节的具体研究对象。

5.5.1　核心企业视角

核心企业是指那些因具备企业规模、市场地位、知识和企业家技能等要素而对集群中其他企业产生积极外部效应的企业(刘会学等,2015)。核心企业通过企业的核心能力、市场占有率、产品结构、产业链协调能力和商业信誉等方面对文化产业集群的演化发展产生积极的推动作用。

1. 引导文化产业集群的演化方向

文化产业集群演化方向是指从一种多样性统一的具体化形式到另一种多样性统一的具体化形式过程中,新质离开原质限制的可能性范围有多大。核心企业往往是拥有先进的技术资源和专利、拥有较强的产品研发能力、拥有较高的市场占有率和较高利润率的龙头企业,能够引导消费者需求并且拥有较高的商业信誉,市场需求的变化是文化产业集群形成的主要驱动力。核心企业在文化产业集群的发展中形成一种战略性的引导作用，使文化产业集群产生全方位演化的可能性。核心企业的最主要作用是决定了整个文化产业集群的形成定位，核心企业的产业选择通常决定了整个文化产业集群的产业性质（李瑞丽，2005）。文化产业集群的演化是在非平衡无序状态下延续、求得新生的过程。核心企业发展到一定规模时，已经拥有了产业链的整合能力，能够影响产业链上下游企业的市场行为，具备选择和吸引优秀合作伙伴的能力并且建立科学规范的企业运营管理机制。核心企业的综合实力越强，其在文化产业集群的演化过程中发挥的外部效应就越大，集群内的产业链更加完善，涌现效应更加明显。从生态学角度来看，核心企业能够促进文化产业集群内种群之间的交流，推动种群扩散。

2. 推动文化产业集群的演化升级

随着时间推移，当文化产业集群内的复杂性不断增长，新增层次的数量越来越多，相互之间的关系越来越复杂，超出了边界内外条件的许可范围时，文化产业集群演化会出现中断现象，进入非平衡无序状态，又称混沌状态。混沌是文化产业集群演化的一个重要环节，文化产业集群可能从混沌中走向解体，也可能从混沌中得到发展。在文化产业集群解体以前，跨层次的相互关系一方面消耗自身，另一方面又起着抵御外部条件变化对系统稳定性干扰的作用。在混沌状态中，核心企业自身具备足够的创新能力并拥有创新人才，能够主动进行组织结构的调整和转型升级。技术创新是企业竞争优势的重要源泉，核心企业的竞争力不断增强，会刺激配套企业和竞争对手进行转型升级，从而推动文化产业集群的转型升级。当文化产业集群越过了混沌阶段，进入非平衡有序状态，即耗散结构，集群又开始了新的演化。核心企业的成长与文化产业集群的演化形成一种相互作用的关系和互动过程，在某些文化产业集群中，核心企业甚至主导了集群的整体演化过程，最终使文化产业集群呈现出由诞生到成长、成熟并逐步衰落的过程。

3. 支撑文化产业集群的演化发展

文化产业集群在演化发展过程中会不断面临一系列新的问题和矛盾。从对外关系来看，集群的增大和消耗的增加，势必会使争夺生存与发展空间矛盾激化。同时，在与外界相互作用中，不可避免地会造成部分损失，甚至会危及集群的生存和进一步发展。从集群内部来看，发展了的集群同样会引起内部各子系统间的矛盾和斗争。核心企业是文化产业集群解决内外矛盾、促进集群自我更新的中坚力量。核心企业引领文化产业集群的发展方向，是文化产业集群演进的动力源泉；核心企业通过不断地进行知识溢出，促进文化产业集群技术水平的提升；核心企业相较普通企业拥有更长的生命周期，为文化产业集群的可持续发展提供源源不断的能量。此外，核心企业良好的商业信誉为文化产业集群塑造了集群品牌，为文化产业的繁荣发展起到了良好的榜样作用。文化产业集群在核心企业的作用下，实现集群的适应性自稳定和适应性自重组，甚至展开探索性的自组织活动。集群发展到一个全新的阶段，时空范围更大，集群的内部结构更加完整协调，集群的外部属性更加强大完善。此时，核心企业又开启了新的功能，在进行自我成功经验、信息保持的同时，协助文化产业集群将这时特有的演化过程进行复制。

5.5.2　集群租金视角

文化产业集群具有独特的资源及生产方式整体体系，依托有限空间内的紧密联系，主体以及要素之间形成相对稳定的沟通交流网络，促使整个组织收益超过单独企业简单相加所得收益，这种超额收益即集群租金（姜明辉等，2016）。集群租金的价值来源于三点：地理租金——经济空间的异质性；产业租金——产业利润率的差异性；组织租金——社会网络的复杂性。集群租金累积能够促进文化产业集群成长，集群租金耗散则会导致文化产业集群衰败。

1. 集群租金累积与文化产业集群成长

空间经济的异质化特征使一些特定的地区形成地理租金，这种地理租金的外部效应需要相关文化企业集聚到一定数量之后才会显现，空间发展也进入一个新的临界点。地理租金在初始阶段的力量可能比较弱小，在因果累积循环机制的作用下，地理租金的力量如滚雪球般越来越大，最终形成了文化产业集群。地理租金就是生产要素向文化产业集群所在的空间集聚的向心力，文化产业集群也在地理租金的因果累积循环机制的作用下展开动态的演进过程。生产要素在文化产业间流动而形成产业租金，但生产要素的流动在产业进出壁垒的影响下会产生黏滞性。这种黏滞性主要体现在生产要素总是从利润较低的产业转移到利润较高的产业。产业租金吸引足够多的企业向本区域集聚，而流动黏滞性则会促使流向高利润文化产业的生产要素足够多，这种情况下文化产业集群则可能开始萌芽。伴随着企业的集聚、生产要素的流动以及高利润的产生，知识外溢与信息共享的外部效应更加明显，文化产业集群也逐渐成长与成熟。地理租金与产业租金均是文化产业集群的外生性租金，是优先于文化产业集群而产生的，组织租金则是在文化产业集群演进的过程中产生的内生性租金。经济增长促进集群内组织演化发展，而组织演化反过来促进市场进步，这就是组织租金。地理租金与产业租金是文化产业集群产生的重要因素，组织租金是文化产业集群演进的动力因素。在组织租金、劳动分工的影响下，文化产业集群内专业分工更加深化，创新意识不断增强，文化产业报酬呈递增式增长，集群繁荣发展。

2. 集群租金耗散与文化产业集群衰败

地理租金耗散是导致集群竞争力下降，最终演变为文化产业集群衰败的重要原因之一（何青松，2007）。要素禀赋是形成地理租金的重要因素，自然资源枯竭、人力成本增加、劳动力结构调整、技术进步、产业结构调整、拥挤成本增加等原因使区域要素禀赋优势丧失，地理租金也会随之耗散殆尽。地理租金在文化产业集群演化过程中起着重要的作用，如果地理租金耗散而产业租金和组织租金不足以加强对要素资源的吸引力，则文化产业集群可能步入衰败的境地。生产要素在文化产业间流动而形成产业租金。随着文化产业的产品需求率下降甚至出现负增长，产品供给过剩，文化产业的平均利润率也随之下降。此外，文化产业技术进步缓慢，大量企业纷纷转产，文化产业逐渐走向产业生命周期的衰败时期。市场需求变化引起生产要素的流动转向其他产业，消费需求结构变化、人口因素变化、替代产业蓬勃兴起、替代产品的层出不穷等原因导致文化产业集群内的产业租金耗散，最终引发文化产业集群衰败。文化产业集群内的嵌入性组织合约关系可能会形成低效率合作，降低动态效率，增加交易成本，损害结构洞利益，从而导致组织租金耗散，继而加剧集群内的差异化竞争，使文化产业集群陷入"柠檬市场"困境。地理租金与产业租金耗散也会形成负的外部效应。组织租金是文化产业集群内生性租金，是文化产业集群演化发展的主要内在因素，当组织租金耗散时，集群创新与学习能力减弱，这也是文化产业集群衰败的重要原因。

5.5.3　治理模式视角

文化产业集群治理是指通过一系列正式或非正式的、内部或外部的机制和制度，旨在协调集群行为主体之间的关系，建立和维护集群竞争优势并采取集体行动的持续过程（易明，2010）。文化产业集群治理模式依据内部关系与外部关系可分为契约关系型治理模式和点线面型治理模式。

1. 契约关系型治理模式

根据文化产业集群主体之间的契约关系，可将契约关系型治理模式分为自组织型、中心企业型和多元关系治理模式。文化产业集群具有自组织演化功能，自组织型集群治理模式下，参与者以中小企业为主，集群内的企业与机构在内部协同效应的作用下自发形成合作关系，但是当外部环境波动激烈时，这种合作关系往往会被打破。当文化产业集群内存在一个或少数几个核心企业时，就会形成中心领导型的集群治理模式，集群具有明显的层级特征。龙头企业与配套企业因价值链而整合为一个整体的生产系统，龙头企业在集群内拥有强势的经济权威，龙头企业与配套企业之间一般会形成较为稳定的契约关系，配套企业间也形成较为明细的分工，集群内的逐利动机和竞争被削弱。快速、高效、直接的治理模式能够促进文化产业集群长期发展并有效控制过度竞争，而欠缺灵活性和创新激励不足也会为文化产业集群的发展带来障碍与风险。当文化产业集群的企业与当地的政府机构或服务机构等联合治理集群事物时，就会形成多元关系治理模式。此种治理模式弹性良好，行政权威与经济权威相辅相成，企业间通常能够建立战略性的合作关系，这种战略性的合作关系可以有效消除部分机会主义行为。而企业与政府及其他服务机构之间则会建立深度学习和交流的合作关系，多元化的治理模式使文化产业集群实现整体化和系统化的发展。

2. 点线面型治理模式

点线面型治理模式分别体现在模块化治理、价值链治理和网络治理三个方面。文化产业集群是一种复杂系统，由许多半自律性的子系统（又称模块）构成，将文化产业集群进行分解或整合的过程即模块化。模块化生产能够促进企业更注重产品的内在品质创新，这种激励效果会从一个子系统扩展到其他子系统，甚至扩展到文化产业集群内整个生命周期的制造过程。生产的分工更加精细化，企业依照模块化的设计规则形成网络化的标准化生产模式，模块化治理调整了文化产业集群的组织结构，企业间的竞争性质变得有序，竞争时造成的损耗降低。全球化竞争加剧，产品差异化战略和风险规避使企业活动从单纯的产品和服务生产转变为价值创造活动，文化产业集群通过价值链治理，协调价值链各环节的价值创造活动以及建立在价值链之上的联盟性质的产业链活动；通过有效的产业链治理，可以在一定程度上消除集群内主体间的信息不对称和不完全契约。处于产业链上游的研发环节通过科技成果转化来获取外部经济，而处于产业链下游的销售环节通过形成市场经济来获取外部经济，外部经济的集聚提升了文化产业集群对价格和产业链各个环节的控制力，强化了产业链治理能力。如果产业链形成闭环状态，文化产业集群内产业链治理会产生更加强大的正反馈。产业链与价值链在文化产业集群内交错存在则形成庞大的网络组织，文化产业集群的治理方式也会由价值链和产业链的治理升级成为全球化价值链治理和网络组织治理。全球化价值链治理推动文化产业集群地位和层次的升级，从而获取更多的价值和利益；网络组织治理推动文化产业集群形成网络化的创新模式，从静态的竞争优势转化为动态的竞争优势。文化产业集群只有形成网链共治模式，才能打破"网络困境"和"价值链困境"，实现集群内部经济与外部经济的协调发展。

5.5.4　嵌入性视角

文化产业集群既是一个经济系统，又是一个社会系统，嵌入于特定的社会文化和关系网络，并与其所处的区域环境双向互动，即文化产业集群具有社会网络嵌入性（方永恒和李文静，2013）。从信息和资源优势的实现机制来看，文化产业集群社会网络嵌入性可以分为关系嵌入性和结构嵌入性。文化产业集群的关系嵌入性强调彼此之间相互作用的关系，网络中的各组成部分可通过彼此之间的联系来分享更多的信息和知识。与关系嵌入性相比，文化产业集群的结构嵌入性强调网络的整体结构，强调网络结构之间的关系和作用机制。文化产业集群要积极构建社会网络体系，充分利用社会网络嵌入性来规避风险、开拓创新；而政府作为社会网络嵌入性结构的重要组成部分，更应通过政策支持引导和培育集群充分发挥社会网络嵌入性的作用，推动集群健康演化发展。

首先，文化产业集群资源优化配置过程。社会网络嵌入性是文化产业集群在社会网络的各个环节之间的关系，对内可以促进社会网络资源的优化配置，创造价值；对外可以同外界相关企业联系合作，增强企业的适应能力。只有将分散在文化产业集群中的各个企业、各个资源有机的整合在一起，才能实现优势互补，提高核心竞争能力。文化产业集群中有很多相似的历史文化资源，将其联合在一起形成一个特色板块，提高其竞争力。

其次，文化产业集群创新能力提升过程。网络中的各结构，加快了文化产业集群内信息的流动以及知识的扩散与共享。网络是信息流动的主渠道，资本的嵌入和网络地域的嵌入形成的网络关系，使文化产业内部各部门企业相互合作，交换信息和知识，企业之间的人才得到充分的流动，形成竞争机制，促进其创新欲望，实现学习效应和传播效应，从而形成文化产业集群的技术创新机制。文化产业又是一个以创新为主的产业，文化产业集群网络中各高校和科研院所通过与企业的各种联系，共同构成一个创新网络系统，这样就进一步增强了文化产业集群的创新能力。

再次，文化产业集群战略联盟过程。文化具有交融性和互通性，那么对于文化产业集群内的企业来说，建立企业战略联盟可以很好地利用文化资源，彼此发挥优势、弥补劣势。社会网络的不断扩展，为集群内企业提供了更多的选择机会，企业可以根据自身的需要，选择更有利于彼此发展的战略联盟，打破原有的惯性模式。同时网络嵌入性使企业之间形成了彼此相互信任的关系，在这种关系下，企业与企业之间可以排除沟通和联系障碍，从而更好的结为联盟，共同应对不断变化的经济发展形势，以及外部风险的刺激。

最后，文化产业集群创新活动嵌入性过程。文化产业集群中的行为主体参与的创新活动与本地社会文化环境保持密切联系，并受到本地社会文化环境的影响。

第6章 文化产业集群演化的动力

文化产业集群的演化发展由其独特的动力机制所推动，研究演化动力是确保其健康演化的重要条件。目前，关于文化产业集群演化动力的研究较少，可以通过参考产业集群演化动力的视角进行相关研究（杜聪和王欣欣，2016）。经济学、生物学、复杂性科学等理论是产业集群演化动力的主要研究视角，其中，复杂性科学是以揭示复杂系统运行规律为主要内容的一种新的研究视角。复杂性科学理论为丰富产业集群理论研究体系提供了一个新的方向，能有效弥补基于经济学理论研究产业集群演化动力动态性方面的不足，为深入研究和科学把握产业集群的演化动力及其作用规律提供了更多方便（彭相如，2004），它最重要的作用是为完善产业集群动力体系并控制其演化方向提供了理论依据（刘恒江等，2004；黄省志，2007；方永恒，2011）。本章首先剖析构成文化产业集群演化动力的主体，并按照来源的不同，将其分为内部动力和外部动力，其次阐释文化产业集群演化动力的作用机制，即各动力因素之间是如何相互关联和产生作用的。

6.1 国内外研究及相关理论

6.1.1 国内外研究综述

长期以来，国外学者关注的一个重要研究热点就是众多著名的文化产业集群。近年来，有些学者开始探究其演化动力，以把握其演化的本质规律。Steinle 和 Schiele（2002）归纳分析了文化产业集群生成和发展的必要条件与充分条件，认为必要条件包含生产流程的可分解性和产品的可运输性，充分条件包含长价值链、多样化竞争、网络创新以及市场易变性等。

国内学者对文化产业集群演化动力的相关研究起步较晚。比较有代表性的研究成果主要包括：刘保昌（2008）认为影响文化产业集群演化发展的动力因素主要是文化产品或服务方面的生产条件、文化市场消费需求、规模化辅助产业支持因素、适宜发展的外界条件等。陈建军和葛宝琴（2008）对文化产业集群生成和发展的影响因素进行了研究总结，认为环境方面的因素、人才素质因素、文化以及制度方面的因素对文化产业集群演化发展非常重要。万陶（2007）运用研究复杂系统的模拟平台——SWARM 对文化产业集群的演化动力进行了模拟，为文化产业集群的发展演化提供理论依据。孙洁（2012）从地域性、社会性和系统性三个不同的维度细化出文化因子、市场因子、政策因子等九大动力因子，进而构建细分指标体系，用系统动力学的思维方式深入探讨文化产业集群的动力机制。文化产业集群与一般产业集群相比，既有相似之处，也有自身的独特属性，从产业属性来看，文化产业集群与一般产业集群类似，受要素禀赋、规模经济、知识溢出等因素的制约；从文化属性来看，文化产业的资产主要为知识产权、品牌价值等无形资产，因此这类集群更为依赖人力资本、制度环境等因素（王猛和王有鑫，2015）。

从国内外研究现状来看，当前对文化产业集群演化动力的研究系统性方面仍有欠缺，致使其演化动力体系不够健全。基于文化产业集群的复杂系统属性来剖析文化产业集群的演化动力，更能准确地描述动力体系的不同方面，是完善演化动力体系的基础。因此，本章将基于复杂系统理论深入剖析文化产业集群的本质及其演化动力体系，为推进文化产业集群的健康演化提供可靠动力依据（方永恒，2011；杜聪，2016）。

6.1.2　复杂系统演化动力

复杂系统在演化过程中有一些共同的动力学行为，复杂系统就是在动力作用下不断演化发展。用个体的动力学行为来描绘整个复杂系统的演化动态过程也是一种可行的研究方法。这种基于个体的动力学过程一般通过策略更新规则来定义，策略更新规则就是个体根据环境、信息等要素对自己将在系统中采取何种博弈策略进行更新选择的标准。钱晓岚（2010）将复杂系统演化动力策略更新规则分为两大类：第一类是模仿—学习过程的策略更新规则，但是在这个过程中只是对原有策略的模仿，未加以创新。第二类是最优反应过程的策略更新规则，这种是包含新策略产生的最优反应过程，这一规则要求个体具有更强的理性。在演化过程中，个体既可以采取不同类型的策略更新规则，也可以采取同一类型的策略更新规则。更新方式有同步更新和不同步更新两种，同步更新是指每个离散的时间步，整个种群同步更新，而不同步更新是指以某种顺序分批更新。

复杂系统内的个体在发展过程中依据不同的策略更新规则，采取一系列不同的动力学行为，从而使复杂系统的演化呈现出一系列复杂系统的共同特征。这就是复杂系统演化动力的具体过程和最终结果。而对于具体的复杂系统演化动力行为和动力因素在相关研究中也有所涉及，大多数是从博弈论角度入手，以复杂系统内个体间的竞争、合作、学习互动为代表，分析复杂系统的演化。但是影响复杂系统演化的动力因素不仅仅只有上述研究中提及的这些，对于复杂系统演化动力的研究还有待深化。

6.2　文化产业集群演化动力的构成

6.2.1　文化产业集群演化动力的主体

1. 企业

在文化产业集群初始发展阶段，从事某细分行业的企业受规模效益和成本降低的引导，在某特定空间集中起来，经过一定时期的演化发展，物流、投资、销售、广告宣传等相关产业领域的企业会相继出现，促使产业链更加完整，并进一步延伸。

2. 政府

政府在文化产业集群演化中的作用是不可替代的。随着文化产业集群规模的不断扩大，政府必须介入来规范其良好的发展环境，采取多种措施、制定多种政策来规范和优化市场环境。政府营造的良好政策环境是文化产业集群健康发展的重要保障。

3. 相关机构

文化产业集群对创新、人才以及资金的要求很高，需要教育培训机构以及一些专业的金融机构与之匹配。这样企业、政府、中介服务机构、金融机构、教育培训机构相互交织在一起，共同构成文化产业集群演化动力的主体。

6.2.2　文化产业集群演化动力的分类

文化产业集群演化动力因素众多，层级也较为复杂，为了系统地分析动力因素的作用，本节按照演化动力因素的来源，将其分为内部动力和外部动力。

1. 内部动力

来自于企业内部的，能吸引大量文化产业在某地集聚的内在力量被称为文化产业集群演化发展的内部动力。除了与传统产业集群相同的外部经济性、产业价值链、专业化分工因素外，文化产业集群还格外强调知识溢出、创新网络、产品竞争力等要素的作用。

1）外部经济性

文化产业集群的外部经济性与一般产业集群相比更为明显。具体而言：第一，文化产业集群内企业之间的相互合作能从某种程度上强化集群的区位优势，提升集群的区位竞争力；第二，文化产业集群内部企业之间相互信任与合作、学习交流，可以大大降低企业各个环节之间的协调成本和交易成本；第三，文化产业集群内部企业之间还可以共享集群内的公共设施、服务以及劳动力培训所带来的成本节约，这些都成为吸引外部企业入驻的强大力量，有利于文化产业集群规模的进一步扩大。

2）产业价值链

文化产业集群内的企业在长期形成的合作关系下，提升了自身的竞争优势，进而推动文化产业集群的演化发展，主要表现为：在产业价值链的产业联动效应下，文化产业集群分工体系更加完整，与相关主导产业的联动发展更加协调；同时，文化产业集群内企业共享市场信息、基础设施、资源等要素，有助于企业的发展壮大，并逐步形成品牌效应，有助于树立文化产业集群整体的品牌效应。

3）专业化分工

在文化产业集群形成初期，受区位因素诱导集聚在一起的企业通过分工协作，共享各种资源，享受分工带来的成本降低和竞争力提升，随着入驻企业的增多，专业化分工进一步深化，集群经济效益增强。

值得一提的是，专业化分工得以实现的重要条件是生产过程的可分解性（张敏，2011）。保证生产过程的可分解性，才有可能形成更长的价值链，从而实现集群内各个企业的专业分工（郑健壮，2006；张敏，2010）。价值链越长，需要越多的企业参与协作分工，这样文化产业集群得以进一步演化发展。

4）知识溢出

知识溢出带来的学习效应是推动文化产业集群演化发展的重要内部动力之一。拥有共同文化背景和相似价值观念的文化产业集群内充满传播新知识、新技能的良好学习氛围，促使文化产业集群知识存量不断增长，增强集群的整体竞争力。

5）创新网络

创新是推动文化产业集群演化发展的不竭动力。在文化产业集群创新网络中，集群企业间知识学习、信息交流、资源汇集和共享活动更为便捷，知识、信息和技术等更容易溢出到其他企业中，集群内企业能够在创新网络中共享创新成果，大力推动文化产业集群的进一步演化和创新发展。

6）产品竞争力

文化产业集群的产品竞争力是实现经济效益的核心动力源泉。必须突显自己的产品和服务，在消费市场上独树一帜。其中，品牌是文化产业集群产品竞争力的象征，蕴含着不可估量的历史价值、文化价值、符号价值和经济价值（万程成，2012），品牌的打造对文化产业集群竞争力的提高具有重要作用。

2. 外部动力

1）资源禀赋

资源禀赋是文化产业集群形成的必备条件。在文化产业集群中文化资源的作用更加突显。因为，文化资源的丰富性和独特性是文化产业集群发展的核心生产要素。一方面，丰富的文化资源能够为文化产品带来市场上的价格优势；另一方面，文化资源所具有的地理根植性、不可复制性和稀缺性等特征，能赋予文化产品独特的文化价值，在市场上占据独特性和差异化优势。所以，文化产业集群一般会首选文化资源较为丰富或具有独特文化资源的地区。

2）社会环境

社会环境对于文化产业集群的重要性具体体现在以下几个方面：首先，消费市场需求是任何一个产业实现其经济价值的关键，有大量固定的消费者和潜在消费者，需求旺盛，文化企业才有能力和动力去生产产品与提供服务，实现文化产业集群持续发展；其次，共同的文化传统和价值观有助于在集群内部形成一种信任关系，从而降低交易成本，强化文化产业集群整体的凝聚力；再次，营造适宜文化产业集群发展的宽松、规范的制度环境，为文化产业集群发展提供有力保障；最后，来自于集群外的竞争环境对于集群的发展既是压力也是动力。对于文化产品消费市场的争夺是造成文化产业集群外部竞争的一个重要原因（李嘉珊和郑湫璐，2009）。也正是由于消费市场的竞争，文化产业集群才会更加专注于文化产品和服务的创意与内容。

3）政策支持

文化产业集群大多是在市场中自发形成的，容易受到多种因素的综合影响，需要政府以自上而下的方式制定和实行各项政策措施来调控、影响、引导其有序发展，进而促进文化产业集群的更选演进。

4）人才集聚

人才是文化产业集群发展的前提条件。在这类集群中尤其强调创新型人才的价值。所以，这里所说的人才不仅仅是指劳动力需求方面的人力资本，更重要的是技术和创新方面的人力资本。

6.2.3　文化产业集群演化动力的形成

集聚区内外的各行为主体，包括政府、企业、各类机构和消费者等，为了实现各自的利益，采取了相应的选址策略，经过多次博弈，最终使集聚区形成一个稳定的空间。在这一过程中，促进空间演化的动力主要包括以下几个方面。

1. 市场驱动

文化创意产业集聚区空间演化往往呈现出三个阶段，即点集、面集和网络化阶段（甘慧琛，2006）。在这三个阶段中，市场因素是集聚区空间演化的关键。市场是生产者、销售商、消费者等市场主体的聚合地，同时也是生产要素、各种资源的汇聚地，市场主体对空间选取的偏好和企业对外部经济的追求，体现了市场对创意产业集聚区空间演化的驱动。首先，创意阶层对创意空间的选取。创意阶层是文化创意产业的核心，是重要的生产要素，对产业的竞争力起着决定性的作用。他们出于对文化的追求及对发展机会、劳动报酬等的需求，在资金、知名度和不为主流文化认可等因素的制约下，往往选择都市或是临近都市的城郊结合部作为创业的空间，如都市中的闲置厂房、废弃仓库等。其次，供需双方的选择。创意文化产品是一种高消费产品，有较大的附加值，这不仅要求消费者有一定的文化素养，同时也有一定的经济实力。在地域经济水平决定消费者收入水平的情况下，大城市的总体经济发展水平，有利于文化产品的收入效应得到较大程度的发挥。而具有消费能力的消费者，往往对消费地有着更多的需求，如便利的交通，舒适的环境，集娱乐、休闲、购物等于一体的多功能服务体系等。供需双方的适应性选择，决定了产供销等主体对集聚区的进入。最后，企业对外部经济的获取。入驻集聚区的企业，主要是为了获得专业化分工及专业化市场所产生的外部经济。一方面，企业可获得生产、销售、管理、融通资金等方面的专业性服务。另一方面，专业化的分工，有利于企业提高生产效率，实现规模经济和范围经济。这些外部性，使企业在节约生产成本、交易成本、搜寻成本的基础上，获得更多的收益，从而提高企业的综合实力，进而增强集聚区的竞争力。

2. 政府推动

政府对文化创意产业集聚区空间演化的推动作用，伴随着创意产业集聚区形成、发展、成熟和再生的全过程。政府可通过对产业集聚区提供土地、资金、人力等生产要素，制定优惠政策、相应法规，并给予技术、管理经验、环境建设、招商引资等方面的支持，促进产业集聚的空间演化（胡锦涛，2012）。在创意产业集聚区演化的不同阶段，政府采取了与之相适应的措施，为创意产业空间演化创造有利的条件。

首先，在文化创意产业集聚区的形成期，政府主要发挥促进要素在集聚区集中的作用。在这一阶段，逐渐进入集聚区的企业及个体创业者等主体具有较强的创新精神，但知名度不高，社会认可度较低。此外，经营主体还存在规章制度缺乏、资金不足、营销经验不足和易被市场挤出等问题。集聚区呈现出产业链较短、节点少、企业规模小和数量少等特征。政府采取的主要措施有：第一，规划用地，推出减免税和补贴等措施，吸引具有实力的企业入驻，使其发挥带动效应，吸引其他企业进入。第二，帮助企业申报各项基金，为中小企业牵线搭桥，让专业金融机构为他们提供专项金融产品服务。第三，联合高校和科研院所搭建产学研一体化平台，为企业提供技术支撑。

其次，在发展期的创意产业集聚区，政府主要是促进产业链的延伸及链条节点的补足，增强集聚区的竞争力。这一阶段，在集聚区内的企业知名度和辐射能力逐渐增强，充满活力，其外部经济性能吸引大量关联与非关联的企业进入。由于企业规模和数量的增加，竞争增强，激发了企业的创新精神，从而使产业链延伸，缺失的节点逐渐被补足。政府为促进集聚区空间演化朝着整体经济效应增强的方向发展，通常采取的主要措施有：第一，鼓励企业创新并提供资金上的支持，同时为保护企业知识产权提供法律保障。为此，政府通常采取的办法是设立奖励基金，或帮助企业申请国家技术创新基金。由于集聚区有着较强的知识溢出效应，政府为创新企业提供专业的保护知识产权的咨询及技术服务，并推出相应法律法规保护企业的商标、品牌和专利等。第二，促进产业集聚区内各企业之间的联系，增强其关联性，如在集聚区内举行技术研讨会、联谊会，举办企业管理层和员工培训班等。不仅有助于企业管理经验、技术的交流，而且有助于在促成良好私交的基础上增强企业之间的联系，从而形成默契，增强整个集聚区的竞争力。此外，还推出相应的法律法规，避免集聚区内企业之间的恶性竞争，促进合作竞争，有助于实力强的企业发展成为集聚区的支柱性企业（林华山，2008）。第三，凭借政府的影响力，联合各界专业服务机构，组织展销会，专业技术交流会等，为集聚区搭建国内外交流平台，进一步扩大其影响力，吸引国内外优质企业和知名的专业创新团队入驻集聚区，为产业链的进一步延伸，各节点做强做大注入新的活力。

最后，对成熟期的文化创意产业集聚区，政府主要是加大力度鼓励实力雄厚的企业创新，防止集聚区进入衰退期。这一阶段是产业集群生命周期上的一个理想区间。企业的规模、数量和市场份额比重已稳定，对集聚区外的企业已形成强大的进入障碍，整个集聚区已达到平衡。这个时期的企业较保守，不愿创新。然而，对于文化创意产业来说，其生命力在于不断地创新，否则就会被市场淘汰。政府对这一阶段文化创意产业采取的主要措施往往有：针对性的扶持龙头企业，加大资金投入，鼓励其创新，促使集聚区形成"中心—外围"模式，由核心企业带动其他中小企业共同创新，增强整个集聚区的活力。

3. 协同效应的驱动

从 Ansoff 的《公司战略》到安德鲁·坎贝尔和凯瑟琳·萨姆斯·卢克斯的《战略协同》一书的出版，协同效应被学者推广到各学科领域。尽管他们对协同有着不同的理解，但对协同效应的认知有着较多的相似处。协同效应是指一个企业在不同运行环节或是一个集群中的不同企业，由于实现了对同一资源的共享，达到提升整体效应的效果（王洪祥，2005）。对文化创意产业集聚区来说，从形成期到成熟期，也就是从点集到网络化的空间演化过程，在生产、供应、销售、管理、技术创新等诸环节所产生的协同效应，成为企业向集聚区聚拢的动力。第一，专业化服务的协同。在文化创意产业集聚区，市场区位所带来的经济效益以及政府相关优惠政策的实施，吸引了各专业水准较高的企业、服务机构入驻，有利于原有企业专业化分工的强化，也有利于陆续进入的企业得到专业生产工具、设备、场地出租、营销策划、产品设计等各项专业化的服务。第二，品牌的协同。入驻文化创意产业集聚区的企业，不仅能够享受实物资产的协同，而且能够享受无形资产带来的协同。众多品牌企业入驻集聚区，发挥出品牌集聚辐射效应，扩大了集聚区的知名度，吸引了大量的消费者、供应商进入该集聚区，使集聚区内的企业获利机会增加。第三，经营管理经验的协同。有效的经营管理模式，有利于企业增强竞争力，获得稳定的、有潜力的市场地位。企业主要通过传承、实践摸索、引进创新等方式来获取适合自身企业发展的经营管理经验。在文化创意产业集聚区内，企业在短距离的接触、长期的合作中，耳濡目染了实力强大的企业的经营管理模式，从而可以进行模仿或者在原有基础上创新。集聚区内多功能服务体系的存在，为具有先进管理经验的管理人员提供了可以进行经验交流的场所，特别是对于文化创意人才来说，他们不拘一格的交流模式，更有利于这种经营管理经验协同效应的产生。第四，技术创新的协同。企业的技术创新主要源于为获取更大利润空间的自觉创新，或是迫于生存竞争的创新。在集聚区内，在技术拉动效应下，这两种创新模式，往往会形成良性循环。实现技术创新的企业，其编码化技术和非编码化技术在有偿转让或是知识溢出的情况下，使其他企业能在较短的时间以较低的成本采用新技术，获得较大的收益。

4. 人文因素驱动

人文因素是人们在长期的交流和活动中所形成的制度、文化意识与社会关系等的总和。在集聚区内，经济活动主体不可避免地会受到该集聚区人文因素的影响，使经济活动表现出根植性和嵌入性。所以，在文化创意产业集聚区空间演化的过程中，制度、历史文化和社会关系是重要的推动因素。第一，制度因素。这里的制度是一个宽泛的概念，包括正式的和非正式的规则、契约、风俗等。在文化创意产业集聚区内，各经济主体经过长时间的经济活动与交流，形成了一些成文或不成文、正式的或非正式的规则，以此作为相互间共同遵循的准则。具有优越制度安排的集聚区，具有较强的稳定性，能够吸引企业入驻该集聚区。非正式的规则，有利于增强行业自律，减少机会主义。此外，凭借相互间的承诺，简化的手续，企业能在较短的时间内获得资源，另外，也减少了企业的交易费用，节约了生产成本，使企业获得更多的利润，积累更多的资金，为实现规模经济和范围经济创造有利的条件。第二，历史文化因素。历史文化是创意的源泉，创意产品的核心要素。它是创意阶层选址时考虑的重要因素，也是政府选择文化产业基地时特别注重的问题。此外，偏好创意产品的消费者，也倾向于选择具有浓厚历史文化氛围的集聚区去消费。另外，蕴含厚重历史文化的产品，难以复制，替代品少，拥有稳定的顾客群，占据同类产品市场的绝对优势，从而使整个产业有着强劲的传承力，有助于集聚区经济效益稳定持续地增长。第三，社会关系因素。在文化创意产业集聚区中，机会主义、"搭便车"等行为常常造成经济主体交易活动的不确定性，甚至产生较大的风险。为了尽可能地减少损失，经济主体常常把自己的亲戚、朋友、同学、同乡等引入集聚区，这种由血缘或非血缘关系搭建的社会关系网络，促进了纵向、横向联合企业的形成。这样的集聚区，具有单个独立企业集合所没有的优势，不仅易于形成紧密的信息网络结构，而且能够让企业获得缄默知识和技术等。此外，这种以信任为基础的社会关系网络，使集聚区对外来企业形成了强大的进入障碍，有利于原有企业发展壮大（袁家菊，2014）。

6.3　文化产业集群演化动力的作用机制

本节从复杂系统的角度切入，剖析文化产业集群演化动力的作用机制，即各动力因素之间如何相互关联，发挥对集群演化的推动作用。

6.3.1　非线性相干机制

非线性相干机制是文化产业集群演化发展的根本性机制。非线性作用是文化产业集群存在和演化的内在依据，文化产业集群内部各主体之间互为因果，相互作用不是线性的，而是立体、动态、多层级的。如果没有内在的非线性作用，那么，集群内部各要素之间就缺乏一种相互维系成有机整体的重要力量，而这种力量正是文化产业集群系统存在和发展的根本原因。所以说，非线性相干机制是文化产业集群演化发展的根本性机制。

6.3.2　竞争与合作机制

竞争与合作机制主要体现在文化产业集群产业价值链上的企业、相关机构等相互作用和协调竞争，从而发挥对集群整体发展的重要推动作用。集群内产业链上的一系列企业、相关机构之间分工协作、良性竞争，发挥协同效应。在竞争与合作机制的作用下，文化产业集群的凝聚力得以强化，进而推动文化产业集群的演化发展。

6.3.3　涨落与分叉机制

　　文化产业集群具有非线性、非平衡性，所以它会处于一种不稳定的状态，涨落的产生是必然的。某种随机的小涨落可能通过相关效应迅速放大，形成集群整体的巨涨落，使系统由一个不稳定的状态跃进到下一个新的稳定有序状态（王进富和张道宏，2008；高艳娟，2008），从而实现文化产业集群系统的演化发展。

　　在文化产业集群演化的各个阶段，都可能出现分叉。例如，在集群发展的初期，企业规模较小、数量较少、技术人才和创新人才相对稀少、企业之间的关联度不够高、知识信息的交流比较贫乏、获取知识的途径单一、相关支撑机构欠缺、政策制度不完善等，面临一系列发展困境，使文化产业集群演化发展走向也存在不确定性，或者向更高阶段进化，或者夭折（易晶怡，2015）。

6.3.4　学习创新机制

　　文化产业集群的学习创新机制是深深融合在发展过程中的，主要体现在三个方面：第一，集群内部企业之间分工协作带来信息交流和知识溢出，这种学习氛围有助于创新环境的营造，同时，创新环境也带动整个文化产业集群的学习和创新；第二，在文化产业集群产业链中，为了提升自身优势，提高竞争力，在知识溢出和创新的氛围中，企业必须不断学习和创新；第三，文化产业集群受到激烈的外部市场的竞争压力，必须通过不断学习和创新来提高文化产业集群的竞争力。

6.3.5　自稳定机制

　　系统形成自稳定的主要机制在于反馈。反馈机制简单来说是指系统的输出和行为对自身状态重新产生影响的概念。其中，输出指的是系统外部行为的总和，输入指的是系统所受影响的总和（郁湧等，2007），如图 6-1 所示。

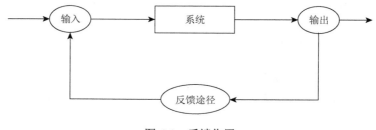

图 6-1　反馈作用

反馈是文化产业集群演化自稳定机制形成的基石。反馈一般会出现两种可能的结果：一种是使文化产业集群偏离初始状态的倾向不断增强，即正反馈。另一种是使文化产业集群偏离初始状态的倾向不断减弱，即负反馈。受到正反馈影响时，文化产业集群必然打破某一定态向高级状态演化，然后又以相对的稳定状态为基础进一步演进；当文化产业集群从外界吸收的能量信息对集群的发展存在消极影响，即受到负反馈影响时，就会阻碍文化产业集群向更高级状态演化。文化产业集群正是由于自稳定机制的存在，才能进一步演化发展成更高级、更复杂的集群系统。

6.3.6　突现机制

突现机制是文化产业集群演化的一种独特机制。文化产业集群从无序到有序、从初级到高级阶段演化的过程一直伴随着新质的出现，在这种新质的推动下文化产业集群得以逐步演化发展。

突现机制在文化产业集群演化中的地位虽然重要和独特，但它又无法孤立的存在和发挥作用。突现机制不能脱离非线性相干机制，只有在各部分之间存在非线性相互作用时，才可能有新质的突现。突现机制也不能脱离自稳定机制，新质必须找到其适当的自稳定机制，才能保证自己在时间和空间中的现实存在，进而发挥作用。

6.4　文化产业集群演化动力因素作用度判定

文化产业集群演化动力因素之间通过复杂的作用关联，推动集群的演化进程。本节选取最具代表性的 11 个动力因素，构建文化产业集群演化动力因素指标体系，通过文献调研法、专家咨询与访谈法获取相关研究者、资深专家以及从业人员的一手数据，判定文化产业集群演化动力因素作用度。

6.4.1　文化产业集群演化动力因素指标体系构建

1. 动力因素确定方法

本节在确定文化产业集群演化动力因素时主要采取了以下两种方法。

第一，文献调研法。在研究过程中，广泛查阅国内外产业集群、文化产业集群演化动力相关的论文、期刊、书籍，通过网络数据搜索大量相关的研究成果，在此基础上进行比较分析和归纳总结，试图对文化产业集群演化动力因素有更加深层次的了解。因此，本节在已有的文化产业集群演化动力因素优秀研究成果的基础上，结合文化产业集群系统的演化动力机制，选定了 11 个最具有代表性的文化产业集群演化动力因素。

第二，专家咨询与访谈法。咨询文化产业集群演化动力方向的相关研究者以及从事文化产业集群工作的资深专家，基于他们的研究成果和工作经验，为二级指标文化产业集群演化动力的影响作用进行打分。这一结果可以为我们的研究提供更多可靠信息和参考，从而对文化产业集群演化动力的影响作用有更深入的认识。

2. 动力因素及指标说明

为了便于后续对文化产业集群演化动力的进一步剖析，先说明这 11 个动力因素涵盖的具体内容，即它们包括哪些影响文化产业集群演化的指标。

1）资源禀赋因素

资源禀赋是文化产业集群形成的一项必备条件。资源禀赋含义相当广泛，某一项指标的缺失都有可能造成文化产业集群演化进程的延误甚至停滞，它不但包括自然资源，还包括文化、技术、人才、资金、基础设施等社会资源（王巍，2011）。文化产业集群作为一种新兴的产业集群形态，它的发展在注重劳动力资源、经济资源、资本实力等普遍资源要素的同时，更注重当地独特的文化资源、文化历史，文化资源的作用比在其他集群中更重要。因此，在文化产业集群演化时需要考虑的资源禀赋因素包括历史文化底蕴、经济基础、劳动力资源和技术资源等。

2）社会环境因素

任何经济活动要基于当地的社会环境展开，社会环境的范畴很广泛，包括消费需求、文化氛围、制度环境、基础设施以及外部竞争环境等。社会环境是文化产业集群演化的基本保障。

3）专业化分工因素

文化产业集群内参与分工的企业数量随着集群规模的扩大越来越多，产业链越健全，企业间横向、纵向的分工越明确，外部经济效应就越明显，大大节省资本、原材料和劳动力资源，降低成本，提高生产效率，进而带来文化产业集群效益的提高，吸引外部企业的加入，加速文化产业集群发展。具体而言，影响文化产业集群专业化分工的指标主要有：生产过程的可分解性、产品价值链延伸、集群内企业种类和数量等。这些指标对文化产业集群专业化分工的广度和深度产生不同程度的影响，进而对文化产业集群的演化进度产生作用。

4）政策支持因素

政府政策是文化产业集群形成和演化发展的重要保障。政府通过文化产业集群政策以自上而下的方式影响集群发展，促进集群动力因素的更迭演进（潘海生和周志刚，2008）。具体指标主要有：健全服务体系、构建企业合作交流平台和激励机制、加强对知识产权的保护等。政府的支持、法律的有效性是文化产业集群演化的可靠保障。

5）知识外溢因素

知识外溢是文化产业集群演化发展的一项重要动力因素。知识外溢受以下几个指标的影响：集群产业学习氛围、文化背景相似、行为规范和价值观相同、知识存量增长等。知识外溢促使集群知识存量不断增长，并且形成了不同于其他区域的核心知识和竞争能力，这是文化产业集群可持续发展的一个重要内在动力。

6）投融资能力因素

文化产业集群的资金储备、融资渠道、融资主体等都是投融资能力的衡量指标。文化产业集群的投融资能力主要体现在以下几点：基础设施投入、技术研发经费投入、人才引进力度和建立科技创业投资法规体系等。文化产业集群的投融资能力关系到文化产业集群进一步拓宽市场、提升技术和创新水平能否实现。

7）创新网络因素

一个健全的创新网络对于文化产业集群的演化发展至关重要，只有不断学习创新，集群才能适应经济社会发展，逐步发展成熟。信息交流和共享、产业联动、学习和创新活动等一系列指标影响文化产业集群创新网络的形成与完善。

8）人才集聚因素

人才是文化产业集群发展的关键。文化产业"创意为王，内容为王"，因此，文化产业所需要的人才是具有创意的复合型人才。创意人才与经营管理类人才、技术人才等都是促进集群发展的重要力量。这里的人才集聚包括劳动力集聚和创意人才集聚两个指标因素。

9）产品竞争力因素

文化产业集群的产品和服务只有在市场上将价值转化才能获得企业利润，实现集群发展。在市场上种类繁多、功能各异的产品和服务中，突显自己的产品和服务，在消费市场上形成独特的竞争力，是文化产业集群实现持续发展的核心动力源泉。产品竞争力主要体现在以下几点：集群内文化企业间交易成本降低、产品差异化和品牌效应等。

10）竞争与合作因素

竞争与合作能使文化产业集群实现资源共享和协同效应，进而推动文化产业集群的可持续发展。竞争与合作不仅体现在集群内企业与关联产业间竞争合作上，也体现在集群之间的竞争合作上。

11）关联产业因素

文化产业集群的发展离不开高等院校和科研机构以及其他衍生产业的支撑。

高等院校和科研机构是文化产业集群发展最主要的创意来源，其他衍生产业在文化产业集群系统中的地位也非常重要。只有其他衍生产业齐全，才能保证文化产业集群产业链的长度和深度，实现集群经济价值的最大。其他衍生产业生产的相关衍生品或提供的相关文化服务能扩大某一文化产品的影响力，实现品牌效应，进而提升文化产业集群整体的竞争力。

3. 动力因素指标体系构建

表 6-1 为文化产业集群演化动力因素指标体系。6.4.2 节对动力因素的作用度进行判定，根据它们对演化进程的影响，得出文化产业集群演化动力因素的重要性排序。

表 6-1 文化产业集群演化动力因素指标体系

一级指标	二级指标	三级指标
文化产业集群演化动力	资源禀赋因素 F_1	历史文化底蕴 I_{11}
		经济基础 I_{12}
		劳动力资源 I_{13}
		技术资源 I_{14}
	社会环境因素 F_2	基础设施 I_{21}
		制度环境 I_{22}
		文化氛围 I_{23}
		消费需求 I_{24}
		外部竞争环境 I_{25}
	专业化分工因素 F_3	生产过程的可分解性 I_{31}
		产品价值链延伸 I_{32}
		集群内企业种类和数量 I_{33}
	政策支持因素 F_4	健全服务体系 I_{41}
		构建企业合作交流平台和激励机制 I_{42}
		加强对知识产权的保护 I_{43}
	知识外溢因素 F_5	集群产业学习氛围 I_{51}
		文化背景相似 I_{52}
		行为规范和价值观相同 I_{53}
		知识存量增长 I_{54}
	投融资能力因素 F_6	基础设施投入 I_{61}
		技术研发经费投入 I_{62}
		人才引进力度 I_{63}
		建立科技创业投资法规体系 I_{64}

续表

一级指标	二级指标	三级指标
文化产业集群演化动力	创新网络因素 F_7	信息交流和共享 I_{71}
		产业联动 I_{72}
		学习和创新活动 I_{73}
	人才集聚因素 F_8	劳动力集聚 I_{81}
		创意人才集聚 I_{82}
	产品竞争力因素 F_9	集群内文化企业间交易成本降低 I_{91}
		产品差异化 I_{92}
		品牌效应 I_{93}
	竞争与合作因素 F_{10}	集群内企业与关联产业间竞争合作 I_{101}
		集群之间的竞争合作 I_{102}
	关联产业因素 F_{11}	高等院校 I_{111}
		科研机构 I_{112}
		其他衍生产业 I_{113}

6.4.2　文化产业集群演化动力因素作用度判定方法与步骤

动力因素作用度判定是对文化产业集群演化动力因素进行综合分析，并依据各动力因素对文化产业集群演化进程的影响度进行排序的过程。以文献调研法、专家咨询与访谈法归纳得到的 11 个动力因素为基础，建立文化产业集群演化动力的模糊综合评判体系，综合分析影响演化的动力因素，并参照通用的评价标准，评估各动力因素对演化过程的影响，以此得到动力因素的重要性排序，为推进文化产业集群的健康演化提供科学动力依据。

1. 选择作用度判定方法

文化产业集群演化动力因素作用度判定方法的选取，可以参照前人的研究成果。通过对比分析诸多研究方法的优缺点，从中找到最适合研究文化产业集群演化动力的判定方法。

一些常用的判定方法本身可能不存在问题，但是应用到文化产业集群演化动力的研究中可能会存在某些弊端。例如，一些定量模型能够按照文化产业集群演化动力发生的时间、地点和规律三个维度，从企业的进入和增长等方面进行仿真与模拟，通过变换数据来观察文化产业集群的动态变化，从中看出某一动力因素对文化产业集群演化的影响效果，并建立模型，量化分析文化产业集群演化动力的重要程度（闫文圣，2006）。这种判定方法虽然能够把握动力因素的动态作用及其效果（陈志忠，2011），但存在两个非常重要的问题：第一个是构建模型之前设定的一系列苛刻的假设条件，很有可能完全扭曲真实的经济活动，以往研究产业集群动力机制的定量模型或多或少存在这方面问题；第二个是数据的来源和选取，这是大多数实证研究遇到的最大难题，尤其是文化产业各种基础资料不全，统计指标体系也不完善，因此获取文化产业集群演化动力的相关数据很困难，这使得上述定量方法很难实际操作。即使在模型里应用已获得的基础资料和数据，但在一系列假设条件下得出的结果也很难真实地反映文化产业集群演化动力的重要性。这就显示出了模糊综合评判的应用前景，模糊综合评判非常适合应用到文化产业集群这类复杂系统中。因为文化产业集群的演化过程受到多重动力因素的影响，其动力因素错综复杂，还具有层次性，指标因素间的相互关联难以定量化，所以本节采用模糊综合评判对文化产业集群演化动力的作用度进行判定，将动力因素的重要程度加以划分。这种判定方法是定性描述和定量分析的完美结合，既扩大了信息量，使判定过程的可信度得以提高，也使判定结果更具说服力。

2. 作用度判定步骤

采取模糊综合评判来进行文化产业集群演化动力因素作用度判定，此方法一般需要采取如下步骤。

1）确立因素集

因素集是指影响评判对象的各种因素所组成的集合，一般有 $F = \{f_1, f_2, f_3, \cdots, f_n\}$。

2）确立评判集

评判集是指将评判者可能做出的所有评判结果涵盖在内的集合，一般有 $T = \{t_1, t_2, t_3, \cdots, t_n\}$。

3）建立因素判断矩阵和特征向量

请相关领域研究人员和本行业工作经验丰富的人员对各因素进行两两比较，以此体现它们对结果影响的差异性。两两比较评价标准如图 6-2 所示。

根据图 6-2 可知，矩阵 A 中的各元素 a_{ij} 表示行指标 A_i 对列指标 A_j 的相对重要程度。

为了保证判定结果的准确性，对矩阵进行一致性检验，具体步骤如图 6-3 所示。

特征向量的计算：计算两两判断矩阵表中各行的算术平均值，再作归一化处理，计算判断矩阵的最大特征值。

4）计算系统特征向量

利用各指标层特征向量和准则层特征向量的乘积，计算系统特征向量。

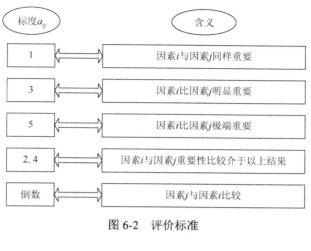

图 6-2 评价标准

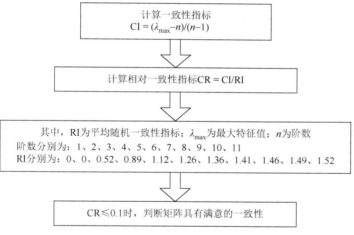

图 6-3 一致性检验步骤

5）确定作用从属度向量

用专家打分法表示出指标层因素相对于评判集 T 的从属程度。

6）建立模糊综合评判算子

U 为系统特征向量，R 为从属度向量矩阵，那么我们可以得出综合评判模型，如式（6-1）所示：

$$S = U \circ R \qquad\qquad (6-1)$$

式中，$\circ$ 为合成运算符号，在进行作用度判定时，可以根据具体情况选用适当的合成公式。

7）进行模糊综合判定

以从属函数平均值为判定准则，确定最终的判定结果。

6.4.3 文化产业集群演化动力因素作用度判定过程与结果解释

1. 作用度判定过程

采用 6.4.2 节方法对文化产业集群演化动力因素的作用度进行判定。

1）作用度判定指标体系构建

指标体系见表 6-1。

2）判断矩阵及其特征向量

在演化动力因素辨识的基础上，比较准则层各动力因素对目标层及指标层各因素对准则层各动力因素两两相比的相对重要程度。

动力因素两两相比的相对重要程度数据的获得来自问卷调查法。为了获得具有代表性、相对权威的数据结果，在研究前期制定并发放了 180 份问卷，问卷通过电子版和纸质版两种形式发放，为了获得更具权威性和专业性的数据，本研究选取的调查对象是文化产业集群演化动力方向的相关研究者以及从事文化产业集群工作的资深专家。最后回收有效问卷 155 份，通过软件对 155 份有效问卷结果进行统计分析，得出的结果见表 6-2～表 6-13。

表 6-2　二级指标演化动力因素相对重要程度比较

指标	F_1	F_2	F_3	F_4	F_5	F_6	F_7	F_8	F_9	F_{10}	F_{11}
F_1	1	2	1/5	1/3	1/4	1/3	1/5	1/4	1/5	1/3	1/3
F_2	1/2	1	1/3	1/3	1/5	1/2	1/4	1/4	1/5	1/4	1/2
F_3	5	3	1	3	3	4	2	3	1	1	2
F_4	3	3	1/3	1	1/3	1/2	1/4	1/4	1/4	1/5	2
F_5	4	5	1/3	3	1	3	1	1	1/2	1/2	3
F_6	3	2	1/4	2	1/3	1	1/3	1/3	1/4	1/4	1
F_7	5	4	1/2	4	1	3	1	1	1/3	1/3	3
F_8	4	4	1/3	4	1	3	1	1	1/2	1/2	2
F_9	5	5	1	4	2	4	3	2	1	1	3
F_{10}	3	4	1	5	2	4	3	2	1	1	3
F_{11}	3	2	1/2	1/2	1/3	1	1/3	1/2	1/3	1/3	1

表 6-3　资源禀赋因素相对重要程度比较

指标	I_{11}	I_{12}	I_{13}	I_{14}
I_{11}	1	2	3	3
I_{12}	1/2	1	2	2

续表

指标	I_{11}	I_{12}	I_{13}	I_{14}
I_{13}	1/3	1/2	1	1
I_{14}	1/3	1/2	1	1

表 6-4　社会环境因素相对重要程度比较

指标	I_{21}	I_{22}	I_{23}	I_{24}	I_{25}
I_{21}	1	1/2	1/4	1/3	1/2
I_{22}	2	1	1/2	1	1
I_{23}	4	2	1	1/2	2
I_{24}	3	1	2	1	2
I_{25}	2	1	1/2	1/2	1

表 6-5　专业化分工因素相对重要程度比较

指标	I_{31}	I_{32}	I_{33}
I_{31}	1	1/2	2
I_{32}	2	1	4
I_{33}	1/4	1/4	1

表 6-6　政策支持因素相对重要程度比较

指标	I_{41}	I_{42}	I_{43}
I_{41}	1	1/3	1/4
I_{42}	3	1	1/2
I_{43}	4	2	1

表 6-7　知识外溢因素相对重要程度比较

指标	I_{51}	I_{52}	I_{53}	I_{54}
I_{51}	1	2	4	1
I_{52}	1/2	1	3	1/3
I_{53}	1/4	1/3	1	1/4
I_{54}	1	3	4	1

表 6-8　投融资能力因素相对重要程度比较

指标	I_{61}	I_{62}	I_{63}	I_{64}
I_{61}	1	1/3	1/4	1/2
I_{62}	3	1	1/2	2

指标	I_{61}	I_{62}	I_{63}	I_{64}
I_{63}	4	2	1	2
I_{64}	2	1/2	1/2	1

表 6-9　创新网络因素相对重要程度比较

指标	I_{71}	I_{72}	I_{73}
I_{71}	1	1/4	1/3
I_{72}	4	1	2
I_{73}	3	1/2	1

表 6-10　人才集聚因素相对重要程度比较

指标	I_{81}	I_{82}
I_{81}	1	1/3
I_{82}	3	1

表 6-11　产品竞争力因素相对重要程度比较

指标	I_{91}	I_{92}	I_{93}
I_{91}	1	1/3	1/4
I_{92}	3	1	1/2
I_{93}	4	2	1

表 6-12　竞争与合作因素相对重要程度比较

指标	I_{101}	I_{102}
I_{101}	1	5
I_{102}	1/5	1

表 6-13　关联产业因素相对重要程度比较

指标	I_{111}	I_{112}	I_{113}
I_{111}	1	1	1/3
I_{112}	1	1	1/4
I_{113}	3	4	1

（1）确立准则层演化动力因素判断矩阵并计算准则层动力因素特征向量。根据表 6-2，建立准则层演化动力因素判断矩阵 $\boldsymbol{F}$。

$$\boldsymbol{F}=\begin{bmatrix}
1 & 2 & 1/5 & 1/3 & 1/4 & 1/3 & 1/5 & 1/4 & 1/5 & 1/3 & 1/3 \\
1/2 & 1 & 1/3 & 1/3 & 1/5 & 1/2 & 1/4 & 1/4 & 1/5 & 1/4 & 1/2 \\
5 & 3 & 1 & 3 & 3 & 4 & 2 & 3 & 1 & 1 & 2 \\
3 & 3 & 1/3 & 1 & 1/3 & 1/2 & 1/4 & 1/4 & 1/4 & 1/5 & 2 \\
4 & 5 & 1/3 & 3 & 1 & 3 & 1 & 1 & 1/2 & 1/2 & 3 \\
3 & 2 & 1/4 & 2 & 1/3 & 1 & 1/3 & 1/3 & 1/4 & 1/4 & 1 \\
5 & 4 & 1/2 & 4 & 1 & 3 & 1 & 1 & 1/3 & 1/3 & 3 \\
4 & 4 & 1/3 & 4 & 1 & 3 & 1 & 1 & 1/2 & 1/2 & 2 \\
5 & 5 & 1 & 4 & 2 & 4 & 3 & 2 & 1 & 1 & 3 \\
3 & 4 & 1 & 5 & 2 & 4 & 3 & 2 & 1 & 1 & 3 \\
3 & 2 & 1/2 & 1/2 & 1/3 & 1 & 1/3 & 1/2 & 1/3 & 1/3 & 1
\end{bmatrix}\quad（6\text{-}2）$$

计算判断矩阵 $\boldsymbol{F}$ 各行平均值：

$$\begin{bmatrix}
(1+2+1/5+1/3+1/4+1/3+1/5+1/4+1/5+1/3+1/3)/11 \\
(1/2+1+1/3+1/3+1/5+1/2+1/4+1/4+1/5+1/4+1/2)/11 \\
(5+3+1+3+3+4+2+3+1+1+2)/11 \\
(3+3+1/3+1+1/3+1/2+1/4+1/4+1/4+1/5+2)/11 \\
(4+5+1/3+3+1+3+1+1+1/2+1/2+3)/11 \\
(3+2+1/4+2+1/3+1+1/3+1/3+1/4+1/4+1)/11 \\
(5+4+1/2+4+1+3+1+1+1/3+1/3+3)/11 \\
(4+4+1/3+4+1+3+1+1+1/2+1/2+2)/11 \\
(5+5+1+4+2+4+3+2+1+1+3)/11 \\
(3+4+1+5+2+4+3+2+1+1+3)/11 \\
(3+2+1/2+1/2+1/3+1+1/3+1/2+1/3+1/3+1)/11
\end{bmatrix}=\begin{bmatrix}
0.494 \\
0.392 \\
2.545 \\
1.011 \\
2.030 \\
0.977 \\
2.106 \\
1.939 \\
2.818 \\
2.636 \\
0.894
\end{bmatrix}$$

$$（6\text{-}3）$$

归一化得到准则层特征向量：

$$0.494+0.392+2.545+1.011+2.030+0.977+2.106+1.939+2.818$$
$$+2.636+0.894=17.842\quad（6\text{-}4）$$

$$
V = \begin{bmatrix} 0.494/(17.842) \\ 0.392/(17.842) \\ 2.545/(17.842) \\ 1.011/(17.842) \\ 2.030/(17.842) \\ 0.977/(17.842) \\ 2.106/(17.842) \\ 1.939/(17.842) \\ 2.818/(17.842) \\ 2.636/(17.842) \\ 0.894/(17.842) \end{bmatrix} = \begin{bmatrix} 0.0277 \\ 0.0220 \\ 0.1426 \\ 0.0567 \\ 0.1138 \\ 0.0548 \\ 0.1180 \\ 0.1087 \\ 0.1579 \\ 0.1477 \\ 0.0501 \end{bmatrix}
\tag{6-5}
$$

因为

$$
F_w = FV = \begin{bmatrix}
1 & 2 & 1/5 & 1/3 & 1/4 & 1/3 & 1/5 & 1/4 & 1/5 & 1/3 & 1/3 \\
1/2 & 1 & 1/3 & 1/3 & 1/5 & 1/2 & 1/4 & 1/4 & 1/5 & 1/4 & 1/2 \\
5 & 3 & 1 & 3 & 3 & 4 & 2 & 3 & 1 & 1 & 2 \\
3 & 3 & 1/3 & 1 & 1/3 & 1/2 & 1/4 & 1/4 & 1/4 & 1/5 & 2 \\
4 & 5 & 1/3 & 3 & 1 & 3 & 1 & 1 & 1/2 & 1/2 & 3 \\
3 & 2 & 1/4 & 2 & 1/3 & 1 & 1/3 & 1/3 & 1/4 & 1/4 & 1 \\
5 & 4 & 1/2 & 4 & 1 & 3 & 1 & 1 & 1/3 & 1/3 & 3 \\
4 & 4 & 1/3 & 4 & 1 & 3 & 1 & 1 & 1/2 & 1/2 & 2 \\
5 & 5 & 1 & 4 & 2 & 4 & 3 & 2 & 1 & 1 & 3 \\
3 & 4 & 1 & 5 & 2 & 4 & 3 & 2 & 1 & 1 & 3 \\
3 & 2 & 1/2 & 1/2 & 1/3 & 1 & 1/3 & 1/2 & 1/3 & 1/3 & 1
\end{bmatrix}
\begin{bmatrix} 0.0277 \\ 0.0220 \\ 0.1426 \\ 0.0567 \\ 0.1138 \\ 0.0548 \\ 0.1180 \\ 0.1087 \\ 0.1579 \\ 0.1477 \\ 0.0501 \end{bmatrix}
$$

$$
= \begin{bmatrix} 0.3141 \\ 0.3027 \\ 2.0457 \\ 0.5446 \\ 1.2464 \\ 0.5710 \\ 1.2817 \\ 1.2310 \\ 2.0920 \\ 2.0713 \\ 0.5651 \end{bmatrix}
\tag{6-6}
$$

所以最大特征值：

$$\lambda_{\max} = 1/11 \begin{pmatrix} \dfrac{0.3141}{0.0277} + \dfrac{0.3027}{0.0220} + \dfrac{2.0455}{0.1427} + \dfrac{0.5445}{0.0566} + \dfrac{1.2462}{0.1138} + \dfrac{0.5708}{0.0548} \\[2mm] + \dfrac{1.2813}{0.1180} + \dfrac{1.2307}{0.1087} + \dfrac{2.3923}{0.1579} + \dfrac{2.0709}{0.1477} + \dfrac{0.5651}{0.0501} \end{pmatrix} \approx 12.0956$$

$$(6\text{-}7)$$

计算一致性指标：

$$\mathrm{CI} = \frac{\lambda_{\max} - n}{n - 1} = \frac{12.0956 - 11}{10} \approx 0.1096 \qquad (6\text{-}8)$$

平均随机一致性指标 $\mathrm{RI} = 1.52$，因此 $\mathrm{CR} = \dfrac{\mathrm{CI}}{\mathrm{RI}} = \dfrac{0.1096}{1.52} \approx 0.0721 < 0.1$，满足一致性检验。

（2）指标层判断矩阵及其特征向量。

指标层 F_1：同理根据表 6-3，得到判断矩阵 F_1。

$$F_1 = \begin{bmatrix} 1 & 2 & 3 & 3 \\ 1/2 & 1 & 2 & 2 \\ 1/3 & 1/2 & 1 & 1 \\ 1/3 & 1/2 & 1 & 1 \end{bmatrix} \qquad (6\text{-}9)$$

归一化得特征向量：$W_1 = (0.4463 \quad 0.2727 \quad 0.1405 \quad 0.1405)^{\mathrm{T}}$，再算出 $\lambda_{\max} = 4.0122$。因为 $\mathrm{CI} = \dfrac{\lambda_{\max} - n}{n - 1} = \dfrac{4.0122 - 4}{3} \approx 0.0041$，所以 $\mathrm{CR} = \dfrac{\mathrm{CI}}{\mathrm{RI}} = \dfrac{0.0411}{0.89} \approx 0.0462 < 0.1$，满足一致性检验。

指标层 F_2：同理根据表 6-4，得到判断矩阵 F_2。

$$F_2 = \begin{bmatrix} 1 & 1/2 & 1/4 & 1/3 & 1/2 \\ 2 & 1 & 1/2 & 1 & 1 \\ 4 & 2 & 1 & 1/2 & 2 \\ 3 & 1 & 2 & 1 & 2 \\ 2 & 1 & 1/2 & 1/2 & 1 \end{bmatrix} \qquad (6\text{-}10)$$

归一化得特征向量：$W_2 = (0.0793 \quad 0.1688 \quad 0.2915 \quad 0.3069 \quad 0.1534)^{\mathrm{T}}$，再算出 $\lambda_{\max} = 5.2910$。因为 $\mathrm{CI} = \dfrac{\lambda_{\max} - n}{n - 1} = \dfrac{5.2910 - 5}{4} \approx 0.0728$，所以 $\mathrm{CR} = \dfrac{\mathrm{CI}}{\mathrm{RI}} = \dfrac{0.0728}{1.12} = 0.065 < 0.1$，满足一致性检验。

指标层 F_3：同理根据表 6-5，得到判断矩阵 F_3。

$$F_3 = \begin{bmatrix} 1 & 1/2 & 4 \\ 2 & 1 & 4 \\ 1/4 & 1/4 & 1 \end{bmatrix} \tag{6-11}$$

归一化得特征向量：$W_3 = (0.3928\quad 0.5001\quad 0.1071)^T$，再算出 $\lambda_{max} = 3.0797$。因为 $CI = \dfrac{\lambda_{max} - n}{n-1} = \dfrac{3.0797 - 3}{2} \approx 0.0399$，所以 $CR = \dfrac{CI}{RI} = \dfrac{0.0399}{0.52} \approx 0.0767 < 0.1$，满足一致性检验。

指标层 F_4：同理根据表 6-6，得到判断矩阵 F_4。

$$F_4 = \begin{bmatrix} 1 & 1/3 & 1/4 \\ 3 & 1 & 1/2 \\ 4 & 2 & 1 \end{bmatrix} \tag{6-12}$$

归一化得特征向量：$W_4 = (0.1210\quad 0.3440\quad 0.5350)^T$，再算出 $\lambda_{max} = 3.0255$。因为 $CI = \dfrac{\lambda_{max} - n}{n-1} = \dfrac{3.0255 - 3}{2} \approx 0.0128$，所以 $CR = \dfrac{CI}{RI} = \dfrac{0.0128}{0.52} \approx 0.0246 < 0.1$，满足一致性检验。

指标层 F_5：同理根据表 6-7，得到判断矩阵 F_5。

$$F_5 = \begin{bmatrix} 1 & 2 & 4 & 1 \\ 1/2 & 1 & 3 & 1/3 \\ 1/4 & 1/3 & 1 & 1/4 \\ 1 & 3 & 4 & 1 \end{bmatrix} \tag{6-13}$$

归一化得特征向量：$W_5 = (0.3380\quad 0.2042\quad 0.0775\quad 0.3803)^T$，再算出 $\lambda_{max} = 4.0869$。因为 $CI = \dfrac{\lambda_{max} - n}{n-1} = \dfrac{4.0869 - 4}{3} \approx 0.0290$，所以 $CR = \dfrac{CI}{RI} = \dfrac{0.0290}{0.89} \approx 0.0326 < 0.1$，满足一致性检验。

指标层 F_6：同理根据表 6-8，得到判断矩阵 F_6。

$$F_6 = \begin{bmatrix} 1 & 1/3 & 1/4 & 1/2 \\ 3 & 1 & 1/2 & 2 \\ 4 & 2 & 1 & 2 \\ 2 & 1/2 & 1/2 & 1 \end{bmatrix} \tag{6-14}$$

归一化得特征向量：$W_6 = (0.0965\quad 0.3011\quad 0.4170\quad 0.1853)^T$，再算出 $\lambda_{max} = 4.0507$。因为 $CI = \dfrac{\lambda_{max} - n}{n-1} = \dfrac{4.0507 - 4}{3} = 0.0169$，所以 $CR = \dfrac{CI}{RI} = \dfrac{0.0169}{0.89} \approx 0.0190 < 0.1$，满足一致性检验。

指标层 F_7：同理根据表 6-9，得到判断矩阵 F_7。

$$F_7 = \begin{bmatrix} 1 & 1/4 & 1/3 \\ 4 & 1 & 2 \\ 3 & 1/2 & 1 \end{bmatrix} \tag{6-15}$$

归一化得特征向量：$W_7 = (0.1210 \quad 0.5350 \quad 0.3440)^{\mathrm{T}}$，再算出 $\lambda_{\max} = 3.0255$。因为 $\mathrm{CI} = \dfrac{\lambda_{\max} - n}{n-1} = \dfrac{3.0255 - 3}{2} \approx 0.0128$，所以 $\mathrm{CR} = \dfrac{\mathrm{CI}}{\mathrm{RI}} = \dfrac{0.0128}{0.52} \approx 0.0246 < 0.1$，满足一致性检验。

指标层 F_8：同理根据表 6-10，得到判断矩阵 F_8。

$$F_8 = \begin{bmatrix} 1 & 1/3 \\ 3 & 1 \end{bmatrix} \tag{6-16}$$

归一化得特征向量：$W_8 = (0.2501 \quad 0.7499)^{\mathrm{T}}$，再算出 $\lambda_{\max} = 2$。因为 $\mathrm{CI} = \dfrac{\lambda_{\max} - n}{n-1} = \dfrac{2-2}{1} = 0$，所以 $\mathrm{CR} = \dfrac{\mathrm{CI}}{\mathrm{RI}} = 0 < 0.1$，满足一致性检验。

指标层 F_9：同理根据表 6-11，得到判断矩阵 F_9。

$$F_9 = \begin{bmatrix} 1 & 1/3 & 1/4 \\ 3 & 1 & 1/2 \\ 4 & 2 & 1 \end{bmatrix} \tag{6-17}$$

归一化得特征向量：$W_9 = (0.1210 \quad 0.3440 \quad 0.5350)^{\mathrm{T}}$，再算出 $\lambda_{\max} = 3.0255$。因为 $\mathrm{CI} = \dfrac{\lambda_{\max} - n}{n-1} = \dfrac{3.0255 - 3}{2} \approx 0.0128$，所以 $\mathrm{CR} = \dfrac{\mathrm{CI}}{\mathrm{RI}} = \dfrac{0.0128}{0.52} \approx 0.0246 < 0.1$，满足一致性检验。

指标层 F_{10}：同理根据表 6-12，得到判断矩阵 F_{10}。

$$F_{10} = \begin{bmatrix} 1 & 5 \\ 1/5 & 1 \end{bmatrix} \tag{6-18}$$

归一化得特征向量：$W_{10} = (0.8333 \quad 0.1667)^{\mathrm{T}}$，再算出 $\lambda_{\max} = 2$。因为 $\mathrm{CI} = \dfrac{\lambda_{\max} - n}{n-1} = \dfrac{2-2}{1} = 0$，所以 $\mathrm{CR} = \dfrac{\mathrm{CI}}{\mathrm{RI}} = 0 < 0.1$，满足一致性检验。

指标层 F_{11}：同理根据表 6-13，得到判断矩阵 F_{11}。

$$F_{11} = \begin{bmatrix} 1 & 1 & 1/3 \\ 1 & 1 & 1/4 \\ 3 & 4 & 1 \end{bmatrix} \tag{6-19}$$

归一化得特征向量：$W_{11} = (0.1855 \quad 0.1788 \quad 0.6357)^{\mathrm{T}}$，再算出 $\lambda_{\max} = 3.0110$。因为 $\mathrm{CI} = \dfrac{\lambda_{\max} - n}{n-1} = \dfrac{3.0110 - 3}{2} = 0.0055$，所以 $\mathrm{CR} = \dfrac{\mathrm{CI}}{\mathrm{RI}} = \dfrac{0.0055}{0.52} \approx 0.0106 < 0.1$，满足一致性检验。

（3）计算动力因素的系统特征向量。

$$
准则层动力因素特征向量：V = \begin{bmatrix} 0.0277 \\ 0.0220 \\ 0.1426 \\ 0.0567 \\ 0.1138 \\ 0.0548 \\ 0.1180 \\ 0.1087 \\ 0.1579 \\ 0.1477 \\ 0.0501 \end{bmatrix}
$$

指标层动力因素特征向量：

$W_1 = (0.4463 \quad 0.2727 \quad 0.1405 \quad 0.1405)^T$；

$W_2 = (0.0793 \quad 0.1688 \quad 0.2915 \quad 0.3069 \quad 0.1534)^T$；

$W_3 = (0.3928 \quad 0.5001 \quad 0.1071)^T$；

$W_4 = (0.1210 \quad 0.3440 \quad 0.5350)^T$；

$W_5 = (0.3380 \quad 0.2042 \quad 0.0775 \quad 0.3803)^T$；

$W_6 = (0.0965 \quad 0.3011 \quad 0.4170 \quad 0.1853)^T$；

$W_7 = (0.1210 \quad 0.5350 \quad 0.3440)^T$；

$W_8 = (0.2501 \quad 0.7499)^T$；

$W_9 = (0.1210 \quad 0.3440 \quad 0.5350)^T$；

$W_{10} = (0.8333 \quad 0.1667)^T$；

$W_{11} = (0.1855 \quad 0.1788 \quad 0.6357)^T$。

动力因素的系统特征向量：

$$
U = WV = \begin{bmatrix} 0.0124 \\ 0.0076 \\ 0.0039 \\ \vdots \\ 0.0318 \end{bmatrix}_{36 \times 1}^{T} \tag{6-20}
$$

（4）确定动力作用度评判集。我们可以将评判准则划分为五个等级，依次为弱动力作用 t_1、较弱动力作用 t_2、中等动力作用 t_3、较强动力作用 t_4 以及强动力作用 t_5，其划分范围分别为[0, 0.2)、[0.2, 0.4)、[0.4, 0.6)、[0.6, 0.8)以及[0.8, 1]

（顾丽娜，2010），构成文化产业集群演化动力作用度从属评判集：$T = t_1, t_2, t_3, t_4, t_5$。

（5）确定动力作用度向量。运用专家打分法得到指标层中各动力因素作用等级在评判集中的从属程度，从而确定作用度向量矩阵（5 个专家均是文化产业集群演化动力方向的相关研究者以及从事文化产业集群工作的资深专家，他们根据自己的研究成果和工作经验，分别给 36 个指标对动力作用的影响程度进行打分），矩阵结果如下：

$$\boldsymbol{R}_{36 \times 5} = \begin{bmatrix} 0.8 & 0.3 & 0.6 & 0.6 & 0.5 \\ 0.6 & 0.8 & 0.5 & 0.8 & 0.5 \\ 0.3 & 0.8 & 0.3 & 0.9 & 0.4 \\ \vdots & \vdots & \vdots & \vdots & \vdots \\ 0.6 & 0.5 & 0.7 & 0.9 & 0.8 \end{bmatrix}_{36 \times 5} \tag{6-21}$$

（6）建立模糊综合评判算子。

$$\boldsymbol{S} = \boldsymbol{U}\boldsymbol{R}_{36 \times 5} = \begin{bmatrix} 0.0124 \\ 0.0076 \\ 0.0039 \\ \vdots \\ 0.0318 \end{bmatrix}_{36 \times 1}^{T} \times \begin{bmatrix} 0.8 & 0.3 & 0.6 & 0.6 & 0.5 \\ 0.6 & 0.8 & 0.5 & 0.8 & 0.5 \\ 0.3 & 0.8 & 0.3 & 0.9 & 0.4 \\ \vdots & \vdots & \vdots & \vdots & \vdots \\ 0.6 & 0.5 & 0.7 & 0.9 & 0.8 \end{bmatrix}_{36 \times 5} = \begin{bmatrix} 0.6637 \\ 0.7579 \\ 0.6095 \\ 0.8860 \\ 0.5883 \end{bmatrix}^{T} \tag{6-22}$$

（7）文化产业集群的演化动力作用度。从向量矩阵 $\boldsymbol{S}$ 的结果可以看出，根据从属函数平均值原则，5 个值的算术平均数为 0.7011，从属于动力作用等级 t_4，较强动力作用。

（8）进行模糊综合评判。根据等级差别程度 $\boldsymbol{H}$，确定动力作用 N：

$\boldsymbol{H} = (0.1 \quad 0.3 \quad 0.5 \quad 0.7 \quad 0.9)^{T}$；

$N_1 = \boldsymbol{S}_1 \times \boldsymbol{H} = (0.0168 \quad 0.0156 \quad 0.0139 \quad 0.0197 \quad 0.0131) \times \boldsymbol{H} = 0.0389$；

$N_2 = \boldsymbol{S}_2 \times \boldsymbol{H} = (0.0122 \quad 0.0153 \quad 0.0112 \quad 0.0180 \quad 0.0094) \times \boldsymbol{H} = 0.0325$；

$N_3 = \boldsymbol{S}_3 \times \boldsymbol{H} = (0.0938 \quad 0.1055 \quad 0.0826 \quad 0.1356 \quad 0.0841) \times \boldsymbol{H} = 0.2529$；

$N_4 = \boldsymbol{S}_4 \times \boldsymbol{H} = (0.0381 \quad 0.0340 \quad 0.0321 \quad 0.0472 \quad 0.0330) \times \boldsymbol{H} = 0.0928$；

$N_5 = \boldsymbol{S}_5 \times \boldsymbol{H} = (0.0875 \quad 0.0954 \quad 0.0848 \quad 0.0941 \quad 0.0676) \times \boldsymbol{H} = 0.2065$；

$N_6 = \boldsymbol{S}_6 \times \boldsymbol{H} = (0.0349 \quad 0.0433 \quad 0.0284 \quad 0.0478 \quad 0.0309) \times \boldsymbol{H} = 0.0920$；

$N_7 = \boldsymbol{S}_7 \times \boldsymbol{H} = (0.0751 \quad 0.1062 \quad 0.0679 \quad 0.0995 \quad 0.0816) \times \boldsymbol{H} = 0.2164$；

$N_8 = \boldsymbol{S}_8 \times \boldsymbol{H} = (0.0924 \quad 0.0870 \quad 0.0571 \quad 0.0870 \quad 0.0761) \times \boldsymbol{H} = 0.1933$；

$N_9 = \boldsymbol{S}_9 \times \boldsymbol{H} = (0.1000 \quad 0.1105 \quad 0.1024 \quad 0.1486 \quad 0.0994) \times \boldsymbol{H} = 0.2878$；

$N_{10} = \boldsymbol{S}_{10} \times \boldsymbol{H} = (0.0837 \quad 0.1182 \quad 0.0985 \quad 0.1452 \quad 0.0566) \times \boldsymbol{H} = 0.2457$；

$N_{11} = \boldsymbol{S}_{11} \times \boldsymbol{H} = (0.0292 \quad 0.0269 \quad 0.0306 \quad 0.0433 \quad 0.0365) \times \boldsymbol{H} = 0.0895$。

动力作用等级的分级标准见表 6-14。

表 6-14 动力作用等级的划分标准

等级	1（基础动力）	2（保障性动力）	3（关键动力）	4（核心动力）
等级间隔	0～0.05	0.05～0.11	0.11～0.22	—

从文化产业集群演化动力作用等级可以看出，F_3、F_9 和 F_{10} 动力作用（N_3、N_9 和 N_{10}）大于 0.22，F_5、F_7 和 F_8 动力作用（N_5、N_7 和 N_8）大于 0.11 且小于 0.22，F_4、F_6 和 F_{11} 动力作用（N_4、N_6 和 N_{11}）大于 0.05 且小于 0.11，F_1 和 F_2 动力作用（N_1 和 N_2）小于 0.05。

2. 判定结果解释

从文化产业集群演化动力作用等级判定结果可以看出，专业化分工、产品竞争力和竞争与合作这三个因素的动力作用得分均大于 0.22，所以专业化分工、产品竞争力和竞争与合作的动力作用最大；知识外溢、创新网络和人才集聚这三个因素的动力作用得分均大于 0.11 且小于 0.22，作用比较强劲，是文化产业集群演化的关键动力；政策支持、投融资能力和关联产业这三个因素的动力作用得分均大于 0.05 且小于 0.11，对文化产业集群演化发展具有保障性作用；资源禀赋和社会环境这两个因素的动力作用得分均小于 0.05，因此，资源禀赋和社会环境构成文化产业集群演化发展的基础动力。

我们详细解释一下为何这些动力因素会处于不同的作用等级，比较分析它们的重要程度，便于我们更深入的认识这些动力因素的作用，也有助于提出更具有针对性提升文化产业集群演化动力的对策建议。

第一，专业化分工、产品竞争力和竞争与合作这三个因素的动力作用得分最高，即这三个因素对文化产业集群演化的动力作用最大，是核心动力要素。

这三个因素相比其他因素对文化产业集群的演化更加重要，是因为这三个因素都是文化产业集群内部主体自发的结果，是文化产业集群内企业为了自身的发展、繁荣而采取的一系列行为。文化产业集群内企业间分工协作、良性竞争，同时与外部市场保持互动，既有竞争，也实现互惠合作，最关键的是增强产品和服务的核心竞争力，产品和服务具有独特的竞争力是文化产业集群实现价值转化、提高经济效益的关键所在。因此，这三个因素都是文化产业集群演化发展的核心内在驱动力。具体而言：

（1）专业化分工之所以重要是因为它是文化产业集群其他动力要素实现的前提条件，文化产业集群内拥有不同种类、处于生产链不同位置的企业，每个企业都拥有自身的优势，它们通过专业化分工，使生产效率大幅度提高，从而使成本降低，引发产品竞争力、分工协作、良性竞争、互相学习、人才流动、知识外溢、技术创新等一系列因素的增强，进一步提高生产效率。因此，其他动力因素作用的实现离不开文化产业集群内专业化分工的大环境，专业化分工是文化产业集群演化的重要核心动力。

（2）产品竞争力的动力作用非常重要，是所有产业发展的核心所在。增强文化产品和服务的核心竞争力，产品和服务在市场中占据独特地位是文化产业集群实现价值转化、提高经济效益的关键所在。因此，产品竞争力的动力作用是文化产业集群的核心动力。

（3）竞争与合作是文化产业集群企业间互动的重要体现。竞争是企业间的一种对抗行为，企业为争夺市场、消费者、信息等资源而相互竞争，良性竞争有利于企业创新，还能提升文化产业集群整体的竞争力。合作是企业间的另一种互动形式，以信任为基础，在合作的过程中，能减少企业间的协调成本，实现信息的交流和知识的传播，同样有利于企业创新，知识溢出，增强其他动力的作用。因此，竞争与合作构成了文化产业集群的重要核心动力。

第二，知识外溢、创新网络和人才集聚这三个因素的动力作用次于专业化分工、产品竞争力、竞争与合作三个核心动力因素，对文化产业集群演化的推动作用也比较强劲。

文化产业集群内的企业通过专业化分工、提升产品竞争力和良性的竞争与合作实现了互动。在这种互动下，从宏观来看，每一个企业都实现了自身的发展，文化产业集群规模扩大，整体效益提升；从微观来看，企业间通过分工协作实现了各类生产要素的流动，如人才流动、技术传播、信息扩散等，这一系列变化会增强文化产业集群的知识外溢水平、技术创新水平，并且能够吸引更多人才进入文化产业集群。也就是说，核心动力因素的发挥对知识外溢、创新网络和人才集聚这三个关键动力因素具有正向增强作用。

知识外溢是在核心动力因素作用下实现的，竞争与合作的过程中，知识和信息实现交流传播，同样，新技术也能在文化产业集群内扩散，企业生产效率提高，竞争更加激烈。企业为了保持竞争优势，会在技术和工艺上继续创新，引进更多创新型、创意类人才。这样知识外溢、创新网络和人才集聚这三个关键动力因素作用日益凸显，推进文化产业集群的演化进程。

第三，政策支持、投融资能力和关联产业这三个因素对文化产业集群演化发展具有保障性作用。

（1）政府支持是文化产业集群形成的催化剂和保障。政府要为文化产业集群的健康演化营造一个适宜的、积极的大环境，如完善文化产业集群的基础设施、鼓励创新人才的融入、奖励新入驻企业等，这些都给予文化产业集群演化发展最坚实的保障。同时，政策的支持无法取代文化产业集群内部自发的互动和创造力，所以，政策支持是文化产业集群演化核心动力和关键动力之外的重要保障性动力。

（2）投融资能力是企业自身实力的重要体现，文化产业集群的资金储备、融资渠道、融资主体等都是投融资能力的衡量指标。投融资能力关系到文化产业集群进一步拓宽市场、提升技术和创新水平能否实现。因此，资金实力和融资能力是重要的动力保障。

（3）关联产业包括文化产业集群内各主体间在物质、技术、信息和知识等方面的联系。竞争与合作对文化产业集群的演化发展至关重要，而竞争与合作的主体就是文化产业集群内的诸多关联产业。因此，关联产业是文化产业集群演化发展不可或缺的保障性动力。

第四，资源禀赋和社会环境是文化产业集群演化发展的基础动力。所选区位是否具备独特的资源优势，社会环境各方面能否满足文化产业集群的建设和进一步发展，是文化产业集群演化发展中考虑的首要问题。

（1）文化产业在某地集聚发展与当地独特的资源禀赋有很大关联。文化产业集群作为一种新兴的产业集群形态，它的发展在注重劳动力资源、经济资源、资本实力等普遍资源要素的同时，更注重当地独特的文化资源、文化历史。当地的资源禀赋能否为集群发展提供最基础的动力，是文化产业集群选址时考虑的首要问题。

（2）社会环境包括基础设施、制度环境、文化氛围、消费需求和外部竞争环境等。拥有完善配套的基础设施，宽松积极的政策支持，独特而又浓郁的文化氛围，旺盛的消费需求以及良性健康的竞争环境都是文化产业集群演化发展的基础，良好的社会环境因素在文化产业集群演化发展中具有基础性推动作用。

第7章 文化产业集群演化的结构

凡是系统必有结构，结构是文化产业集群的内在特征，决定集群功能的发挥、集群发展的程度、集群演化的方向和深度，完整并不断优化的结构才能促进文化产业集群健康演化。现今多数文化产业集群在发展演化中存在"集而不群""集而不优""企业扎堆"等问题，与其结构有着很大的关系。因此，深入研究文化产业集群系统结构，对揭示和认识其演化的规律性、充分发挥集群功能、促进集群长远发展有着重要的作用。国内外现有研究主要将文化产业集群视为经济组织，从产业经济学、区域经济学以及经济地理学的视角对其影响因素、发展模式、竞争力等方面进行了研究，而将文化产业集群视为复杂系统，对其结构进行的研究尚不多见。

社会网络分析是一种研究社会结构的、全新的社会科学研究范式，被广泛应用于社会、经济、管理和信息技术等研究领域，也逐渐成为交叉学科使用的新方法和新技术（刘军，2004）。因此，本章将运用社会网络分析对文化产业集群系统结构进行研究。通过研究，对文化产业集群系统结构有一个全面深入的剖析，为系统把握文化产业集群发展规律提供理论支撑，同时，为优化文化产业集群系统结构、促进文化产业集群可持续发展提供一定的借鉴和启示。

7.1 文化产业集群演化结构的构成要素

结构是复杂系统的基本方面之一（其他两个方面分别是属性和形态），是系统内部的主要矛盾，也是对复杂系统进行研究时首要考虑的问题。目前，学者对复杂系统的结构主要持两种研究态度：一种是结构是系统内部关系的总和；另一种是结构是要素之间的联系。然而这些说法都不贴切，因为在系统内部，起决定性作用的并不是所有元素以及元素之间的所有关系。因此，研究复杂系统的结构问题也无须涉及所有关系，只需选择一些主要的、感兴趣的关系。例如，经济学家研究企业之间的关系时，主要关注的是企业之间的经济合作关系，而不会关注人体之间的电磁联系；物理学家关注的是原子分子的结构；生物学家关注的是细胞或者器官的构成。

因此，复杂系统的结构是指系统内部各要素之间相对稳定的主要关联（方永恒，2011）。相对稳定指的是系统存在的全过程中，不会因为一丝"扰动"而丧失

"原貌"（动态与静态联系）的状态。主要关联指的是系统内部所有联系中，对系统性能起决定性作用的关联。

依据系统论，文化产业集群系统由多个行为主体构成。要研究文化产业集群系统，首先必须对其内部行为主体以及行为主体之间的关系进行了解，即系统的结构。因为系统结构决定系统功能，决定系统发展演化的方向和深度。文化产业集群系统结构以生产活动和创新活动为核心，由集群内部各主体、主体之间的关系和资源要素构成。本节分别对文化产业集群演化结构的构成主体、关联关系、资源要素和层次框架进行剖析。

7.1.1　文化产业集群演化结构的构成主体

1. 企业

企业是文化产业集群系统的核心经济单元，也是集群生产、创新活动的重要主体，一般是指从产品策划、设计、生产直至消费的整个产业链上涉及的大中小企业，如文化产品涉及策划企业、生产企业、销售企业、增值运营企业、服务企业等，中小企业居多。这些企业中，根据规模、发展时间、在集群中的地位与作用等方面的差别，又可分为核心企业和附属企业。核心企业是文化产业集群中的龙头企业，是文化产业集群中的核心生产力，凭借超强的协同能力和应变能力，对集群结构的构建和发展起至关重要的作用，如带动中小企业、整合集群资源、营造信任和互惠的集群氛围、创造共享的商业理念、选择和吸引优秀合作伙伴等。相对而言，附属企业应核心企业需求而生，处于集群产业链的不同环节，数量较多，通过与同类企业之间的竞争，实现与核心企业的深入合作。

2. 金融机构

金融机构是为文化产业集群系统提供金融资本的各类服务性金融组织，如中央银行、商业银行、证券机构、风险投资机构、贷款公司等。在文化产业集群的发展过程中，金融机构对集群内部企业的成长乃至整个集群的发展演化至关重要，是强有力的经济后盾。金融机构提供的各类金融资本直接影响集群效益和创意的产生与增值。国外相关研究也提出，企业的成长与发展离不开良好的银企关系。文化产业属于轻资产产业，资产构成以创意、知识、技术等无形资产为主，固定资产少，无论是创业初期的中小型企业，还是发展成熟的大型企业，都不同程度地需要金融机构的支持。

3. 教育培训机构

教育培训机构是文化产业集群中创意、知识和技术的支持机构。通过教育培训、科学研究、技术支持、信息服务为集群创新活动提供支持，是文化产业集群系统中重要的创新主体，也是集群知识创意、技术水平以及创新环境的孵化地。具体可以归纳为两大类：一类是大学、大专和职业技术学校等高等院校；另一类是各类高校内部所设、国家有关部门直属、国家重点科技企业建立、高校与企业联合创建的相关研究机构，包括研究所、实验室、技术中心、研发中心等。教育培训机构借助自身科研优势，一方面通过教育、培训等方式培养大量创新型人才，为集群发展提供源源不断的人力资源；另一方面，通过研发项目、产学研合作等方式促进新思想、新知识、新技术的产生，实现创意、知识、技术在集群中扩散和溢出，为集群发展创造优质的创新环境。

4. 中介服务机构

中介服务机构是提供行业间交流与联系的各种服务性组织。根据服务性质、功能不同，可将中介服务机构分为行业协会、科技中介服务机构和商业服务机构三种类型。行业协会兼具行业代表性和非营利性两种特征，能为集群企业提供沟通、管理、投资、咨询、协调、公正等方面的专业服务，也能规范企业市场行为。与此同时，行业协会发挥政府和企业之间的媒介作用，为集群发展提供建议。科技中介服务机构主要是指为集群企业提供技术扩散、成果转化、科技评估、创新资源配置、创新决策和管理咨询等服务活动的组织，如技术转移中心、企业孵化器、科技评估机构、科技信息中心等（林秀玉，2011）。商业服务机构主要是指一些提供科技信息、促进研发主体和应用主体之间交流的机构，如物流企业、电子商务企业等。中介服务机构以自身的专业化优势、规范化管理及先进的组织形式成为文化产业集群系统中重要的辅助性主体。

5. 政府

政府是文化产业集群当地的政府及部门，如地方政府、管理委员会、专利局、知识产权保护局、发展和改革委员会、科技推广部门、信息产业部门、政策信贷部门、咨询服务部门等，是市场经济中"无形的手"，也是文化产业集群形成和发展过程中的关键性主体，日本、韩国、欧洲、美国以及我国文化产业集群的实践发展纷纷证实了这一点。对于文化产业集群而言，政府虽然不直接参与文化产业集群内部具体的经济活动和创新活动，但在促进集群形成、营造集群发展环境、规范集群主体行为以及挖掘集群潜在创新资源等方面发挥着不可替代的作用。政府一方面通过提供政策支持、基础设施建设和集群环境建设为集群产生与发展创造条件和平台；另一方面通过规章制度，规范文化产业集群内部企业经济行为，以维持公平、公正、自由的竞争环境和创新环境，推进集群发展。复杂的文化产业集群系统需要政府创造土壤，指引方向。

总的来说，文化产业集群演化结构中的各类行为主体在集群创新活动和演化中发挥着各自重要的作用。企业是最关键的行为主体，处于集群系统结构的核心，直接参与文化产品与服务的生产活动和整个集群的创新活动；教育培训机构同样属于参与创新活动的行为主体，但创新活动的实现取决于成果的转化，即将所提供的创意、知识、技术通过企业物化为文化产品，并在市场中实现价值。金融机构、中介服务机构和政府则更多的是为集群创造宏观的发展环境和服务条件，包括资金支持、环境制度、专业化服务、交流平台等。

7.1.2 文化产业集群演化结构的关联关系

文化产业集群演化结构中的关联关系是行为主体之间在参与生产活动和创新活动的过程中所形成的各种联系。这种联系不仅是集群经济效益、规模效应有效实现的关键渠道，也是创意、知识、技术、信息进行扩散的隐形价值链。在众多的联系中，既包括基于经济利益而产生的正式关系，如生产、交易、服务、资金等，也包括基于文化环境、信任基础而产生的非正式关系，如企业家之间的私人交流。多元、复杂的关系构成文化产业集群系统错综复杂的网络关系。

1. 以企业为核心节点展开的关系

文化产业集群系统结构中以企业为核心节点展开的关系包括企业与企业、企业与金融机构、企业与教育培训机构、企业与中介服务机构、企业与政府五大类。每类关系都代表集群内的一种创新合作，并对集群产生特定的影响。

企业与企业的关系。在文化产业集群系统中，企业是最重要的经济创新主体，因此，企业与企业的关系是文化产业集群中最普遍也是最重要的联系，直接关系到经济效益、规模效应和文化效应的有效实现。以关系性质考虑，企业与企业的关系包括正式关系和非正式关系。正式关系是企业之间为满足各自利益而形成的业务方面、战略层面的显性联系，如原材料供应关系、成品供应关系、销售关系、研发关系、战略联盟等。正式关系往往是显性、相对公开的，通过正式关系实现的往往是经济效益和规模效应。非正式关系是由地缘、血缘、生活习惯、价值观念等而引发企业之间的千丝万缕的隐性联系，如企业之间创新的交流、员工之间的私人交流、艺术家之间的私人联系。研究表明，非正式关系在很多时候对集群产生的作用更大。

企业与金融机构的关系。金融机构响应政府号召或依据产业政策，为文化产业集群内各类企业的生产、创新活动提供资金支持与服务，体现为企业与银行、风险投资机构、证券机构、贷款公司等一系列的贷款、评估、融资等关系。因此，企业与金融机构的关系很大程度上是一种正式关系。

企业与教育培训机构的关系。在知识经济时代，文化产业集群是集知识、创意、技术、人才于一体的产业集群系统，在发展过程中十分重视产学研合作。企业业与教育培训机构的关系形成了集群系统中知识、技术、创意的主力"生产线"，是集群创新活动的关键。二者的关系涵盖多种形式：新技术、新产品研发关系，技术、产品、专利交易关系，培训咨询关系，人才招聘关系，人才交流，合办企业、私人成果交流等。相比一般产业集群，文化产业集群内企业与教育培训机构的关系更重要、更突出。

企业与中介服务机构的关系。企业与中介服务机构的关系体现在中介服务机构对企业的专业化服务中，中介服务机构对企业市场行为的规范中，中介服务机构对企业与政府、外界沟通交流的促进中。因此，二者的关系以正式关系为主。

企业与政府的关系。企业与政府的关系体现为一系列的扶持性关系，如补贴、规范、调解等。文化产业集群中企业的发展很大程度上离不开政府的宏观指导，尤其是发展中国家，集群企业与政府的关系更加密切。

2. 以相关机构为核心节点展开的关系

以相关机构为核心节点展开的关系主要包括政府的关系和中介服务机构的关系。

政府的关系。政府是文化产业集群系统结构中的重要主体，在促进文化产业集群的生成与发展的过程中，发挥宏观指导作用，与各类文化企业、金融机构、中介服务机构和科研机构形成直接或间接的关系，如政策扶持、资金引导和宏观管理与调控等。基于国家发展程度的不同，政府对文化产业集群管理的方式也不同，因而与集群行为主体之间的联系也存在一定差别。在发达国家，政府推崇间接管理，不会直接干预集群经济活动和创新活动，与集群中其他主体的关系以间接联系为主；在发展中国家，政府会直接进行干预，通过与其他主体直接的联系发挥其主导作用。

中介服务机构的关系。中介服务机构是文化产业集群中的"桥梁"，通过提供信息服务、搭建沟通平台等方式，连接企业、教育培训机构、政府等主体，促进主体之间的互动交流，提高集群系统结构的灵活性。中介服务机构与教育培训机构的联系，是产学研合作的助推器，不仅能为教育培训机构提供技术需求信息，还能将教育培训机构的技术信息、科研成果向市场推广，加速创新成果的转移；中介服务机构与企业的联系，能够实现企业与市场、企业与教育培训机构相关知识技术需求信息的对接；中介服务机构与政府的联系，促进了企业与政府之间的良性互动。

7.1.3　文化产业集群演化结构的资源要素

资源要素是指存在于文化产业集群行为主体互动和交流中的创新资源，是集群系统结构形成和发展的必要条件（董薇薇，2013）。资源要素在文化产业集群系统结构中不断流动，有助于加强主体之间资源共享、优势互补，推进溢出效应和创新速率，进而推动整个集群的发展。依据性质的不同，资源要素分为文化资源、人力资源、资本资源和知识技术资源。

1. 文化资源

文化产业集群的形成依托于区域丰富与独特的自然风光、历史资源、文化遗产和人文环境。这些极具地域特色的文化资源贯穿于集群的生产与创新活动中，成为文化产业集群发展的基础。集群内部的行为主体，如生产者、销售者，具备的高水平的文化造诣和文化素养，也是文化产业集群内部流动的文化资源，不断提升文化产业集群的发展层次。此外，文化资源还包括集群主体所共有的发展理念、发展愿景、行为方式、宽松包容的创新文化氛围和环境。多元、丰富、植根性的文化资源在集群内部流动，对集群主体之间互动关系的增强、集群凝聚力和创新速率的提升具有很强的促进作用，成为文化产业集群系统结构中必须且重要的创新资源。

2. 人力资源

文化产业集群是知识经济时代的产物，其核心竞争力是人才。高素质和高水平的人才是创意之源、创新之本，是集群创新活动的主力军。人才既包括科学、技术、管理方面的精英，也包括人文、艺术方面的人才。教育科研机构是人力资源的孵化地，是集群强有力的智力支持。对于文化产业集群而言，人力资源在集群内部流动伴随着技术和知识的流动，不仅有利于知识、创意、技术在集群内传播和扩散，还有利于深化非正式交流，促进集群主体之间形成稳定的合作关系。

3. 资本资源

资本资源主要是指文化产业集群中企业生产活动和创新活动所需要的各类金融资本，来源于企业自身、政府、各类金融机构。多数时候，金融资本表现出较强的流动性，不受地理空间限制，因此，很容易在文化产业集群系统中被忽略。文化产业属于高风险、高收益的新兴产业，经济活动具有不确定性，因此，在集聚发展的过程中需依赖充足的资本。融资渠道越多，资本流入越多，企业发展才能无后顾之忧，创新活动才能高效开展，集群发展后劲才会越大。如果说人才创意是集群生命力的软支持，那么资本资源就是集群生命力的硬保障。

4. 知识技术资源

在知识经济时代，知识技术对文化产业集群创新活动的影响很大。知识技术资源指的是文化产业集群中流动的显性知识、隐性知识及各种载体、技术人才、技术产品、技术方法、技术专利、科技发明等。在文化产业集群中，隐性知识往往比显性知识的价值更高，作为经验知识，隐性知识无法通过直观的传播途径去获得，而需要通过一些私人交流实现知识共享。多数学者认为，集群中流动的知识技术资源很大程度上源于集群主体之间的非正式交流，非正式交流加快了知识技术资源在各个主体之间的流动速度，有利于知识共享与溢出，也对集群主体创新能力的提升、集群战略联盟的形成产生较强的促进作用。

7.1.4　文化产业集群演化结构的层次框架

根据文化产业集群系统结构主体的功能，将文化产业集群系统结构划分为产业创新网络、社会创新环境网络和外部创新网络三个层次框架，如图 7-1 所示。

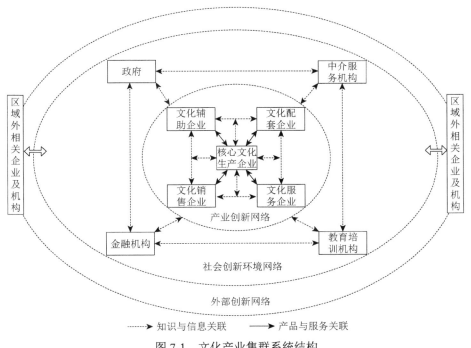

图 7-1　文化产业集群系统结构

边界虚线体现开放性

从图 7-1 可以看出，以文化辅助、文化配套、文化销售、文化服务等类型的企业为节点，以它们之间基于专业化分工和交易形成的关系为连线，形成产业创新网络，产业创新网络是文化产业集群的核心网络，也是集群系统结构的第一层；以金融机构、教育培训机构、中介服务机构、政府为节点，以它们之间以及与企业的合作关系为连线，形成社会创新环境网络，社会创新环境网络是文化产业集群的辅助网络，也是集群系统结构的第二层；集群行为主体与外部企业及组织不限地理范围产生关联，形成超集群的外部创新网络，外部创新网络是集群系统结构的第三层。这三层网络并不是各自独立，而是基于产业关联、知识共享和社会规制与公共服务紧密联系在一起，构成文化产业集群多重复杂的结构形态（李凯和李世杰，2004；张占贞和王兆君，2012）。

1. 核心——产业创新网络

企业是文化产业集群系统内部创造价值和实现价值的直接行为主体，因此，以企业为主体的产业创新网络是集群系统结构的核心。在产业创新网络层中，由于分工的细化，企业通过产业价值链、竞争合作模式形成两种结构：纵向结构和横向结构，如图7-2所示。

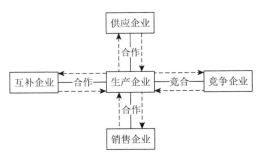

图7-2　产业创新网络纵向结构和横向结构

实线代表正式关系；虚线代表非正式关系

纵向结构主要体现为以产业链专业化分工和交易为基础，涵盖原材料供需、中间产品供需、人力资源供需、技术供需、市场服务供需的结构形态。文化产业集群内部企业是基于产业链分工的有效集聚，而非形式上的"扎堆"。在产业创新网络中，由于区域集聚和地理邻近，企业之间共享公共基础设施，实现运输成本和交易费用的最小化，产生外部经济。在长时间频繁的交易中，企业之间的信任感增强，创意、知识、信息交流增多，创新产生的几率变大。对于一个成熟的文化产业集群来说，较高程度的专业化分工是集群纵向结构最显著的特征，也是文化产业集群获得竞争优势的一个主要来源（周玉强，2011）。

横向结构由互补企业和竞争企业构成。互补企业之间因发展需要，可以就相关资源、技术、区域品牌、营销渠道，甚至供应商和顾客进行共享，体现为一种合作关系。竞争企业因为生产相同或相似的产品与服务，必然在原材料市场、劳动力市场和产品市场中存在竞争。这些竞争促使企业时刻保持创新理念，通过不间断的创新活动，保持并完善自身的竞争优势，从而对整个文化产业集群产生提升作用。除了竞争关系之外，一些企业可能因为维护集群内重要的公共物品的价值和形象而选择合作，如集群品牌。这些合作促使集群整体竞争效率和协同效应得以实现与提升。横向结构除了能够促生规模经济效益外，还能形成专业市场，从而节约成本、保证文化产品和服务的质量与价格，以此吸引下游企业，扩大市场。

2. 辅助——社会创新环境网络

社会创新环境网络是辅助网络，是集群系统结构中不可忽略的一部分。政府、金融机构、教育培训机构和中介服务机构是社会创新环境网络的构成主体，一般情况下并不直接从事生产活动，而是作为辅助系统服务于集群系统的持续创新，为产业创新网络层主体的发展提供优越的环境（资源和基础设施）、制度保障、行为规范等宏观辅助支持，知识、技术、资金、人力、信息等资源要素支持，推动文化产业集群良性发展。其中，政府通过政策扶持、基础设施建设、规章制度为集群发展创造"硬环境"，同时也规范企业行为，确保公正、自由的集群发展"软环境"；教育培训机构为文化产业集群内部企业提供人才、教育、研发和培训，是实现集群创新、提升集群竞争力的重要推动力；金融机构作为经济后盾，为文化产业集群内部企业，尤其是中小企业，提供各种类型的资金支持；中介服务机构以专业化服务、规范化制度和多元化平台，加强集群企业之间的有效合作，促进集群各方利益的实现。四类行为主体形成四种角力，齐力撑起一个完整的社会创新环境网络，拉动文化产业集群演化。社会创新环境网络对产业创新网络的作用如图 7-3 所示。

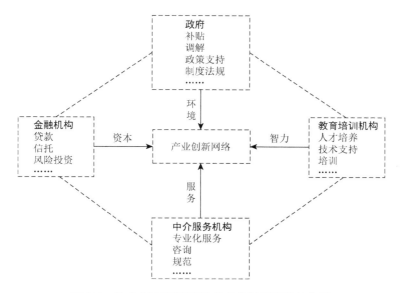

图 7-3　社会创新环境网络对产业创新网络的作用

3. 超集群——外部创新网络

外部创新网络由文化产业集群所在区域以外的各类行为主体构成，包括国内外相关企业、金融机构、高等院校、中介服务机构、外部市场等。严格意义上说，外部创新网络不包括在文化产业集群系统结构中。但是，文化产业集群本身是一个开放的复杂系统，在信息化、全球化的今天，任何一个文化产业集群都无法做到资源、知识、信息和技术上的自给自足，需要通过与外部的互动和交流寻求发展。因此，文化产业集群必须积极与外部企业及相关机构建立联合研发、战略联盟、外包生产等联系，以寻求在全球范围内有效配置资源，实现创新。从某种意义上讲，文化产业集群的创新能力及发展潜力与本地网络对外部创新网络的控制力呈正相关。文化产业集群内部行为主体与外部创新网络行为主体就信息、技术、创意、知识等产生交流和合作，以实现经济合作、资源共享、知识交流、信息联系等，有利于加速本地创意、技术、知识的更新和升级，避免锁定和僵化。同时，内外部网络的协调共生，更容易推进创新的产生、传播和交换，由此实现文化产业集群在大环境下的可持续发展。外部创新网络对文化产业集群的作用如图 7-4 所示。

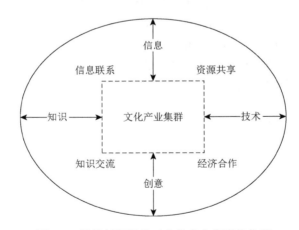

图 7-4　外部创新网络对文化产业集群的作用

7.2　文化产业集群演化结构的形成机理

文化产业集群系统结构从无到有、从形成到发展，不是一个盲目、偶然的结果，而是在内部和外部的反复作用下，一种从简单到复杂、从量变到质变的涌现。在这个过程中，文化产业集群结构不断变化，从一种状态达到另一种状态。本节对文化产业集群系统结构形成的特征和主要阶段进行系统分析。

7.2.1　文化产业集群演化结构形成的特征

1. 系统主体的多元独特性

文化产业具有广泛的延伸性，涉及行业众多，因此，文化产业集群内部行为主体类型多元，涉及多个文化领域。例如，一个文化产业集群内部可以同时拥有旅游、会展、广告、动漫、出版等行业。不同企业拥有异质资源，在文化产业集群创新活动中担任不同角色，发挥不同作用。相比于传统产业集群，文化产业集群中企业规模相对比较小，中小企业居多，个人创作能力对集群发展十分重要。此外，文化产业集群对发展环境、发展资本、知识技术、创新人才的要求更高。因此，政府、金融机构、中介服务机构、教育培训机构是集群系统结构中不可或缺的重要主体，在文化产业集群系统结构中发挥的作用更为重要。

2. 系统结构的松散性

文化产业集群形成后，主体之间通过合理的分工与协作，形成稳定的集群结构。文化产业集群以创新活动为主导，集群主体之间多元的互动形式，多类型的资源流动，使集群结构具有更强的弹性和柔性，表现出松散性特征。这种特征不仅能够发挥一般作用，即降低交易成本，提高资源利用率，还能产生更深层次的影响，即深化主体交流，促进集群内部创新资源的流动和扩散，进而催生创意。此外，结构的松散性进一步增强了文化产业集群的开放性，使集群注重与外部创新网络的联系，实现文化产品与服务的多样性发展，推动文化产业集群演化发展。

3. 隐性知识的强联性

传统产业集群的创新活动更多地依赖于显性化的知识和技术，而这些往往通过一般渠道即可获取。因此，显性的正式关联是传统产业集群行为主体之间的主要互动形式。文化产业集群则不同，集群的创新活动往往更多地依赖于对隐性知识的获取程度，而这些隐性知识需要"手把手""面对面"的传授，也就注定非正式联系是文化产业集群中非常重要的互动形式。集群行为主体之间基于共同的文化背景、发展诉求，形成紧密的非正式关联，使隐性知识流动在集群网络中，成为一条强韧的创新生产线，既能生产创新产品，又能深化行为主体之间的联系。

4. 创新活动的嵌入性

嵌入性（也叫植根性）由 Granovetter（1985）提出，是指企业的经济行为深深地嵌入当地的社会文化环境中。文化产业集群中的行为主体参与的创新活动与本地社会文化环境保持密切联系，并受到本地文化环境的影响。创新活动植根于本地社会文化、社会风气、价值观念和风俗习惯，有助于增强行为主体间的信任。企业之间基于信任形成互动关系，来分享更多的信息和知识，特别是隐性知识共享和流动。这种嵌入性也是一种"规矩"，能在一定程度上规范主体行为，降低集群的交易风险。创新活动只有嵌入本地网络，才能更好地吸收本地创新环境的"营养"，实现经济效益，提升文化产业集群的创新能力、活力以及竞争力，推动文化产业集群长远发展（王睿华，2016）。

7.2.2　文化产业集群演化结构形成的主要阶段

涌现是复杂系统的基本特征，指在复杂系统中，若干主体按照某种方式发挥系统作用时，产生整体具有个体不具有的新特性的过程，即整体大于部分之和（王发明和刘传庚，2009）。涌现不是复杂系统组分的简单推导，也不是组分性能的直接叠加，而是复杂系统从小到大、从简到繁、从量变到质变的一种非线性的、出其不意的现象。在文化产业集群系统结构中，企业、金融机构、教育培训机构、中介服务结构和政府这些主体具有一定的自组织性与自适应性，各主体之间时刻存在着信息、物质和能量的交互作用，并不断地与外部创新环境进行互动和交流。这些来自内部和外部的非线性的反复作用实现了知识、信息、技术等的溢出与共享，不断改变着集群主体的功能和行为，从而推进系统结构的涌现，使集群系统结构呈现出从简单到复杂的阶段性形态。由此可见，文化产业集群系统结构形成体现为一种从简单到复杂的涌现。

1. 初始阶段——简单线性

基于发展需要（传统产业衰败引发经济转型需求）、资源优势（历史文化资源、自然资源和人文环境）和政策推动，一些企业最初在一个区域集聚，文化产业集群系统结构进入初始阶段。这一阶段集群中企业数量少、规模小，尤其是同类文化企业，数量更少。发现市场需求、开展研发活动、生产产品、销售产品等整个创新过程主要体现为一种线性的、纵向产业链上的合作。企业之间的互动仅限于追求经济效益的正式合作，企业之间的信任源于政府建立的"契约信任"。而诸如人力资本、知识、创意等要素在集群中的自由流动还不存在，产业创新网络处于一种弱联系的状态。在这一阶段，社会创新环境网络主体要素不够完善，缺乏高水平的科研培训机构、多类型的金融机构、专业化的中介服务机构，即使一些集群内已经有了一些服务机构，但并没有与企业产生实质性的合作和关联，形同虚设。这一阶段企业与政府的联系相对紧密一些，在文化产业集群发展初期，政府的作用比较显著。

2. 发展阶段——交叉竞合

文化企业大量涌现是发展阶段最明显的特征。在政府政策力度不断加强，企业发展环境不断优化的态势中，越来越多的文化企业迁入集群或者在集群内部衍生（企业自生、小企业从大企业中剥离），企业进入集群的数量和速度大于企业退出集群的数量和速度，企业分工和专业化水平都有了进一步细化与提高，同类企业增多，形成专业化市场，集群系统结构由原来基于产业链的简单线性转变为涵盖竞争合作的交叉竞合。新加入的企业会"择优"与其他企业产生联系，原有企业也会根据自身发展不断更新原有连接。在此过程中，会出现"富者越富"的现象，即资源丰富、信息量大的企业会吸引更多企业，建立更多联系，而个体的差异也会推进资源和信息的不断交流。企业之间的互动不再局限于正式的经济合作关系，而是基于相同的文化背景、价值观念、艺术追求和生活习惯产生非正式的私人联系，形成社会资本（信任和人际关系），推动创意、信息、知识等资源的扩散和溢出。在这一阶段，中介服务机构、金融机构和教育培训机构应集群的发展而生，企业获取创新资源的途径增多。在集群创新过程中，企业与中介服务机构、金融机构、教育培训机构开始有了实质性的合作。

3. 成熟阶段——复杂网络

经过了前期的集聚与发展，文化产业集群系统结构进入成熟阶段。这一阶段是发展阶段的延伸，发展阶段积累起来的各种企业、资源、配套设施为成熟阶段的生产创新活动打下坚实的基础（毛磊，2010）。文化产业集群规模达到最大，系统结构趋于复杂，各类行为主体互动交流形成一个复杂的网络状的结构。集群主体数量平稳增长，企业进入集群的数量和速度与企业退出集群的数量和速度相差不多，不管是纵向产业链上企业的合作，还是横向产业链上企业的竞争合作都达到一种高度的协同创新。多元化和专业化的各类机构积极与企业展开合作和交流，解决企业面临的问题，创造良性的社会创新环境服务于集群的创新活动，并产生强大的区域竞争力和吸引力。集群与外部创新网络竞争、合作和交流频繁紧密，形成稳定的互动关系。相比发展阶段，这一阶段集群内外互动关系丰富且稳定，即增加或断开连接对集群都有损害。在这一阶段，集群主体之间已形成深入良好的互信和合作关系，并深深植根于本地社会文化网络，社会资本成为集群创新活动的关键性推动力。非正式关系在这一阶段的作用更大，促进主体之间知识、信息、技术等迅速流动，是推动集群创新速度和效率的关键。

4. 衰退阶段——离散衰落

经过了巅峰发展，各种不利因素作用加大，文化产业集群系统结构呈现衰退。

集群饱和使资源竞争激烈、生产成本（劳动力价格、土地价格、维护成本和机会成本）大幅度上涨，出现规模不经济、集群吸引力下降、大量企业选择迁出或面临破产的现象。企业退出集群的数量和速度大于企业进入集群的数量和速度，集群规模缓慢地缩小，集群系统结构呈现离散衰落的形态。集群主体缺失使集群创新资源、创新活动和经济效益大幅度减少。企业一味追求稳定的合作关系和规模化生产，导致出现路径依赖，忽视与外部创新网络的沟通，集群结构开放度降低，趋于封闭。企业对内部创新路径的依赖，降低了集群整体的学习能力，抑制了有效的经济活动。此外，"过度嵌入"使企业受制于潜移默化的本地网络规则，思维闭塞、创新意识淡薄，无法获取新的知识和技术，知识溢出、知识共享、知识创新减少，集群创新速度减慢。这一阶段也是文化产业集群能否可持续发展的关键时期，可以有目的地调整优化集群系统结构，增强集群系统结构的集聚性，弱化集群系统结构的脆弱性，从而保持文化产业集群的竞争优势。

7.3 文化产业集群演化结构的度量指标与方法

社会网络分析是研究社会结构的经典范式，通过对群体关系的分析，探讨社会结构的属性和特征，已经逐渐应用到对产业集群的研究中。本节结合 7.1 节和 7.2 节的定性分析，运用社会网络分析设计研究文化产业集群系统结构的度量指标与方法，以实现对文化产业集群系统结构的定量分析。

7.3.1 度量思路

运用社会网络分析对文化产业集群系统结构进行研究的核心思想是：以集群主体及之间的关系数据为基础，根据研究目标选取主要度量指标，对关系数据进行统计整理后，通过社会网络分析软件实现集群系统结构的可视化、数值化，在此基础上对集群系统结构描述与分析，如图 7-5 所示。

在文化产业集群系统结构的三个层次框架中，产业创新网络和社会创新环境网络是集群发展的重点，也是社会网络分析的重点，因此，将不再关注集群网络主体与外部创新网络主体之间的具体联结，对外部创新网络以定性分析为主。

关系数据的收集有很多方法，如调查问卷法、访谈法、观察法、互联网收集法、实验法、档案资料收集法等。本节主要采用访谈法、互联网收集法、档案资料收集法对关系数据进行收集。

利用访谈法收集数据信息。访谈法是指研究人员通过与受访人交谈，对受访人心理和行为进行了解的心理学研究方法。因研究目的、问题、对象等的不同，

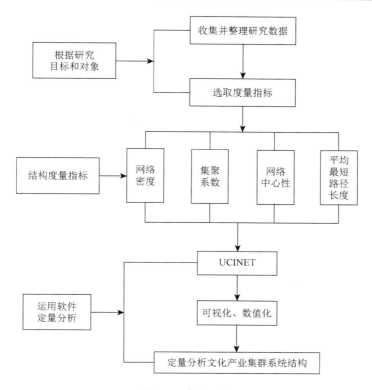

图 7-5 度量思路

研究人员可以采取不同的访谈形式。本节根据研究内容对文化产业集群内部相关负责人进行访谈，主要以电话访谈和网上访谈为主。

利用互联网收集法在线收集数据信息。在互联网经济时代，互联网已经成为一种重要的信息收集手段，利用互联网收集信息快捷、省时、成本低廉。例如，使用搜索引擎，用关键词搜索有用信息；通过国家或地方统计网收集有用信息；通过各类门户网站发布的新闻收集有用信息。

利用档案资料收集法收集数据信息。借助访谈法和互联网收集法收集到的数据往往不够完善，鉴于此种情况，采用档案资料收集法进行补充。例如，借助发展报告、统计年鉴、相关传记等档案资料收集所需数据信息。档案资料收集法成本低、时间追溯性强，已在国内外得到广泛应用。

7.3.2 度量指标选取

一般而言，对结构的研究属于整体网络范畴，因此，从联系强度、资源效率、资源配置等几个方面出发，选取网络密度、集聚系数、网络中心性和平均最短路径长度四个指标对文化产业集群系统结构进行度量和描述。

1. 网络密度

网络密度是社会网络分析中最常用、最经典的指标，也是绝大多数社会网络研究必用的一种测度。对于文化产业集群系统结构的研究，网络密度同样重要。网络密度通过对网络中节点之间的关联进行汇总，测量这些关联与完备网络（所有节点之间都存在连接）之间差距的大小，来判断节点之间的紧密程度。节点的连线越多，网络密度越大，表明网络中各节点之间的联系越紧密，受网络影响的程度也就越大（张勤和王秀荣，2014）。网络密度的取值是[0,1]，网络密度值越接近 1，网络越稠密；相反的，网络密度值越接近 0，网络越稀疏（邵云飞等，2013）。网络密度的计算公式因网络中主体关系的方向性的不同而不同。在无向网络中，若有 n 个行动者，那么包含的关系总数在理论上的最大连接数为 $n(n-1)/2$，若该网络中包含的实际连接数为 m，那么网络密度就是实际连接数与理论上的最大连接数的比值。计算公式为

$$d = \frac{2m}{n(n-1)} \qquad (7\text{-}1)$$

在有向网络中，若有 n 个行动者，那么包含的关系总数在理论上的最大连接数为 $n(n-1)$，若该网络中包含的实际连接数为 m，那么网络密度的计算公式为

$$d = \frac{m}{n(n-1)} \qquad (7\text{-}2)$$

2. 集聚系数

集聚系数是指网络中各节点之间有关系的可能性，是对网络节点集聚情况的反映。网络中所有节点集聚系数的平均值为整个网络的集聚系数。严格来讲，集聚系数与网络密度类似，是对网络紧密程度的衡量，但更侧重于对网络连通性与传递性的关注。一般情况下，集聚系数与网络密度呈正相关。集聚系数接近数值 0，意味着网络节点之间没有联系或成对联系；集聚系数接近数值 1，意味着网络节点之间有联系，网络结构表现得更成熟。对于文化产业集群而言，集聚系数越大，代表集群主体之间越熟悉，合作频率越高，集群集聚效应越明显，对集群经济效益的提升也会越快。但过高的集聚系数在带来高效率资源流动与整合的同时，也会导致流动范围过小，影响资源整合效率，进而降低集群发展质量。

单个节点集聚系数 C_i 的计算公式为

$$C_i = \frac{2E_i}{r_i(r_i-1)} \qquad (7\text{-}3)$$

整个网络集聚系数 C 的计算公式为

$$C = \frac{1}{N}\sum_i C_i \qquad (7\text{-}4)$$

式中，r_i 为节点的个数；E_i 为实际存在的连接数；N 为网络中点的个数；i 为节点。

3. 网络中心性

网络中心性也是社会网络分析的重要指标，用于分析个体和整体在网络中所处的地位。中心性分为三种类型：程度中心性（degree centrality）、中介中心性（betweenness centrality）和亲近中心性（closeness centrality）（罗家德，2012）。

程度中心性是对网络节点自身的交往能力的测量。如果一个节点与其他许多节点直接相连，则该节点具有较高的程度中心性，反之则较低。衡量程度中心性的公式有三类，分别如下。

绝对数值公式：

$$C_D(n_i) = d(n_i) = \sum_j X_{ij} = \sum_j ji \qquad (7\text{-}5)$$

标准化数值公式：

$$C_D'(n_i) = \frac{d(n_i)}{g-1} \qquad (7\text{-}6)$$

式中，n_i 为节点 i 的关系数；X_{ij} 为网络中节点 j 与节点 i 之间是否有关系，取值为 0 或 1；$d(n_i)$ 为节点 i 关系数的加和；g 为节点的数量（潘峰华等，2013）。不同网络之间的比较通过标准化数值公式实现。

群体程度中心性公式：

$$C_D = \frac{\sum_{i=1}^{g}[C_D(n^*) - C_D(n_i)]}{\max \sum_{i=1}^{g}[C_D(n^*) - C_D(n_i)]} \qquad (7\text{-}7)$$

式中，$C_D(n^*)$ 为 $C_D(n_i)$ 中最大的程度中心性，将它与其他 $C_D(n_i)$ 的差额相加得到的总和就是群体中心性。分母是此数值的最大可能值。这是一个网络的整体结构指标。公式的含义是：在一个网络中，程度中心性最高的节点的程度中心性与其他节点的程度中心性之间的差距；差距越大，则群体程度中心性的数值越大，说明该网络权力过度集中，该节点特别重要（赵忠华，2009）。

中介中心性是对网络中节点媒介作用的测量。在一个网络中，处于两个节点快捷方式上重要位置的节点即媒介人（金治平等，2011），这样的位置越多，代表该节点越具有很高的中介性，越多的节点联系时就必须通过它（罗家德，2012）。中介中心性公式：

$$C_B(n_i) = \sum_{j<k} \frac{g_{jk}(n_i)}{g_{jk}} \qquad （7-8）$$

标准化公式按照有无方向性分为两个，公式分别如下：

$$C_B' = \frac{2\sum_{j<k} g_{jk}(n_i)}{g_{jk}(g-1)(g-2)} \quad （无向） \qquad （7-9）$$

$$C_B' = \frac{\sum_{j<k} g_{jk}(n_i)}{g_{jk}(g-1)(g-2)} \quad （有向） \qquad （7-10）$$

式中，g_{jk} 为节点 j 到节点 k 的捷径数；$g_{jk}(n_i)$ 为节点 j 到节点 k 的快捷方式上有节点 i 的快捷方式数；g 为网络中节点的数量（张利华和闫明，2010）。

亲近中心性是以距离为标准，实现对一个节点的中心程度的测算（潘峰华等，2013），与其他节点相距越近，亲近中心性越高，反之，则越低。此指标要求必须是完全相连的网络，且由于与程度中心性高度相关（正相关），一般很少用。

4. 平均最短路径长度

最短路径长度是指网络中两节点的最短距离，平均最短路径长度是指一个网络中所有节点对之间最短路径长度的平均值，是对网络中节点之间连接的平均距离的一种反映，也是对网络创新资源传递效率的一种衡量（王朋飞，2013）。有效率的网络是指网络中的节点可以通过相对较少的节点对，迅速到达其他大量的节点，从而较容易地获取知识、信息等资源（王剑峰，2007）。平均最短路径长度 L 的公式为

$$L = \frac{2}{n(n+1)} \sum_{i \geqslant j} d_{ij} \qquad （7-11）$$

式中，n 为网络中的节点数量；d_{ij} 为从节点 i 到节点 j 的距离。

7.3.3 度量工具选取

社会网络分析的软件很多。在国际社会网络分析网（International Network for Social Network Analysis，INSNA）网站（www.insna.org）上可以链接到的软件达到几十种，如 PAJEK、NWB（Network Workbench）、UCINET、NODEXL、GEPHI、

STRUCTURE 等，它们不仅具有社会网络分析的统计功能，还能为用户提供多种静态布局和动态交互的可视化功能（梁辰和徐健，2012）。不同分析软件在语言、功能、效果、数据格式、应用领域有不同的特征和优势。相比之下，UCINET 是目前最常用、最主流的综合性社会网络分析软件之一，此软件安装便捷、界面友好、运行功能强大、兼容性强，适于处理多重关系复杂问题中的中大型数据。因此，本节选择 UCINET 为主要度量工具。

1. UCINET 简介

UCINET 是一款功能强大、综合性高的社会网络分析软件，如图 7-6 所示。最初由社会网络研究的开创者林顿·弗里曼（Linton Freeman）教授编写，后来主要由美国肯塔基大学（University of Kentucky）的斯蒂芬·博加提（Steven Borgatti）和英国曼彻斯特大学（University of Manchester）的马丁·埃弗里特（Martin Everett）进行维护与更新。

图 7-6　UCINET 主界面

最初，UCINET 是一组用 Basic 语言编写的模块，后来逐渐发展为一个综合性的 DOS 程序，现在已成为一种 Windows 程序，供研究者使用（瞿延祥，2011）。该软件既涵盖最基本的图论理论，又具备大量网络分析指标和多元统计分析工具，再加上操作简单，被认为是当今最好用的社会网络分析程序之一。

本书使用的版本是 UCINET6.212，其与之前的版本没有较大的区别。UCINET 可以处理 32 767 个节点的网络数据。所有的数据文件通过矩阵的形式进行储存、展示和描述。UCINET 拥有强大的转换功能，一些内建步骤不仅能够实现对早期 UCINET 数据的转换，还能将 STRUCTURE 和 NECOPY 文件转换成 UCINET 格式的文件。不仅如此，UCINET 通过提供数据管理和转换的工具，能够完成图论程序向矩阵代数语言的转换（刘军，2014）。

2. UCINET 应用分析

1）UCINET 数据的输入

UCINET 可以分析的数据类型多，因此，UCINET 数据的输入也有很多种。

一般情况下，社会网络数据都是通过社会调查，以问卷或者数据表的形式获得。调查得到这些数据后，通过电脑进行输入。输入的方式多种多样，可以用 Excel 或者常见的文本编辑器输入，也可以利用 UCINET 本身的数据表程序（Matrix Spreadsheet）输入。

2）UCINET 数据的储存

在 UCINET 中，所有采集到的社会网络分析数据都以矩阵的形式储存。矩阵中的行与列分别对应的是社会网络中的行动者，而行动者之间的关系则对应于矩阵元素中。这里要特别提醒的是，矩阵中的行与列均由经过编码的数据组成，因此，UCINET 中的矩阵更多地体现为一种分析框架。在这里用个体-个体矩阵为例，如图 7-7 所示。此矩阵为二值邻接矩阵，行与列表示相同的个体，矩阵元素用 0 和 1 表示，分别代表对应节点之间存在关系和不存在关系。

个体	A	B	C	D
A	0	1	0	1
B	1	0	1	0
C	0	1	0	0
D	1	0	0	0

图 7-7　个体-个体矩阵示意

A～D 指个体

3）UCINET 数据的处理

UCINET 对数据的处理取决于具体的研究问题。也就是说，数据的处理方式因问题的不同而不同。在正式处理数据之前，有时需要先对数据进行预处理，以满足进一步分析的需要。例如，数据收集过程中存在缺陷，需要弥补；不同的程序要求不同的数据处理；为了便于分析，创建新变量。UCINET6.212 提供了大量数据转换和预处理程序，如抽取子图和子矩阵、数据合并、置换与排序、重新编码、线性转换、对称化处理等。通过这些预处理，生成新的数据，由此进行新的分析。经过预处理，研究者便可以根据研究的具体问题，进行分析处理。

7.4　文化产业集群演化结构的实证研究

基于文化产业集群系统结构构成要素和形成机理的理论研究，本节运用社会网络分析对常州国家动画产业基地结构进行实证研究，证实本书形成的理论成果符合实际，并为优化常州国家动画产业基地结构提供依据。

7.4.1　常州国家动画产业基地集群的发展历程

常州国家动画产业基地是常州创意产业基地的重要组成部分，是 2004 年国家广播电视总局批准的首批国家动画产业基地之一，也是中国动漫产业集群的代表之一。

1. 起步阶段

2004 年，在经济转型和大力发展动漫产业的时代背景下，常州市委、市政府把握时机，委托华东师范大学制定动漫产业发展规划，并通过与文化部中外交流中心联合举办中国（常州）国际动漫艺术周（陆小玲，2010），率先获得成立"国家动画产业基地"的通行证，常州国家动画产业基地成为国家广播电视总局成立的首批国家动画产业基地之一。

2. 初始阶段

2005 年，常州市先后成立动画产业发展领导小组和常州国家动画产业基地管理中心，对动漫产业发展进行扶持。常州市委、市政府明确动漫产业发展思路，着手制定动漫产业发展规划，通过《常州市关于鼓励和扶持动画产业发展的若干规定》、设置动漫专项资金、打造国际交流平台等一系列鼓励和扶持动漫产业的文件与优惠政策，全力推动常州国家动画产业基地的发展，引导常州国家动画产业基地踏上发展快车道。截至 2006 年，常州国家动画产业基地已经吸引了来自全国各地 20 多家动漫专业机构，注册资本总额高达 1.9 亿元，其中就包括一些后来发展起来的本地龙头企业，如 2005 年由常州广播电视台等投资创办的本土动漫企业江苏卡龙动画影视传媒股份有限公司。

3. 发展阶段

2008 年，常州市拓宽发展视野，整合文化创意资源，将常州国家动画产业基地与常州软件园、环球恐龙城等园区集结起来，形成常州创意产业基地，软件、动漫、网络游戏、设计服务、文化旅游等是常州创意产业基地发展的重点（刘松，2012）。在优越、多元、成熟的发展环境中，常州国家动画产业基地飞速成长，2008年，动漫作品超过 7000 分钟，动漫销售收入接近 10 亿元。并在之后的每年以翻倍的速度实现跳跃式发展，成为国内外同行刮目相看的动漫示范园区，也是常州市甚至江苏省的特色城市文化名片。

截至 2015 年，常州国家动画产业基地拥有动漫企业近 400 家，其中，经国家认证的动漫企业有 30 家，"首批江苏省重点文化科技企业" 8 家，通过能力成熟度模型集成（capability maturity model Integration，CMMI）各级认证的企业有 85 家。以银河动漫传媒集团、江苏卡龙动画影视传媒股份有限公司、江苏久通动漫产业有限公司、北京中视今影动漫传媒有限公司等龙头企业为首，常州国家动画产业基地基本形成了从动画剧本、原创动画、原创漫画、动画配音到图书音像出版、新媒体动漫、动漫衍生产品生产与销售的产业链。恐龙宝贝、云彩面包、炮炮兵、麦拉风等一批有市场号召力的原创精品涌现并占领海外市场，50 多部原创动画片及动画电影获得国内外 100 多项知名奖项（龚雯，2013）。常州国家动画产业基地现已具备优惠的政策环境和优良的发展环境，并通过搭建技术服务、人才培训、投资融资、产权交易四大平台，为入驻企业提供良好的创业环境（牛洪雁，2009）。此外，常州国家动画产业基地拥有中国（常州）国际动漫艺术周、国家二维无纸动画公共技术平台、中韩游戏人才培训基地、中国科学院常州科学与艺术融合技术研究中心等一批国家级、省级重点创意平台，为创新注入活力。其中，中国（常州）国际动漫艺术周经过多年的倾力打造，已经成为国家级动漫产业展示推广、交易平台，每年吸引来自世界各地的数百家参展商，截至 2017 年，中国（常州）国际动漫艺术周已吸引近 50 个国家或地区数百家参展商参会，累积达成交易合作 208 亿元。

7.4.2　常州国家动画产业基地集群结构分析

1. 关系数据的获得与整理

1）样本选择

本节以常州国家动画产业基地为研究对象。样本主体的选择依据以下原则：调查主体数量超过基地主体总数量的 1/10；调查的动漫企业具有代表性，既兼顾不同规模（如大、中、小企业），又兼顾不同类型（如生产、供应、销售等）。常州国家动画产业基地内的企业及相关机构是一个比较大的集群网络，涉及 200 多家企业及机构。为了问题分析的方便，在对当前常州国家动画产业基地内主体的类型、投资总额等信息进行全方位了解的基础上，重点选择动漫设计、动漫制作、动漫销售、文化传媒、衍生品生产、数码科技、金融机构、中介服务机构、教育培训机构等行业的知名企业及机构进行资料分析和调查研究，将龙头企业作为典型样本，并在众多小企业中选择一部分具有代表性的小企业群。最终，确定了 41 家动漫企业、3 家中介服务机构、3 家金融机构和 3 家教育培训机构作为研究对象。

2）关系数据采集与整理

通过电话访谈和网上访谈，对集群内企业相关负责人进行访谈，获取企业之间的业务联系。对金融机构、教育培训机构、中介服务机构进行整体面上访问和调查，确定企业与相关机构、相关机构之间存在的业务联系。借助数据库和互联网，通过企业网站、中国文化产业网、常州文化产业网、常州创意产业基地网、江苏省统计局等渠道对产品合作信息、专利合作信息、合作研发情况等资料进行收集。一般来说，这些公开的信息能够比较广泛的反映主体之间的合作动向。在此基础上，利用图书资源进行补充。通过信息筛选，归纳常州国家动画产业基地内主体之间的关系，包括生产关系、战略合作关系、创新合作关系、项目研发关系、产学研合作。此外，还发现常州国家动画产业基地与外部的相关企业、金融机构、教育培训机构、中介服务机构也建立了项目合作、战略联盟等关系。

对整体网络结构进行研究时，只需考虑节点在网络中的特性，无需考虑节点之间的方向性。因此，对关系数据整理时，只要一个主体单方面对另一个主体做出"选择"，就认为两者之间存在联系。关系数据以矩阵的形成表示，用 0 表示两者之间无关系，用 1 表示两者之间有关系。

2. 基地结构的定量分析

对常州国家动画产业基地结构的定量分析通过网络密度、集聚系数、网络中心性、平均最短路径长度四个度量指标进行，用 UCINET6.212 软件实现分析。

本节将所选样本企业和相关机构之间的各种业务联系信息进行收集、整理与编码，用 Excel 将关系量化成 50×50 关系矩阵，见表 7-1。

表 7-1　常州国家动画产业基地主体关系矩阵（部分）

企业	E1	E2	E3	E4	E5	E6	E7	E8	E9
E1	0	0	0	1	1	0	1	0	0
E2	0	0	1	0	1	1	0	1	1
E3	0	1	0	1	1	1	1	0	1
E4	1	0	1	0	1	1	1	1	0
E5	1	1	1	1	0	1	1	0	0
E6	0	1	1	1	1	0	1	0	1
E7	1	0	1	1	1	1	0	0	0
E8	0	1	0	1	0	0	0	0	1
E9	0	1	1	0	1	0	1	1	0

注：E 代表企业；F 代表金融机构；I 代表中介服务机构；K 代表教育培训机构

社会网络分析强调社会网络中的行动者之间存在或多或少的关联。社群图是社会网络的形式化表达，可以从宏观角度来观测整个集群网络的发展规模、发展结构、关系数量和节点所处地位等。因此，将关系数据导入 UCINET6.212 软件，运用可视化工具 NETDRAW，通过 Visualise-Netdraw 画出常州国家动画产业基地的社群图，为保密起见，企业和相关机构的名字不直接显示，而用代号表示，如图 7-8 所示。

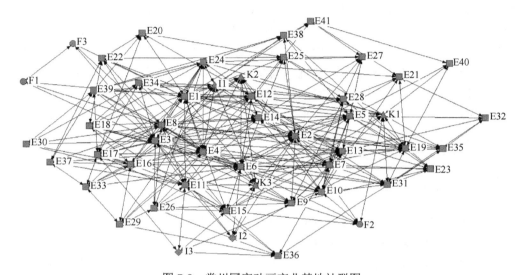

图 7-8　常州国家动画产业基地社群图

E 代表企业；F 代表金融机构；I 代表中介服务机构；K 代表教育培训机构

从图 7-8 可以直观地看出，常州国家动画产业基地具有轮轴型产业集群的特征，基地中几个龙头企业凭借先进的技术、富有竞争力的产品和良好的信誉在集群中获得大量连接，成为核心节点，如 E1、E2、E3、E4，并发挥辐射带动作用，在一定程度上对基地规模效应的产生以及整体发展起到促进作用。

从关系角度来看，整个基地网络的连接强度不大。在常州国家动画产业基地中，龙头企业之间联系比较紧密，并能形成产业链上的分工协作。少部分中小企业与龙头企业存在互动，能借助龙头企业的影响力实现自身发展。一些节点，如 E20、E40、E32，网络联系单一，在集群中处于比较孤立的发展状态。在与相关机构的关系中，无论是教育培训机构、中介服务机构还是金融机构，龙头企业是主要联系主体。金融机构与集群主体的联系普遍较少，无法为集群提供充足的资本资源。

以上是依据社群图从整体上对常州国家动画产业基地进行的分析，接下来将从网络密度、集聚系数、网络中心性和平均最短路径长度几个方面对产业创新网络层结构进行具体分析。

1）网络密度分析

选用网络密度这一指标来衡量常州国家动画产业基地产业创新网络和社会创新环境网络的联系紧密程度。通过 Network-Cohesion-Density-（new）Density Overall，导入输好的矩阵，得出网络密度。经过分析发现，常州国家动画产业基地各主体之间存在基本的连接，不存在孤立节点。常州国家动画产业基地整体的网络密度为 0.2229，产业创新网络层的网络密度为 0.2537，产业创新网络层中龙头企业的网络密度为 0.4479，三个网络的网络密度均未超过 0.5，结果偏小。根据越接近于 0，越缺乏相互联系的规律，常州国家动画产业基地内主体之间互动较少，联系不够紧密，动漫企业的合作与交流还不够，网络密度较低，均直接影响基地内信息和知识传播的效率。企业与服务机构的联系比较少，为数不多的联系存在于龙头企业与相关机构之间。这也验证了社群图对于网络关系发展程度不够的宏观分析。相比之下，龙头企业之间的合作交流相对比较密切，通过项目合作、战略联盟、产业链优化形成比较紧密的关系。

2）集聚系数分析

网络集聚系数对集群网络发展的影响同网络密度类似，但集聚系数除了反映网络的连接密度外，还反映了网络的连通性与传递性程度。通过 Network-Cohesion-Clustering Coefficient，导入输好的矩阵，得出集聚系数。经过分析发现，常州国家动画产业基地整体的集聚系数为 0.305，产业创新网络层的集聚系数为 0.291，产业创新网络层中龙头企业的集聚系数为 0.473。相比之下，龙头企业之间比较熟悉，连通性略强。数据说明常州国家动画产业基地中，整体网络和产业创新网络的连通性较差，集群结构不够成熟，主体之间合作频率较低，资源流动整合的效率较差，整个基地的集聚效应有待增强。

3）网络中心性分析

对常州国家动画产业基地网络中心性的分析分为程度中心性和中介中心性。通过 Network-Centrality-Degree，导入输好的矩阵，得出程度中心性；通过 Network-Centrality-Betweenness-Nodes Betweenness，导入输好的矩阵，得出中介中心性。分析结果如图 7-9 和图 7-10 所示。

通过软件分析，得出常州国家动画产业基地整体的程度中心性为 21.43%，说明常州国家动画产业基地中心化程度不高，真正处于中心地位的动漫企业比较少，缺乏强有力的创新力量。从个体程度中心性来看，E3 的程度中心性最大，在基地中拥有举足轻重的作用。E3 自 2009 年成立以来，经过几年发展，成为基地的龙头企业。作为龙头企业，E3 更容易引领创新，获得持续的升级资源。资源的流动和信息的传播会更多地出现在程度中心性高的主体上，因此，E3 能够在集群中获得持续的发展优势。除了有利于自身发展外，E3 与基地内动漫企业建立了大量的联系，在资源配置与整合过程中，能够发挥枢纽作用，

		程度中心性	标准化程度中心性	占比
3	E3	21.000	42.857	0.038
1	E1	20.000	40.816	0.037
6	E6	20.000	40.816	0.037
2	E2	19.000	38.776	0.035
4	E4	19.000	38.776	0.035
8	E8	19.000	38.776	0.035
5	E5	17.000	34.694	0.031
11	E11	17.000	34.694	0.031
13	E13	15.000	30.612	0.027
9	E9	14.000	28.571	0.026
10	E10	14.000	28.571	0.026
15	E15	14.000	28.571	0.026
14	E14	14.000	28.571	0.026
17	E17	14.000	28.571	0.026
7	E7	13.000	26.531	0.024
12	E12	13.000	26.531	0.024
16	E16	13.000	26.531	0.024
24	E24	13.000	26.531	0.024
45	I1	13.000	26.531	0.024
19	E19	12.000	24.490	0.022
28	E28	12.000	24.490	0.022
39	E39	11.000	22.449	0.020
48	K1	11.000	22.449	0.020
50	K3	11.000	22.449	0.020
31	E31	11.000	22.449	0.020
49	K2	11.000	22.449	0.020
18	E18	10.000	20.408	0.018

图 7-9　常州国家动画产业基地各主体的程度中心性（部分）

促进整个基地的协调发展。同时，E1、E6、E2 在集群中的地位也很高，表明这些企业凭借雄厚的生产实力、高质量的动漫产品和服务在集群中拥有较强的影响力，是带动中小企业发展、组织集群学习活动、整合创新资源的核心企业。

		中介中心性	标准化中介中心性
1	E1	92.824	7.893
3	E3	72.654	6.178
6	E6	65.687	5.586
8	E8	63.235	5.377
5	E5	57.285	4.871
11	E11	50.931	4.331
2	E2	48.773	4.147
4	E4	45.879	3.901
13	E13	37.160	3.160
10	E10	32.053	2.726
17	E17	30.438	2.588
12	E12	30.165	2.565
15	E15	29.130	2.477
45	I1	28.112	2.390
14	E14	26.766	2.276
24	E24	26.054	2.215
9	E9	24.365	2.072
16	E16	24.067	2.046
28	E28	23.771	2.021
19	E19	22.867	1.944
48	K1	20.676	1.758
7	E7	20.511	1.744
39	E39	17.886	1.521
31	E31	15.592	1.326
25	E25	14.609	1.242
34	E34	12.587	1.070

图 7-10　常州国家动画产业基地各主体的中介中心性（部分）

通过软件分析，得出常州国家动画产业基地整体的中介中心性为 6.19%，说明常州国家动画产业基地中几乎不存在哪个动漫企业对创意、信息、技术、利益等拥有绝对的掌控权。然而，过低的中介中心性也说明基地中缺乏出色的媒介成为主体互动交流中重要的“桥梁”。从个体中介中心性来看，E1 的中介中心性最大，处于基地的媒介地位，掌握一定的信息流和商业机会，社会网络节点择优连接的机制促使基地内多家动漫企业的关系因为 E1 的作用，能在原有基础上得到扩展。但其媒介作用的发挥对于整个基地而言，比较有限。

4）平均最短路径长度

平均最短路径长度反映的是创新资源在集群中传递的效率。通过 Network-Cohesion-Distance，导入输好的矩阵，得出平均最短路径长度。经过分析发现，常州国家动画产业基地整体的平均最短路径长度为 1.878，产业创新网络层的平均最短路径长度为 1.833。数据说明常州国家动画产业基地主体之间的联系处于中等水平，基地结构中创意、知识、技术、创新资源的传递效率不够理想，存在一定程度的资源失真或损失，创新潜力小。具体节点之间的路径如图 7-11 所示。

测地距离

		1E	2E	3E	4E	5E	6E	7E	8E	9E	10E	11E	12E	13E	14E	15E	16E	17E	18E	19E	20E	21E	22E	23E	24E	25E	26E	27E	28E	29E	30E	31E	32E	33E	34E	35E	36E	37E	38E	39E	40E	41E	42F	43F	44F	45I	46I	47I	48K	49K	50K
1	E1	0	2	2	1	1	2	1	2	2	2	1	1	2	2	1	1	1	2	2	1	2	1	2	1	2	2	2	1	2	2	2	2	1	2	1	2	2	2	2	2	1	1	2	1	2	2	2	1	1	1
2	E2	2	0	1	2	1	1	2	1	1	2	1	2	1	1	2	2	2	2	1	2	2	2	2	2	1	2	1	2	3	2	1	2	2	1	1	2	2	1	2	2	2	2	1	2	2	1	2	2	1	1
3	E3	2	1	0	1	1	1	1	2	1	2	1	2	1	2	1	2	1	1	2	2	2	1	2	1	2	1	2	2	2	1	2	2	2	1	2	2	2	2	1	2	3	1	2	1	2	1	2	2	1	2
4	E4	1	2	1	0	1	1	1	1	2	1	2	2	2	1	2	1	1	2	2	2	2	2	2	1	2	1	2	2	1	2	1	2	2	1	2	2	1	2	1	2	2	2	2	2	1	2	2	2	1	2
5	E5	1	1	1	1	0	1	1	2	2	1	2	2	2	1	2	2	2	2	1	2	2	2	1	2	2	2	1	2	2	2	2	1	2	2	1	2	2	1	2	1	2	2	2	2	2	2	2	1	2	1
6	E6	2	1	1	1	1	0	1	2	1	2	2	1	1	2	1	2	2	1	2	2	1	2	2	2	1	1	2	2	2	2	1	2	1	2	2	2	1	2	1	2	2	2	1	2	2	1	2	2	1	2
7	E7	1	2	1	1	1	1	0	2	2	1	2	1	2	1	2	2	2	2	2	2	2	2	1	2	2	2	2	1	2	2	1	2	2	2	2	1	2	2	2	2	2	2	2	2	1	2	2	2	2	2
8	E8	2	1	2	1	2	2	2	0	1	2	1	2	1	1	1	2	1	2	1	2	2	1	2	1	2	1	2	2	2	1	2	2	2	2	2	2	1	1	2	2	3	1	2	1	2	2	2	2	1	1
9	E9	2	1	1	2	2	1	2	1	0	2	1	2	1	2	2	2	1	2	1	2	2	2	1	2	2	1	2	1	2	2	2	2	2	2	2	2	2	2	2	2	3	2	1	2	2	1	2	1	2	2
10	E10	2	2	2	1	1	2	1	2	2	0	2	2	1	1	2	2	2	1	2	3	1	2	2	2	2	2	2	1	2	2	1	2	2	1	2	2	2	2	2	2	2	3	1	3	2	2	1	2	1	1
11	E11	1	1	1	2	2	2	2	1	1	2	0	2	2	1	1	1	2	2	1	2	2	2	2	2	1	1	2	2	2	1	2	3	2	2	2	1	1	2	2	2	2	2	2	2	2	1	1	2	2	1
12	E12	1	2	2	2	2	1	1	2	2	2	2	0	1	2	2	2	1	2	2	1	2	2	2	1	2	2	2	2	1	2	1	2	1	2	2	2	2	2	1	2	1	2	2	2	2	2	2	1	2	2
13	E13	2	1	1	2	2	1	2	1	1	1	2	1	0	2	1	1	2	2	1	2	2	2	2	2	2	2	1	2	2	2	2	1	2	2	1	2	2	2	2	2	2	2	2	2	1	2	2	2	2	1
14	E14	2	1	2	1	1	2	1	1	2	1	1	2	2	0	2	2	2	1	1	2	2	1	1	2	2	2	1	2	2	2	2	2	1	2	2	2	2	2	2	2	2	2	2	2	2	2	2	2	1	2
15	E15	1	2	1	2	2	1	2	1	2	2	1	2	1	2	0	2	1	1	2	2	2	2	3	2	2	1	2	2	2	2	2	2	2	2	2	1	2	2	2	2	2	2	1	2	2	2	1	1	2	1
16	E16	1	2	2	1	2	2	2	2	2	2	1	2	1	2	2	0	1	1	2	2	2	2	1	1	2	2	2	2	1	1	2	2	1	2	2	2	2	2	2	3	2	2	3	2	1	2	2	2	1	2
17	E17	1	2	1	1	2	2	2	1	1	2	2	1	2	2	1	1	0	2	2	1	2	2	2	2	2	2	2	1	2	2	2	3	1	1	2	2	2	2	1	2	2	2	2	2	2	2	1	2	2	2
18	E18	2	2	1	2	2	1	2	2	2	1	2	2	2	1	1	1	2	0	2	2	2	1	2	1	2	2	2	2	2	2	2	3	2	1	3	2	2	2	2	3	2	2	2	2	1	2	2	2	2	2
19	E19	2	1	2	2	1	2	2	1	1	2	1	2	1	1	2	2	2	2	0	3	1	2	2	2	2	2	2	1	3	2	1	2	2	2	2	2	2	2	3	1	2	2	2	2	2	2	2	1	2	2
20	E20	1	2	2	2	2	2	2	2	2	3	2	1	2	2	2	2	1	2	3	0	3	1	3	2	1	3	2	2	2	2	2	3	2	2	2	3	2	2	1	3	2	2	3	2	2	3	2	2	2	2

图 7-11　常州国家动画产业基地具体路径（部分）

具体来说，E1 与 E15、E16、E17 之间，E3 与 E4、E5、E6、E7 之间，E34 与 E2、E3、E4、E17、E18 之间，E8 与 E13、E14、E15 之间，E35 与 E31、E32 之间的路径为 1，联系比较紧密，说明大企业之间生产活动和创新活动的联系相对密切。相比较而言，横向联系多于纵向联系，同类动漫企业之间的互动交流多，资源整合效率较强，易于形成专业化市场。企业基于产业链的垂直联系相对不足，只有少数企业能够嵌入产业链，基地还未形成较为完善的专业化分工。中小企业之间、中小企业与大企业之间直接联系少，多为间接联系，知识、信息的传播与沟通往往需要依赖其他中介节点。由此可以看出，企业发展水平差异较大，大企业并没有有效发挥龙头带动作用。

在与相关机构的联系中发现：E1 与 K1、K2、K3 之间，E2 与 K2、K3 之间，E8 与 K2、K3 之间，E10 与 K2、K3 之间联系相对紧密些，说明基地内为数不多的几个龙头企业与教育培训机构联系较多，形成了一定意义上的产学研合作。而中小企业与教育培训机构几乎没有直接联系，这无疑对企业技术创新、创新成果转化产生阻碍作用。金融机构、中介服务机构只与几个龙头企业有直接关系。由此可以看出，在常州国家动画产业基地中，产业创新网络与社会创新环境网络的联系普遍较弱，人力资源、资本资源、知识技术资源等社会创新环境网络向产业创新网络流动的速率低。

5）外部创新网络结构分析

对外部创新网络结构的分析以定性分析为主。通过调查发现，常州国家动画产业基地自形成以来，通过动漫艺术周、考察交流、战略联盟、项目合作等方式，与国内外动漫企业及相关机构展开了积极的交流与合作，建立了长期稳定的关系，这些联系主要体现在大企业的创新活动中。例如，江苏卡龙动画影视传媒股份有限公司与韩国江原情报文化振兴院、美国夏威夷电影合作公司、上海百图文化传播有限公司联合签署合约，成立亚洲动画联盟，致力发展亚洲动漫；常州麦拉风网络科技有限公司与上海协景网络科技有限公司合作开发人人漫画家 APP；常州卡米文化传播有限公司与北京华夏第六视觉文化传播有限公司合作建设数字文化产业园等。通过与外部的联系，基地企业获取了大量的创新资源，提升了自身产品设计和经营能力。与外部网络的交流与合作不仅有利于加速基地创意、技术、知识的更新和升级，避免出现锁定和僵化，还对基地整体创新能力和发展潜力起着重要的提升作用。

本节基于基地主体之间的关系数据，对常州国家动画产业基地结构进行了细致的描述与分析。首先通过可视化的社群图，从整体上分析了常州国家动画产业基地的结构。其次通过网络密度、集聚系数、网络中心性和平均最短路径长度四个指标对常州国家动画产业基地结构进行了度量，发现常州国家动画产业基地主体之间联系较少，连通度较低，影响基地结构的成熟性和资源流通的效率；基地内的龙头企业缺乏足够的控制力和影响力，难以形成较强的辐射带动作用；基地内缺乏重要的媒介对整个基地关系的扩展、创新资源的配置产生促进作用；产业创新网络与社会创新环境网络联系较弱，不利于基地整体创新能力的提升。

7.4.3　常州国家动画产业基地结构存在的问题

虽然近年来常州国家动画产业基地取得了快速的发展，形成了一定的发展规模，实现了可观的经济效益，但在发展过程中，其结构仍然存在不少问题。通过对常州国家动画产业基地的分析，结合目前常州国家动画产业基地发展现状，将存在的问题总结为以下几点。

1. 基地网络主体不够完善

（1）动漫企业类型单一，动漫产业链不够完整。目前，常州国家动画产业基地虽然在打造完整产业链方面下了不少工夫，但产业链不完整仍然是基地结构存在的问题。集群内的产业链表现为"无头无尾"的鱼形格局，即两头小（创意、策划、营销和衍生），中间大（制作）。具体来说，基地虽然集聚了一批动漫企业，但类型单一，绝大多数属于产业链中游的"制作车间"，专业化分工不够，没有覆盖整个动漫产业。企业规模普遍比较小，有的仅有几人组成，且流动性大，生命周期短，既无法成为集群结构中稳定的创新主体，也无法创造持续的经济效益。龙头企业是推动产业链完整和延伸的重要主体，而常州国家动画产业基地已经培育起来的一批龙头企业，如江苏卡龙动画影视传媒股份有限公司、江苏久通动漫产业有限公司等大型动漫企业，从数量优势、发展层次、资本规模、资源整合、经济效益来看，都无法与其他动漫产业集群中的大型动漫企业相比。

（2）相关服务机构不完善，无法有效发挥辅助支撑作用。目前，常州国家动画产业基地内已有一定数量的中介服务机构，如常州市电子商务协会、常州创客空间，但由于类型单一、专业性不强、服务理念滞后、服务功能有待提升等问题，往往只能给动漫企业提供初级的服务，无法满足企业更高层次的发展需求。基地内的金融机构涉及银行、投资、担保等类型，只能为一部分企业提供资金支持和服务，无论数量，还是质量都有待提升。教育培训机构有国家二维无纸动画公共技术平台、中国科学院常州科学与艺术融合技术研究中心、江苏省国际服务外包人才培训基地以及一些小型的动画培训中心，对动漫人才的培育、创新成果的转化、知识技术的有效流动产生了积极的作用，但与其他动漫产业集群相比，仍有待进一步发展。

2. 基地网络联系不够紧密

（1）产业创新网络分工协作有待加强。在常州国家动画产业基地中，专业化分工不强，动漫企业发展相对孤立，缺乏合理分工基础上的主动合作，很多企业仅看重基地内的优惠政策和基础设施，无法在基地内形成紧密的经济联系。相对而言，大企业之间的联系紧密一些，如为优化互补产业链而形成的"苏常联盟"（苏州和常州动漫企业的联盟合作），江苏久通动漫产业有限公司与常州宏图动画有限公司基于衍生品开发的战略合作。而中小企业因在某些产业链环节向大企业提供的专业配套不多，也较少参与战略合作，与大企业缺乏深入的交流。此外，企业之间基于本地社会网络而形成的非正式关系比较少，不利于隐性知识、创意、技术的流动，致使基地无法形成紧密的产业创新网络，阻碍集群集聚效应的实现。

（2）产业创新网络与社会创新环境网络的联系有待加强。常州国家动画产业基地内只有少部分动漫企业加入了本地的行业协会，其余动漫企业或与中介服务机构无联系，或偶尔产生联系。同样，企业与金融机构、教育培训机构的合作模式单一，合作内容和合作方式有待进一步扩展。截至 2016 年，基地内只有 3 家企业与银行签订了长期合作协议，部分龙头企业与教育培训机构建立了产学研合作关系，多数中小企业与教育科研机构的联系比较少，即使有一些合作关系，持续的时间也比较短，由此导致多数企业缺乏发展后劲，难以推进创新成果的转化。集群网络缺乏紧密联系不仅影响常州国家动画产业基地结构的联结程度，使知识、信息、技术无法有效流动，还会阻碍创新活动和经济效益的顺利实现。

3. 基地网络资源不够充足

（1）人力资源短缺。目前，常州国家动画产业基地人才结构不合理，缺乏高素质的创意型人才和高水平的复合型人才。虽然基地内已经建立了人才培训平台，本地高校也为动漫企业输入了相当数量的专业性人才，但由于实力有限，人才培养模式偏重制作环节，培养出来的人才类型单一，多为层次较低的制作型基础人才，而在动漫前期创意、角色设计、编剧导演等高素质创意人才培养方面则存在很大缺口。此外，动漫企业缺少精通专业业务、企业管理和市场营销的复合型人才。常州国家动画产业基地多数动漫企业负责人毕业于艺术院校，往往只具备较强的创新能力，而缺乏企业管理和市场营销的才能，在一定程度上对动漫企业经济效益产生影响。人力资源短缺导致基地缺乏核心竞争力和创新活力。

（2）资本资源短缺。动漫产业是一个前期投入巨大、产业周期很长的轻资产行业，"先天性"缺乏融资条件，资本资源短缺是普遍现象。目前，常州国家动画产业基地中动漫企业的资本资源主要源于政府资助、自身筹资和银行贷款，但是来自这三方面的财力十分有限，无法满足所有企业的要求。政府公益性的资助虽可解动漫企业燃眉之急，却无法实现长期投资，而且投资面窄，总投资额比较小。企业自身在融资过程中过于被动，多数企业规模小，融资渠道狭窄，无法通过上市发行股票和债券等方式获得资金。银行和投融资机构虽然支持常州国家动画产业基地的发展，但由于相关知识产权、风险评估机制的不完善，银行本身又对动漫产业了解不深，贷款门槛依旧偏高。一些民间资本和风险基金因无法看清动漫产业赢利模式，对投资持保留态度。资本资源短缺给常州国家动画产业基结构带来很多问题，如动漫企业薪酬较低，致使人才流失；动漫企业因缺少产品研发资金或制作周期漫长，导致资金链断裂，而出现发展停滞、破产、转行，从而对基地结构的稳定性产生影响。

7.4.4　常州国家动画产业基地结构的优化对策

针对常州国家动画产业基地结构存在的问题，提出优化对策，实现常州国家动画产业基地在现有的基础上向成熟发展，发挥常州国家动画产业基地在区域经济转型和发展中的作用。

1. 积极培育网络主体，健全基地主体要素

网络主体不够完善，直接影响集群结构的完整性。因此常州国家动画产业基地应积极培育网络主体，健全基地主体要素。

（1）大力培育动漫企业，完善核心网络产业链。完整的产业链对文化产业集群功能的发挥十分重要。常州国家动画产业基地应在科学规划的基础上，将产业链上的分工与协作作为集群发展的主脉，培育各类动漫企业，完善配套中小企业，包括动漫产品策划和创作、生产制作、销售、衍生品生产和销售等，促进动漫产业链的完整和延伸。地方政府需注重中小动漫企业的发展，加大对中小动漫企业的扶持，确保基地结构的稳定性，促进常州国家动画产业基地形成大、中、小动漫企业协调发展，相得益彰的局面（连春光和毛艳羚，2011）。此外，通过研究制定优惠政策吸纳新的动漫企业进入基地，扩大基地规模，为基地注入创新活力。

（2）大力培育龙头企业，发挥辐射带动作用。常州国家动画产业基地应继续培育创新水准高、规模实力强、协调能力强的龙头企业，发挥辐射带动作用。进一步提高江苏卡龙动画影视传媒股份有限公司、江苏久通动漫产业有限公司等龙头企业的创意研发能力、科研生产能力、资源配置和整合能力，提升龙头企业整体实力。增强龙头企业的网络中心性，强化其在基地中的枢纽作用和媒介能力，通过强大的控制力和影响力，在基地内形成示范效应，带动其产业链上下游中小动漫企业学习、创作、生产、参与国际竞争，促进创意、知识、技术等在基地内部高效流动，从而提高常州国家动画产业基地整体竞争力（郭莹，2011）。

（3）大力培育多元服务机构，完善社会创新环境网络。在现有社会创新环境网络规模的基础上，根据常州国家动画产业基地内企业实际的发展需要，加快推进经纪、代理、咨询、评估、公正等类型的中介服务机构的建立。加强规范化管理，细化服务理念，健全自律机制和运行机制，提高中介服务机构的效率和水平，发挥中介服务机构的"黏合剂"作用。例如，针对中小动漫企业发展设立专门的

服务中心，针对动漫产品不同生产环节设立专业性的中介服务，包括生产环节的策划组织服务、流动环节的价值评估服务等。加快培育商业银行、借贷资本机构、风险投资机构、基金组织等金融机构，完善评估机制，实现全方位投融资服务。针对动漫企业发展需求，借助本地和外部的科研资源，大力培育创意学院、培训中心、研究所、科研平台、孵化器等教育培训机构，培养大量创新型人才为基地服务，有效促进创意、知识和技术的扩散和市场价值的实现。

2. 增强网络联系强度，提升基地创新凝聚力

针对网络密度偏低、网络连接强度有待增强的问题，常州国家动画产业基地应在进一步的发展中，建立并完善各类机制，加强基地主体之间的联系，缩短网络路径，提升基地创新凝聚力。

（1）增强企业之间的联系，激活产业创新网络的创新能力。常州市政府及相关部门应根据集群发展需要，鼓励龙头企业通过生产活动、创新活动、项目合作等带动中小动漫企业，极力发挥中小动漫企业的作用，在增强网络密度和连通度的同时，也能充分整合创新资源，增强集群创新凝聚力，推动常州国家动画产业基地向成熟发展。加强龙头企业之间的强强合作，壮大集群整体发展实力，在集群内部形成强大的品牌效应，吸引更多企业进入集群，扩大集群规模。通过举办交流会、研讨会以及企业相互考察等方式，加强企业之间经营管理、技术交流等方面的互动，加深了解，增加信任度。此外，凭借地理上的邻近性，鼓励动漫企业建立超越一般市场关系的社会联系，如建立非正式小团体。这种小团体具有自发性，遵循非正式契约，团体成员之间没有隶属关系。在宽松自由的氛围中，成员之间更容易也更愿意进行创意、知识的交流。这种非正式互动对促进集群区域的知识共享与合作具有重要意义。

（2）增强产业创新网络和社会创新环境网络的联系。社会创新环境网络是集群的辅助网络，通过为集群系统提供优越的发展环境，推动文化产业集群的良性发展。加强产业创新网络和社会创新环境网络的联系，能有效增强集群结构连接强度，实现创新资源的高效流动。首先，增强动漫企业与中介服务机构的互动。提升动漫企业对中介服务机构的认识，鼓励更多企业加入本地行业协会，通过政府引导，建立企业与中介服务机构长期稳定的联系。其次，增强动漫企业与金融机构的合作。通过举办金融洽谈会、企业家沙龙等活动加深金融机构对动漫产业的了解，促进并深化金融合作。最后，加强产学研合作。积极发挥政府政策导向和媒介作用，大力推进高校和科研院所与常州国家动画产业基地内企业的合作创新，尤其是与中小企业的合作。通过合办企业、申报课题项目等方式与高校和科研院所建立长期战略联盟关系，深化互动交流，促进知识、技术、创意向基地内部流动，最终转化为创新能力。继续推进与已具有良好合作基础的中国科学院常

州科学与艺术融合技术研究中心、北京大学、清华大学等高校和科研院所的产学研合作，借助外部科研力量，加强集群技术创新。

3. 充实基地创新资源，激发基地创新活力

创新资源是文化产业集群系统结构形成和发展的必要条件，充足的创新资源在集群内部流动有助于加强集群主体之间资源共享、优势互补。因此，常州国家动画产业基地应大力充实集群创新资源，为集群发展注入活力。

（1）多方位、高效率培养创意人才，充实基地人力资源。加大动漫人才培养力度，对企业已有动漫人才和管理人才，可通过定期项目培训、委托培训、订单式培养和对外交流等方式提升人力资本，并以加薪、奖励、减免工资个人所得税、解决住房问题等优惠措施留住尖端人才，利用本地教育优势，提高人才质量。将市场需求和学科建设作为着力点，调整人才培养模式，重新制定人才培养方案，有针对性地设置课程，切实推进对前期创意、角色设计、编剧导演等高素质人才和管理、营销等复合型人才的培养（兰潇骁和洪捷，2011）。在依托本地教育资源的同时，加强与外部高校和科研院所的互动，促进动漫原创、策划、营销、管理等各类人才培育和引进。此外，发挥政府作用，加大动漫人才引进力度，消除阻碍人才流动的制度性障碍，制定各种优惠政策和措施引进国内外创意型专业人才和复合型人才在集群创业，弥补企业人才需求。例如，通过高薪聘用、客座制等方式帮助企业吸引人才；通过放宽单位编制、工资总额、户籍所在地限制等措施吸引海外高素质人才。

（2）建立多层次、全方位的投融资体系，充实基地资本资源。健全风险评估机制、担保机制、信用评估机制，完善企业融资信息库，为常州国家动画产业基地创造一个成熟的融资环境。针对集群动漫企业资本需求，建立政府资金为引导、社会资金为主体、股市融资和境外资金为补充的投融资模式。创造条件，继续鼓励实力雄厚的龙头企业借助控股、参股、兼并等多元方式实现融资。加强信贷力度，降低扶持门槛，地方政府可直接对符合产业政策、具有重大社会效益的动漫企业提供担保，切实解决中小动漫企业融资难问题。举办多类金融洽谈活动，增强金融机构对动漫产业的熟悉度，拓宽企业融资渠道，引导银行、保险公司、信托公司、民间企业加大对动漫企业的资本支持。例如，开发保险产品服务动漫企业，加大银行对动漫企业的信贷投入等。

4. 大力发挥政府作用，优化基地创新环境

良好、健康、舒适的创新环境能够激发文化产业集群主体的创新热情，促进主体之间的良性互动，吸引更多的企业及相关机构进入集群，增强集群结构连接度，推进集群进一步发展。因此，常州市政府作为文化产业集群结构中的重要主体，应充分发挥自身作用，为常州国家动画产业基地营造一个优质的创新环境。

（1）优化政策扶持，营造良好的政策环境。常州市政府及相关部门应加强对常州国家动画产业基地的基础调研，根据集群发展的趋势和特性，完善现有发展规划和政策扶持。此外，用发展的眼光对常州国家动画产业基地进行扶持，深刻认识到在集群不同的发展阶段，其发挥的作用也不一样，及时转变扶持方向和方式，优化集群结构创新环境，更好地促进常州国家动画产业基地的发展。例如，从最初单纯以企业数量和产品数量为标准进行补贴到建立对动漫产业链的有效评估机制，升级对动漫企业的鼓励和扶持；从最初单纯补贴动漫产品转向投入动漫人才培养领域，增强动漫企业创新能动力。

（2）加强知识产权保护力度，营造健康的创作环境。规范、健康的创作环境能够增强动漫企业的创新动力，促进动漫企业之间的良性互动。因此，地方政府应加强知识产业保护力度。从宏观层面完善知识产权保护体系，建立并优化知识产权信息平台，实现动漫企业产品、技术透明化，避免侵权和重复创作。通过宣传和引导，增强动漫企业知识产权意识、知识产权自我保护意识，鼓励企业根据自身发展状况建立完善的知识产权管理机制，设立专门知识产权管理机构和制度以实现对本企业创新成果的保护。在加强知识产业保护力度的同时，也要严厉打击抄袭、盗版等不良现象，力求为常州国家动画产业基地营造一个规范、健康的创作环境。

（3）完善基础设施建设，营造舒适的文化环境。常州市政府及相关部门应进一步完善集群基础设施，致力营造舒适的文化环境。根据基地的发展状况，在已有设施的基础上进行完善和拓展。完善交通、生活、卫生等生活基础设施，加大对休闲场馆、娱乐场馆、动漫展览馆、动漫图书馆等文化基础设施的建设，提供良好的文化创作氛围，促进基地主体之间的互动，实现创意、知识、技术等资源的高效流动。此外，舒适的文化环境也会吸引更多的动漫企业和人才，促进基地网络规模的进一步壮大。

第8章 文化产业集群演化的模式

8.1 复杂系统演化模式理论

集群是由多个具有特定的相互作用的个体混合而成的，是具有特定结构和功能的集合体。首先，集群具有一定的时间和空间性以及一定的结构与层次，而最基础的结构模式决定了群体的结构特征；其次，集群具有一定的组织状况，包括他组织性和自组织性；再次，集群具有延续性，其众多个体的生存过程此起彼伏，使集群得到有效的延续和存活，而集群的生存历程总是长于其个体的生存周期；最后，集群通过集群内部的个体行为，与外界环境产生关联，发生适应性甚至创造性的相互作用。集群演化模式最典型的是它作为个体的集合所表现出来的演化周期，即集群作为个体之群所显示出的结构性、组织性和状态性方面的演化模式。

8.1.1 群体演化模式

按照复杂系统理论，群体属于开放性系统，从其诞生到成熟一直进行着演化完善。而在这个开放性系统中存在大量可以随时与外界环境进行不间断交换的能量、物质和信息等要素。群体通过这种交换才能减少熵值，使群体发生从无序到有序的演化进程，因此，群体的演化模式是一个自适应、自协调、自组织的有机系统，具备一定的层次、结构，而其最基础的结构模式将决定群体的结构特征。

群体演化从推进演化发生的方向来看，分为内生性群体演化和外生性群体演化两种。内生性群体演化也即演化推进是由群落内部开始的，逐步向外扩散的演化过程。在内生性群体演化中，群体往往起源于各种偶然或必然原因而形成的一个或若干个关键要素，随着这些关键要素的发展，出现了更多的配合性要素，从而建立了一个相互协作的网络连接。相互协作带来生产成本的降低，吸引更多外部环境资源的进入，渐渐扩大成为一个群体。

外生性群体演化与内生性群体演化有本质的不同，一般而言，内生性群体演化依托于其内部已有的要素，包括自然资源、资本、技术、人力等，可以支撑群体向外延伸发展。但外生性群体演化并不是从内部开始的，而是起始于外部环境。外部环境将相关要素源源不断地输入群体，引导群体进行演化发展。在外生性群体演化模式中，群体内部只有极少数要素甚至没有要素能够推动群体的发展，正常而言是无法形成群体的演化过程的，但通过外界环境要素的注入，为其提供了足够支持群体演化的推动力，形成群体的演化过程。

此外，由这两种基本演化模式还可以衍生出第三种模式，即内外混合式群体演化。也就是说，在这种模式中，群体本身拥有推进演化的要素集聚，但外部环境要素的注入可以进一步加快群体的演化进程。这种内外混合式群体演化模式可以使群体尽快进入成熟演化阶段，带来更多的演化效益。

8.1.2　群体序变模式

从系统演化的序变过程来看，系统是秩序性和非秩序性相互交替、相继展现的演化过程。

秩序性即有序，Boltzmann（1901）认为系统的初始态应该以特殊的有序态为特征，必须假定一个能代表美好世界图景的极其复杂系统，开始时处于很有序的状态。在这种有序态下，系统内部可以相互作用，形成特定的相干结构，以维持一定时间内其特定的秩序。但系统一旦脱离这种状态，便会向无序的最大几率态变化，有序状态让位于无序态或混沌态。

非秩序性包括混沌态和无序态。混沌态的系统中其系统行为具有内在随机性且其系统行为对初始条件极其敏感，同时，混沌态系统还具有分形特征。这些特征说明了系统在演化过程中的非秩序性。但是，在混沌态中，系统的初始秩序虽然被打破，但并不表示其处于绝对的无规则、无秩序性。实际上这种状态使系统有机会选择新的、更有利于群体效益的模式。因此集群系统的演化过程是实现新型秩序转变的必经形态。

1890 年 Jules Henri Poincaré 提出，系统初始为有序态，接着向无序态进行转变，最后经过一定时间再回到有序态。虽然这种说法被 Boltzmann（1901）利用统计力学的观点批驳——无序态向有序态转变的几率极小。但 20 世纪 Prigogine 和 Petrosky（1998）提出了新型有序学说，重新肯定了系统是从无序态向有序态进行转变的模式，即非平衡态的开放系统通过与外界环境的物质和能量交换而形成新的稳定结构，即耗散结构，从而实现由无序态向有序态的转化。事实上，复杂系统从无序态转化为有序态的途径和形式多种多样，即使未远离平衡，也可能运用内在演化机制摆脱无序态，构造出新型有序的结构，在有序—无序—有序的循环演化进程中进入更复杂更高级的层次。

8.1.3　群体进化模式

群体系统在演化过程中具有进化趋势。群体进化基于群体系统及其与环境的相互作用而发生改变，当群体系统面对不稳定环境和意外情况时，可以通过适应和调节来延续其发展。

在群体延续其发展的过程中，表示进化的基本现象最先是突变，即由系统的模板信息变化产生的不可逆过程。这一过程使群体首先在其模板信息中发生相应的变化，变化速率因群体系统的特征各异。在组织性层次较高的群体系统中，突变速率较快，能够产生具有较高效率的突变，但突变具有的随机性导致的盲目进化难以完全避免，也无法实现真正的进化，因此对大量突变必须进行选择。

群体进化过程中的选择不单单是外界环境对系统行为的自然选择，群体系统内部也会发生选择性行为，即群内选择。影响群内选择行为的主要因素是遗传漂变和迁移。遗传漂变使群体内突变基因中的有利突变保留或淘汰受群体规模和群内个体特殊生存状态的影响。同时，发生在群体之间的个体迁移使模板信息流动。在不同的群内环境中，迁移现象也对突变有选择作用。

除群内选择影响群体进化过程外，自然选择也会影响群体进化过程。Mayr（1982）认为自然选择是不同基因型的有差异（区分性）的延续，它只是意味着较好的基因型有较好的延续机会。而 Ayala 和 Jose（1974）则认为自然选择可以简单的定义为不同遗传变异体的差别繁殖。这些看法基本反映了自然选择过程的作用，即自然环境的选择压力作用，使群体系统内某些突变比另一些突变更能影响群体的新型结构和整体行为。自然选择不断调整着群体与环境的关系，选择有利的突变，促进新群体的形成，即群体依照突变—选择—新群形成这一进化模式，推动群体的演化。

8.1.4　群体生态模式

共生是指群体在特定生存环境下发生的互利的共同生活的关系。不同种类的群体间的共生关联的实质是群体系统作为各自独立的定常流的共存，其中一种定常流只能在更大的定常流中存在。当这些定常流的相互关系相对平衡时，群体生态关系稳定。随着环境的变化，原先的定常流之间的共存关系趋于变化，导致原先的共存关系消失，形成竞争性生态关系。

生存竞争是群体内和群体间争夺生存条件，展现适者生存进化规律的结果。

这种竞争使一定环境内的资源得到有效的开发，群体间生态关系更为复杂，促成群体有效的建立和运用群体间生存关系与群体生态环境的强大动力。

此外，协同进化也是群体间进化的一种关系。处于生态关联中的群体系统，都是相互依存的生态网络中的一个环节，其中任何一个群体的增减存亡都会影响整个生态网络，而且那些参与进来的新群体系统总能利用生态关联的开放性成为新的生态因子，获得更佳的综合表现形式。在较高级组织层次的系统中，有价值的模板信息可以广泛而迅速的传递到群体的相关部分，使之选择更有效的处理方式实现协同进化，推进群体系统的演化进程。

8.2　国内外文化产业集群演化的主要模式

在知识经济时代，文化产业已经逐渐成长为未来经济发展的主导产业，文化产业的兴起和繁荣也表明这一产业带来了巨大的经济效益与社会效益。从全球范围来看，文化产业发展比较成功的依然是欧美等发达国家，同时，日本、韩国、我国香港等地文化产业发展势头强劲。尽管这些国家或地区文化产业发展路径和集群形成模式不尽相同，但都具有各自鲜明的地域特色和发展优势，可以从中探索文化产业集群的演进规律。中国内地虽然已经意识到发展文化产业的重要性，但由于发展起步晚、各地区经济不平衡等原因，呈现出三种主要发展模式：东部、中部和西部模式。本章将通过对各种文化产业集群演化模式的介绍，为中国内地文化产业集群发展提供借鉴。

8.2.1　文化产业集群演化模式的概念

文化产业集群演化模式是指文化产业的相关要素在诞生、发展、成熟的过程中形成的内在联系以及独特的存在方式和运行机制。通常，文化产业集群不仅会提升区域的经济效益，推进技术服务、金融机构等公共服务平台的建成，也会促进各种形式合作关系的形成，提升企业学习和创新的能力。文化产业集群不仅是技术创新的推动力、新商业模式的创造者，还能够生产出更多的工作岗位，提高就业率，并利用文化培育的示范效应，推动区域经济的发展，成为区域经济发展的主要驱动力（付信明等，2009）。

支撑和驱使文化产业集群诞生、成长和成熟的所有要素推动了文化产业集群的演化，是文化产业集群持续演化的动力。文化产业集群的演化模式也是根据这个动力体系和运行规则进行划分的。按照动力产生的根源，可将文化产业集群分为具有市场自组织性的内生动力机制和通过制度引导的外生动力机制。而按照动力来源的不同，可将文化产业集群分为市场自组织和政府主导型两种发展模式。市场自组织模式是由市场内部自发形成的力量，具有地理邻近性、资源互补、知识外溢、集体学习等机制，而政府主导型模式则是结合外部环境，政府有意识地对文化产业集群实施合理规划、宏观调控的行为，表现为外部竞争、品牌意识、集群政策等。

8.2.2　国外文化产业集群演化模式

西方发达国家从一开始就是文化产业的领跑者，经过长时间的发展，已经形成了各种比较成功的模式，因此，这些国家文化产业集群发展的许多经验都值得我们总结、借鉴。

1. 美国

美国是当今世界最强的文化产业国之一，其庞大的消费市场、完善的产业体系、强力的政策支撑、成功的全球营销战略，不但推动美国经济的增长，还成为引领世界经济发展和文化输出的典型标志。美国文化产业集群的发展模式总体而言是以市场推动为主，政府辅以相关支持，达到高度产业化的商业运营模式。其中最典型的有好莱坞模式、百老汇模式和迪士尼模式（华正伟，2015）。

好莱坞位于美国西部城市洛杉矶的郊外，因建有世界最大规模的电影城而闻名于世。其电影生产经过长期发展已经形成独特的"配方式生产"产业模式，即在电影制作中，按照市场需求形成了一些相对固定的配方程序，产生类型化电影。它独有的产业发展模式，以高科技、成规模、大投入、高票房为典型特征，展现了当代文化产业的运作方式和发展趋势。正因为如此，好莱坞几乎聚集所有大型的电影公司。这种产业化的生产方式和商业化的运作模式形成了非常完善的电影生产体系和发行机制，是一种典型的文化工业生产模式，完全服从商业化和市场法则。好莱坞电影公司的集聚使相关产业单位（如电视台、出版社、研发机构、咨询公司、代理机构等）在洛杉矶相继集聚并逐渐发展壮大，不仅创造了巨大的经济效益，还提升了洛杉矶的城市形象。

百老汇模式是美国艺术产业中极具代表性的一种商业发展模式，其是在特定的历史背景下形成的。百老汇剧院群主要由剧院、艺术演出团体、配套企业或服务公司、中介经纪公司与咨询公司、行业组织机构等构成。百老汇的艺术产业主要属于表演艺术范畴，它的成功不仅在于拥有一个多层次、大规模、高水平的艺术演出团体以满足不同层次人群的文化消费需求，还在于纽约市政府在资金、税收等产业政策上给予大力支持。来自世界各地的艺术家云集纽约，使这里成为美国最大和最火爆的演出市场之一，可以说，百老汇实现了艺术价值和商业价值的有机统一。此外，百老汇悠久的历史所形成的品牌效应，加上经典剧目和高水平的表演，吸引了经纪公司、咨询公司及相关行业组织机构为百老汇艺术产业提供各种服务。艺术表演市场的形成带动了这一地区餐饮、酒吧、宾馆、礼品业等相关产业的发展，形成了艺术产业和服务行业相互依赖的发展格局。

迪士尼是全球娱乐传媒业巨头，也是美国传统娱乐业的典型象征，迪士尼模式是在美国传统娱乐业的基础上开创的一种以动画片、动画玩具和主题公园为主体产业结构的发展模式，它将核心的强势文化品牌概念拓展到产业关联度较强的领域，如出版、音像、影视、旅游、服装、儿童用品等，构成了以迪士尼品牌为核心的巨大产业链和产业群。迪士尼模式体现了三个特征：一是通过文化内涵深入挖掘艺术产品的商业价值，以文化品牌推动商业市场运作。二是创意产品设计注重人性化体验，充满温情和创造快乐。三是通过多元化发展，构建更加完整的产业链条。迪士尼以动漫影视和主题公园为核心，不断拓展经营范围，延伸产业链，并不断拓展海外市场，推行"全球迪士尼"发展战略，使国际市场占总收入的30%以上。

2. 英国

英国布莱尔政府在1998年提出要大力发展文化产业。文化产业在英国的迅猛发展，不仅成为新的经济增长点，而且帮助英国实现了传统产业的升级改造和成功转型，为世界各国文化产业的发展探索出一条成功道路。其中伦敦西区最具典型性和影响力。

伦敦西区位于伦敦市中心，与百老汇并称"全球两大戏剧中心"，金融商贸业和休闲娱乐业高度发达，除剧院外，伦敦西区还汇集了数以百计的活动场所，如音乐制作、影视制作、广告、摄影、设计公司、酒吧、书店、杂志社、餐厅、休闲娱乐场所等，构成了一个以戏剧表演业、休闲娱乐业为主体，产业结构紧密的文化产业集群，是在传统戏剧文化的基础上自发性集聚的产业集群。在有限的空间内，伦敦西区利用集群优势，吸引了众多观众群和游客群，形成了连锁式的经济效应，同时营造了舒适的人文环境。

伦敦西区的成功之处在于：一是完善的市场化运作机制。仅有少数的剧院享受英国政府资助，众多中小剧院完全是通过市场化运作进行商业演出。但英国艺术人文研究理事会通过基金支持，促进商业演出机构与非商业性质的院团合作，让艺术价值更高的作品先在国家资助的剧院演出，成功后再转入商业剧院。这既降低了商演风险，又保证了获得巨大的经济效益。二是剧院采取错层发展战略，便于满足不同观众的需求，合理分配商业演出市场，提高经济效益，促进戏剧艺术产品的发展。三是积极培育受众群体，对不同艺术形式拥有的不同观众进行广泛调查，制定相应的引导和培育受众群体措施，形成话剧、歌剧、音乐剧和芭蕾舞等不同演出形式的固定观众，以保证上座率和票房收入，使空间效应与经济效益最大化。

3. 澳大利亚

澳大利亚具有的丰富而独特的自然资源和文化资源为文化产业的发展提供了便利的基础条件，在澳大利亚"创意国家"战略的推动下，文化产业成为澳大利亚的主导产业和新的经济增长点，并以"集群策略"推动文化产业集群发展。而澳大利亚昆士兰州的布里斯班创意产业园区经过 10 多年的发展，已经成为与美国SOHO、英国伦敦西区齐名的著名文化产业集聚区之一，被业界人士誉为"昆士兰模式"。

布里斯班创意产业园区紧邻昆士兰科技大学、城区最大的文化演艺中心和高科技基地，是第一个由澳大利亚政府与教育界为推动文化产业发展而合作的项目，是第一个以从事文化产业项目孵化与商业开发为主的专业性创意产业园区。它兼具教育培训、实务应用研究和产业化开发三大功能，昆士兰模式整个体系由昆士兰科技大学、国家级研究中心、政府部门、文化产业及相关机构构成，通过政府、企业和昆士兰科技大学共同合作，形成一个文化产业发展新模式。

昆士兰模式实质上是一种"产官学"相互配合、合作而成的园区发展模式，也是澳大利亚文化产业集群模式的典型，其目的是搭建一个集人才培养、文化产业科学研究和文化产业实践等多种功能为一体的发展平台，将文化产业中的文化创意、高新技术以及产业化三个特征融为一体，从而不仅有利于促进集群内的各方合作和创新，而且能产生强大的外部性，具有很强的示范作用。

4. 日本

日本是老牌的发达国家，也是亚洲各国文化产业高度发达的国家之一。在日本"文化立国"的政策推动下，其文化产业蓬勃发展，文化"软实力"得到极大提升，对区域经济的贡献越来越大，国际竞争力日渐凸显。而日本素有"动漫王国"之称，是世界上最大的动漫制作和输出国之一，东京因集聚了日本 83%的动漫企业被称为"动漫之都"。东京动漫产业集聚具有完整的产业体系，企业集中度高，以电视动画片为主题，以动漫形象为核心，通过动漫衍生品的开发，形成了一个规模效益巨大的产业链，并以此构建了一个相关企业的区域集聚和组织网络，有效促进了动漫企业及上下游企业的集聚，产生了明显的集聚效应。

此外，东京的动漫产业集群表现出企业小型化、地域国际化的特征。在东京，30 人以下的企业占 60%以上，动漫公司、出版社、电视台及电影公司积极拓展海外市场，在国际动漫市场上占据主导地位。而东京的动漫产业集群中"产官学研"紧密结合，政府通过政策引导和法律保障，实现人才、资金和组织机构的支持；

高等学校则提供人才和智力支持，研究机构负责提供技术服务、市场信息咨询等；而企业则可以通过与政府和研究机构合作以实现文化产业的发展。此外，新媒体技术支撑作用明显，动漫产业中各种高新科技的应用提高了动漫产品的科技含量，增加了对消费者的吸引力，也使动漫产业不仅仅是政府的重要出口产业，更是一种独立的文化现象。

8.2.3　我国文化产业集群演化模式

我国文化产业发展按经济发达程度分为三种模式，分别是经济发达的东部地区模式，经济欠发达的中部地区模式和经济较落后的西部地区模式。这三种模式都具有适应当地环境发展的鲜明特征，模式之间是互相关联的，以共同打造我国文化产业的架构和生态平衡系统。

1. 东部地区模式

经济发达的东部地区是文化产业发展的领头羊，是我国打入国际市场、展现中国创造实力的主力（金元浦，2010）。东部地区主要包括长三角、珠三角、环渤海三角洲等沿海省市区。这些地区经济发达，科技发展水平高，消费理念先进，文化产品需求度高，文化产业发展迅猛，国内市场占有率高，其产业规模居全国前列，文化产业对整体经济发展的支撑作用显著增强。

东部地区文化产业发展的特征主要有：第一，文化产业发达，呈规模化、集群化发展，经济效益明显，对地区经济发展具有明显拉动作用。第二，文化产业行业种类丰富，涵盖面广，上下游及配套产业链完整，拥有完善的文化产业运行体系，产业关联效应突出。第三，文化产业与金融资本结合活跃，投资渠道广泛，资本市场成熟度高，各类资源能够高效的在市场机制中运行，实现多种元素共同发展。第四，文化产品拥有较高的科技含量，对外贸易活跃，在国际市场上具备较高的竞争力。第五，当地政府的政策支持度强并持续增大。政策扶持加速文化产业发展，促进市场机制的进一步完善，从而带动更多的民间资本进入。第六，文化产业人力资源丰富，优秀人才集中，对文化产业科技化、创意化发展起到极大的推动作用。

因此，东部地区文化产业集群模式是以"科技＋创意"为主，科技成为主导因素（华正伟，2015）。东部地区的主要城市已具备与某些发达国家大城市同样的竞争力，可以积极地参与到国际文化产业发展进程和全球竞争中，从而增加我国文化产业发展的国际视野，吸收先进的国际理念，进一步推动我国文化产业发展。

2. 中部地区模式

总体上看，中部地区发展速度不及西部地区，实力不如东部地区，但中部地区具有悠久而深厚的历史文化底蕴，众多历史悠久、风格独特的民间艺术与民间文化已成为世界遗产，这些丰厚的文化资源成为中部地区文化产业良性发展的基础。同时，中部地区具有较好的区位优势，区域内交通发达，具有承东启西、连接南北、辐射四方的功能，拥有丰富而低廉的劳动力及充足的原材料，是我国实现区域经济新格局的重要组成部分。

中部地区文化产业发展的特征主要有：第一，文化资源丰富，资本和信息等资源相对匮乏，未来发展空间大。第二，缺少有影响力、有品牌效应的大型企业，产业集群主要集中在少数大城市，辐射力度不够，无法形成完整的产业链条和区域品牌。第三，实现文化产业发展的途径仍然主要依靠政府政策主导，政府仍然是推进区域文化产业发展的领头人，市场机制不够发达，社会化进程缓慢。第四，文化产业结构比较单一，对文化资源多种类、多模式的开发力度不够，劳动密集型和资本密集型产业仍占主导地位（华正伟，2015）。

因此，中部地区应采取交叉发展的模式，以"文化＋创意"为主，通过传统历史文化引导文化产业的发展方向。在我国文化产业全局发展的态势下，发现独有的区域特色，开发交叉式发展的新模式。

3. 西部地区模式

我国西部地区地貌独特多样，物种丰富，风光秀丽，自然资源得天独厚，旅游业发展成熟度高，既是我国少数民族较为集中的地区，又是我国民族文化资源相对富集的地区。这种独特的文化资源构成西部地区持续发展文化产业的基础。

西部地区文化产业发展的特征主要有：第一，拥有丰富独特的自然资源和传统厚重的民族文化资源，以开发自然资源，挖掘民族文化为主导，形成原生态和民俗产业品牌。第二，文化产业发展缓慢，旅游业仍为主要发展方向，市场成熟度极低，政府的政策导向单一，缺乏高级人才，无法实现人才引领作用。第三，文化产业集群效应不显现，产业链支离破碎，不能产生明显的地区经济效益。

因此，西部地区在文化产业发展战略上仍要依托本地区丰富的自然资源和独特的民族文化，构建文化产业相对完整的产业链，寻找一种新的、跨越式的西部发展模式，形成资源型文化产业集聚模式。

8.3　文化产业集群演化模式的类型

文化产业集群演化的本质是一种产业经济的组织形式，因此，以不同角度和分类方法，可以将文化产业集群演化模式划分成多种不同类型。

8.3.1　根据动力机制划分

1. 市场主导下的渐进式模式

市场主导下的渐进式模式是由市场自发形成的，以艺术家和技术人才为主要推动力，以市场机制为主要传导机制的文化产业集群演化模式。这种演化模式不仅与经济全球化、区域化、技术生产模式的改变有关，还与本地的历史积淀、社会文化背景有很大关系。其演化不仅是经济演化的过程，同样也是文化制度不断变迁的过程，是渐进式的演化模式。

在市场主导下的渐进式模式中，文化产业集群先是集聚在一定的区域内，然后随着区域内企业数量不断增加，规模不断扩大，文化产业集群便逐步向外扩散延伸，最终形成空间扩散与市场演化、产业演化协调进行的模式（郭利平，2006）。

如图 8-1 所示，文化产业集群形成是通过市场、文化产业、区域空间和高级人才等要素共同推动及分阶段发展起来的，由市场需求推动文化产业集群的演进。在市场机制下，如果有文化产业和服务的需求，高级人才就被吸引来此创业。高级人才又可分为技术人才和艺术人才两种，其中技术人才主要集聚在高校和科研院所等技术发源地，形成高新技术型文化产业集群；艺术人才则会被具有文化底蕴和艺术气息的老旧厂房、仓库等吸引，并在这些区域内集中，形成各种艺术创造型文化产业集群。文化产业集群形成后，自然会产生不断更替和自我强化的创新机制，从而吸引更多高级人才集聚于此，形成更多元的思维碰撞，产生新的文化产品和服务，进一步扩大文化产品和服务需求，形成成熟的文化产品和服务消费市场（廖双红和肖雁飞，2011）。

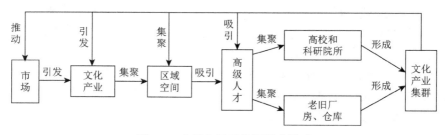

图 8-1　市场主导下的渐进式模式

2. 政府主导下的"蛙跳式"模式

一般而言，经济发展都是渐进式，从小到大、从弱到强逐步发展的，但仍不可避免地会有突发或强力的外部力量介入。外部力量介入使经济产生突变式、跳跃式的发展，即经济学所说的"蛙跳式"增长，如政府制定或发布某项政策以扶持某产业发展，就可以使这个产业发生"蛙跳式"增长（廖双红和訾雁飞，2011）。在政府主导下的"蛙跳式"模式中，政府通过筛选和制定集群政策，进行有效规划，促使集群更新和升级，解决文化产业集群发展过程中的问题或危机，促进文化产业集群高速发展，实现"蛙跳式"增长。政府主导下的"蛙跳式"模式的本质是通过政策促进和推动文化产业集群的形成与发展，政府不仅可以直接参与，也可以对文化产业集群进行宏观引导（产颖，2012）。而宏观引导就是政府向需要发展的文化产业投入一定的财政资金，引导高校和科研院所研究方向的行为，具有自上而下的特征。

如图 8-2 所示，政府主导了文化产业集群的发展。政府通过前期调研，选择合适的、有一定潜力的文化空间，颁布相关的制度法规以明确文化产业集群发展的类型和目的，同时再根据文化产业集群的发展需要，打造适合创意的环境氛围，以吸引各类人才进驻。随着各类人才数量的累加，开始产生集聚效应，文化产业集群进入良性循环，更多的人才开始集聚。同时，也更加明确了文化产业集群发展的类型和方向，如艺术区、会展区、动漫区、影视区等。随着不同类型文化产业集群的持续发展，集群内部的技术效应、文化效应等得到不断增强，形成"马太效应"，最终实现"蛙跳式"增长。这种由政府主导的自上而下的文化产业集群发展模式更适合在产业基础相对薄弱、市场机制不够健全且市场自发力量不强的发展中国家实施。因为市场自组织模式充满了不确定性，如果市场经济体系不够发达的发展中国家完全照搬西方发达国家的发展模式，只会给发展中国家的文化产业集群演化带来多重障碍，并减缓正常的演化进程，而在政府主导的模式下，政策的实施过程与文化产业集群的发展过程是同时进行且具有一定相关性的，不仅如此，在政府主导的模式下，文化产业集群形成的时间与在市场自组织模式下相比较短。有些发展中国家就是通过政府制定的制度激励和政策杠杆培育文化产业集群，构建科技创新体系，提高集群竞争力等措施步入高科技的工业化发展进程的。印度的班加罗尔就是非常典型的例子。印度是一个发展中国家，经济发展水平不高，但班加罗尔被誉为"软件之都"。虽然班加罗尔软件业的成功离不开优良的投融资环境、扎实的产业基础以及对高等教育的重视等关键因素，但最主要的因素还是印度政府的支持和一系列的政策倾斜。很明显，政府力量在文化产业集群的培育中不可或缺，是实现"蛙跳式"增长的关键。

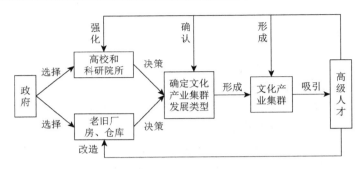

图 8-2　政府主导下的"蛙跳式"模式

3. 市场与政府共同主导的协同式模式

现实社会中，大部分文化产业集群的形成是社会力量相互作用、相互影响的结果。文化产业集群发展到一定阶段，社会对其创新功能和价值创造力有了更深的认识，更多的社会力量开始加入文化产业集群的演化系统中。协同式模式是一种实施"政府引导、市场主导、企业运作、资源共享"的新兴管理模式。政府根据地方经济发展需要，通过产业规划和相关政策引导、扶持相关产业发展，企业在政府的指导和规范下，通过市场运作完成资源配置和资本周转（廖双红和肖雁飞，2011）。该模式是政府调控与市场机制的有机结合，充分发挥市场的基础性资源配置作用和政府的宏观调控作用，有效地克服市场主导下的渐进式松散无序的弊端。

如图 8-3 所示，市场需求引发了政府推动的原动力，政府或投资商个体确认文化产业的发展空间后，通过项目建设的方式吸引投资，再对文化产业发展空间进行改造或新建，并通过招标选择合适的管理者实施经营活动。但是，管理者最初招商而来的文化企业，并不能称为文化产业集群，只有当更多的文化企业入驻、集聚，形成网络，产生一定的创新效应后，才能称为文化产业集群。而文化产业集群持续发展，又带动了新的文化产品的市场需求，政府便会进行新一轮的政策推动。多种社会力量通过相互合作获得共赢：市场逐渐成熟、政府税收增加、区域经济发展、各类人才拥有施展才能的空间、投资者和管理者得到相应的资金回报等。

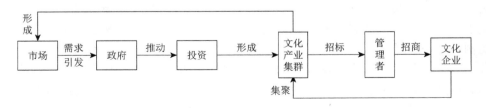

图 8-3　市场与政府共同主导的协同式模式

8.3.2 根据集聚要素划分

1. 高新技术要素集聚型

新时代文化产业的发展越来越依托于现代高新技术的发展，高新技术不仅使文化企业的发展进入一个新的平台，使文化企业借助高新技术实现了更多过去无法实现的创想，还为文化企业向前发展提供了全新的思维方式和发展路径，带领文化企业实现创新性发展。

高新技术要素集聚型模式大量出现在高新科技园区中，依靠现有的高新技术，园区中高科技企业大量集聚。这种集聚使文化企业发展的动力和有利要素成倍增加，再通过利用技术企业拥有的各项高新技术形成产业优势，发展出科技与文化相结合的新兴产业。这种模式最主要的特征是以知识密集型企业为主导，与信息技术变革和高新技术发展紧密相关，也正是由于信息技术的变革，才能为文化产业提供新的发展方法和发展途径，而通过高新技术的不断发展，又催生出新的媒介，以展现新的文化产业亮点。

该模式在创意设计、影视传媒等文化产业中最为常见，尤其是在软件开发、工业设计、动漫及网络游戏、数字传媒等文化产业中，如上海张江高科技园区、深圳国家动漫画产业基地、武汉光谷创意产业园等都属于此模式。

2. 文化艺术要素集聚型

文化艺术要素集聚型模式主要是一种自下而上产生的以艺术家的初始集聚为核心的演化模式。在集群演化初始阶段，艺术家往往会选择生活成本较低，但创作资源丰富的区域进行创作和生活，并利用自身的艺术敏感性，挖掘当地的自然资源、历史资源和民俗资源，形成文化产业集聚雏形——艺术家的集聚。

越来越多的艺术家集聚便带来了大量的艺术创作品，这些艺术创作品进入商业市场后，吸引了更多艺术家在该区域集聚，同时文化企业也发现了其存在的商机，开始进驻，越来越多的文化产业主体参与到集群的扩散中。再进一步通过打造艺术品展览、观光旅游、文艺演出、民俗展示等一系列的文化产业链，发展壮大文化产业集群，最终产生集群效应，推动该区域经济发展。

该模式在西部少数民族聚居区内较为常见，因为西部少数民族拥有丰富的文化资源，同时，生活成本较低，不会对艺术家的生活形成限制。例如，云南的丽江、广西的阳朔等地充分开发和利用民族文化、历史遗产、自然资源等优势，发展文化产业，成为国内外最经典的成功案例之一。还有集创作、制作、演出和创意服务于一体的综合发展模式，主要集中在城市中心区和远郊区，如北京长安街沿线文艺演出聚集区，中国（怀柔）影视基地等。

3. 商业消费要素集聚型

现代社会飞速发展离不开成熟的商业消费体系,商业消费推动了生产的进行,从而推动现代社会的进步,而商业消费要素集聚型模式的产生就与经济发展水平紧密相关。随着经济的持续发展,人们的消费观念和消费结构发生明显改变,人们更愿意通过对各类商品的消费来享受生活,于是在商业要素丰富的地区就逐渐出现各种商务区。商务区内部则聚集了大量商业中心、金融中心、娱乐中心,数量众多的消费者集中于此,由此带来了创意设计、摄影、影视制作、休闲体育、休闲娱乐、会展、婚庆策划、时尚美容、装饰品设计、电子游戏等可以为消费者提供个性化服务的相关企业,进而形成了以商业消费为核心的文化产业集聚模式。

显而易见,该模式带来了巨大的经济效益,这种巨大的经济效益进一步吸引了更多文化企业的进驻,展现出明显的集聚效应。例如,遍布全国各地的商业区,如万达广场、上海的同乐坊和深圳的金三角等就是其中的典型。

8.3.3　根据空间分布划分

1. 散点分布型

散点分布型模式常见于文化产业集群形成的初期。文化企业选择建立、发展地点的重要条件是所选区域具备的相关资源是否丰富,是否能够承担文化企业的发展壮大。当一个区域具有文化企业所需要的资源时,文化企业就会选择该区域为发展场所。但是在文化产业集群形成的初期,只有极少数的企业能够挖掘到这些合适的区域,因此,在该区域中,零星的文化企业呈现出散点分布的状态。

尽管此时的文化企业集聚现象不明显,而且受文化企业数量较少,相关配套产业链尚未形成的影响,集聚效应产生的成本降低和经济效益增加的现象并不明显,但该区域具有非常丰富的初始相关资源,因此文化企业拥有很明显的机会进一步发展壮大,从而形成成熟度更高的产业集群,成为经济规模较大的区域性增长极,此时,文化企业并不会因为较小的集群效应而选择退出。另外,此时的投资收益率相对较高,只需要在初期对劳动力、技术、资本等生产要素投入少量资本,就可以在集群成熟后获得丰厚的收益,这也对文化企业的初始建立产生巨大的吸引力。西南少数民族区域的文化产业集群便是此种模式。

2. 点线分布型

点线分布型模式常见于文化产业集群演化发展中期。在这一发展阶段,文化企业数量增加,出现一定的集群效应,同时,在这个集群中,出现了相比其他文化企业发展更迅速的某几个企业,这几个企业就成为了该区域中的增长极,在该区域增长极周围也陆续出现了更多经济活动活跃的点。这些点产生了更多的劳动力、技术、资金和信息等生产要素需求，并与增长极具有的生产要素互补。于是，为了满足这些点之间的互补需求，在增长极与经济活动集中的点之间就需要建设多种功能的连接线路，如交通线路、通信线路和电力线路等，使其成为该区域发展可依托的轴线。例如，苏锡常（苏州、无锡、常州）地区通过交通路网（沪宁线）进行布局，通过建设数字化产品创新平台，加速了数字化产业的集聚，同时，还建设了苏锡常动漫制作基地，通过制作和推广电子游戏，打响区域集群品牌。浙江横店影视城不仅努力做大、做强自身品牌，成为当地经济与影视产业的增长极，还沿公路干线实施文化旅游线路的布局，使横店影视城与浙北江南水乡古镇群、舟山海上系列景点、浙中南山地景观等影视拍摄基地通过一系列的联合协作，形成辐射全省的旅游、影视拍摄产业联动，强力带动区域经济发展。

　　3. 网络分布型

　　网络分布型模式主要出现在文化产业集群演化的中后期，是文化产业集群成熟度提高的表现，也就是说，随着文化产业集群成熟度的进一步提高，不仅文化企业数量迅速增加，而且相关的配套产业也随之产生，并随着文化产业的持续发展逐渐壮大，配套产业链的进一步完善又继续助推文化产业发展，继续增加文化企业数量。这就使原本少量文化企业间的简单联系变得复杂，原本的点线联系已经无法满足不同层次的点之间进行频繁联系的需求，此时的一个点可以向周围的多个点发出信息，同时又接收多个点发送的信息，并通过对信息的整合分析，获取必要的要素资源，满足开拓市场的需求。

　　这时，点和点之间就需要增加建设更多有效的联系渠道，为了提高信息传递效率，防止大量信息传递效率低下或传输错误等问题的出现，避免对文化企业以及相关配套企业的发展决策的出台造成误导和阻碍，就必须形成纵横交错的网络式分布。网络式分布显而易见地提高了信息处理的能力和效率，为文化企业的发展提供更多空间，使其可以进一步向外演化。例如，浙江为推动印刷产业发展、形成大网络的布局，重点打造杭州、宁波、苍南、义乌四个核心产业区，从这四个核心产业区中向外呈网状辐射，从而带动富阳造纸产业、义乌出版产业等的发展，加强区域之间的产业联动，形成高效的印刷产业网络，强力推进浙江印刷产业的发展。2007 年浙江图书出版竞争力位居全国第五，图书销售额也名列全国前茅。

8.3.4　根据区域功能划分

　　1. 科教型

　　科教型模式是指依托于高校和科研院所的人才资源与科技力量，并与政府、文化企业紧密相连，通过"产学研销"的方式实现文化产业发展。文化产业又被称为创意产业，这就意味着文化产业最核心的内容是创意，创意是文化产业不能失去的灵魂，只有源源不断的创意涌现，才有可能推进文化产业的繁荣发展，这也就决定了文化产业属于知识密集型产业，需要更多创新型人才与高新技术条件的参与才能促使其更好的发展。

高校和科研院所是创意人才资源的主要提供者，并且具有非常强大的科技研发能力，这便使其自然而然地成为文化产业集群发展所依托的基本单位和创意中心，成为"产学研销"综合性一体化结构形式的核心。在这样的结构中，高校和科研院所向文化企业输送大量专业人才，开展技能培训，提供文化资源、艺术资源、学术资源及相关服务，并为相关高校和科研院所培养高级人才提供辅助研究；文化企业则提供发展资金，一方面为在校学生提供实习或实践机会，另一方面为高校和科研院所提供相关的实证数据以及必要的研发经费；同时，高校和科研院所可以提供专业设置指导，也可以为企业提供业务咨询和战略规划，还可以为政府提出文化产业发展建议；政府则主要负责基础设施建设，提供政策支持和公共服务。

该模式由于其有序性和高效性被越来越多的地方采用，成为文化产业集群演化发展的重要发展模式之一。世界上很多著名的文化产业区都是这样形成的，如美国硅谷，就是依托斯坦福大学的力量创造出奇迹；澳大利亚昆士兰州的布里斯班创意产业园区，也是依托昆士兰科技大学建成的。同时我国北京的中关村创意产业先导基地也是典型的科教型模式，中关村周边聚集了众多高校和研究所。

2. 旧城型

旧城型模式是将旧城区内老旧街区改造升级成适合文化产业集聚的区域，或是伴随城市的产业结构调整而自然集聚成长形成的。在发展相对成熟的城市中，老旧街区已经不能适应城市的继续发展，并且挤占了新兴产业的发展空间，但老旧街区往往拥有特定的历史价值，不适合进行全方位的拆除重建工作，因此，对老旧街区进行改造就成了为新型的文化产业腾挪发展空间的必要手段。

该模式保护了历史建筑并营造出个性创意空间，将老旧厂房、废弃仓库和旧城区进行艺术化的改造与装修后，直接将其作为创作、经营的场所，成为改造城市空间、复兴城市经济的重要途径。当城市中老工业建筑（废弃仓库和老旧厂房等）和功能过时的建筑随着城市发展渐渐失去原有的功能时，通过文化产业对旧城区的老旧建筑进行改造并加以保护利用，重新赋予其新的城市功能定位，不仅保存了历史文化价值丰富的老旧建筑，还为现代城市增添了更多的历史氛围，呈现出历史与现代交融的文化景观，提升了城市的形象和品牌，促进区域的整体转型，如北京的 798 艺术区、上海的苏州河沿岸艺术仓库、成都的东郊记忆、杭州的 LOFT49 等，都是艺术家通过现代创意元素改造具有历史沉淀和文化内涵的老旧厂房、废弃仓库等城市工业遗址，使其焕发新生，进而成为现代文化产业的中心，在保存城市历史价值的同时，带来了极高的经济效益。这些成功的改造案例，都可以为更多的旧城型文化产业集群发展演化提供借鉴。

3. 新区型

新区型模式是近几年广泛出现的一种模式。顾名思义，新区是人为新建的区域，由政府主导规划，通过有效管理，以支持和孵化文化企业，是新型的文化企业孵化平台。

通常情况下，一个城市的区域功能规划在城市的发展演化过程中已经逐步固定下来，已有的资源通过各种方式被利用起来，这就造成城市发展格局与产业发展布局的矛盾。尤其是现代科技发达，形成了许多新兴产业，城市的老旧布局无法更合理的适应新的产业发展，限制了产业向外扩张的空间和溢出效应。这就需要政府重新选择一片区域，作为专门的发展空间。在这片新的区域内，政府重新规划设计区域内的硬件建设，并配套相关软件设施，吸引企业进驻的同时注重企业的培育，形成崭新的优势产业集群。

政府可以通过为新创企业发展提供一系列税收减免、土地资源、财政补贴等方面的优惠政策，达到孵化新企业的目的，促进文化产业集群迅速发展。而这些新建的文化产业园区不仅是城市的时尚产业区，也是创意实施区和科技抚育区，还是政府主导的具有可持续、迅速增长特征的产业集合体。这个产业集合体将逐步发展成区域内的增长极，再借由此带来的极化效应，带动周边区域的经济发展。新区型模式通常是由政府主导形成的集群，政府在集群形成的过程中扮演着主要角色。日本、韩国该种类型的文化产业集群发展较为成功，而中国在文化产业刚起步的地方通常也选择这种发展模式，因此，可以通过借鉴日本、韩国的成功经验，最大限度地发挥文化产业的集群效应。

8.4　文化产业集群演化模式的形成路径

8.4.1　基于复杂系统的形成路径

文化产业集群的自组织演化是系统从混沌、无序向有序演化的过程，是文化产业集群系统内企业间从缺少联系到建立一种方式进行交流合作的过程（丁丹丹，2011），刚开始文化产业园区内的企业虽然在同一区域范围集中，但相互之间并没有形成特定的联系。随着文化产业集群的发展，其内部的组织结构开始发生变化，产生了更高效的分工和专业的经纪人，形成一种新的产业组织形态——中介服务机构。伴随生产企业、服务企业和中介服务机构数量的不断增加，企业以及中介服务机构开始出现分工，相互之间在物质、资金以及知识等方面产生了一定的联系，形成了存在相互关联和特定功能的文化产业集群网络。文化产业集群网络出现后，会产生集聚规模的边际递增效应，也就吸引了更多的企业和中介服务机构进入，并不断强化物质、资金以及知识等的交流，从而壮大文化产业集群的竞争力。随着文化产业集群竞争力的不断壮大，文化产业集群网络的吸附能力会得到进一步加强，此时，集聚的规模边际效应继续放大（万陶，2007）。文化产业园区内企业之间非线性作用，在文化产业集群网络的吸附效应下，形成具有正反馈作用的自组织。由此，文化产业集群规模继续扩大，劳动力、土地等要素出现"瓶颈"，文化产业集群逐渐进入衰退阶段，原有的文化产业集群网络吸附能力和比较优势被逐步削弱。但如果文化产业集群能够适应竞争环境的突变，通过创新获得新的技术、新的竞争优势，就会进入新的有序发展循环，否则将会走向解体。文化产业集群存在自组织性，使文化产业集群这个系统有足够的能力以适应内外部环境变化，从而实现文化产业集群从不平衡到平衡、从无序到有序的发展。

　　企业在自组织的过程中，不断加强其本身对于外部环境的适应性，并在适当的时候调整其发展策略，与其他企业建立联系、增加交流，进行广泛的合作，或者在发展的过程中，通过学习或使用企业本身已有的要素基础修改自身的内部模型。在集群内部，企业之间也会相互学习和借鉴。通过长期的学习积累，加速企业进行自组织演化的进程，使其从无序向有序进化、从低级向高级进化，逐步演变出企业的核心竞争力，建立起拥有品牌、技术、市场优势的竞争体系，推动企业持续成长、创新。

8.4.2　基于动力机制的形成路径

1. 市场主导下的渐进式形成路径

　　市场主导下的渐进式文化产业集群演化模式的核心是以市场为纽带的"群落成长"——群落首先在一定空间内进行集聚，并随着企业规模的扩张和企业数量的增长而逐步向外扩散与延伸，最终形成集群（郭利平，2006）。这种模式的形成路径包括四个阶段。

　　第一阶段，在市场经济基础坚实、自然资源丰厚和区位条件突出的地区，出现一个或几个企业，触发其他企业在其周围成长、衍生，成为文化产业集群初始发育的区域。此时的企业数量较少，空间布局较为分散，产业规模不大，集聚经济和规模经济还没有充分发挥作用，未形成产业链。文化产业集群只能局限在比较狭窄的地理区域。

第二阶段，集聚效应开始显现，企业的发展速度加快，实现更多的经济效益，吸引了更多相关企业进入初始群落内部。其他的行为主体，如高校和科研院所、中介服务机构等则由关注转为积极参与。此时，文化产业集群便形成了较为完整的自组织有机生命体，所有行为主体开始共同参与群落内部的网络构建，成为群落中的主要节点和关键要素。

第三阶段，文化产业集群开始加速扩散。随着专业化分工趋于成熟，企业间联系日益紧密，大多数企业具备了出口能力。此时文化产业集群的产业链、技术链、产品链比较完善，形成了区域品牌，在国内甚至国外都拥有较大范围的影响力，产品在国际市场上的占有率稳步增加，具备了其他区域不可复制的竞争优势，而其所带来的经济效益也成为当地政府的主要财政来源。在经济效益的带动下，政府继续加大力度，支持文化产业集群的扩张，提供更加完备的基础设施、生产设施和生活设施，进一步吸引更多的企业和行为主体加入。这时文化产业集群内企业的技术创新和制度创新都处于扩张期，企业间的关系更多的转向合作，文化产业集群的网络体系随之扩张。

第四阶段，经历过第二、第三阶段的迅速扩张后，文化产业集群进入调整阶段。文化产业集群不可能无限扩张，不仅是由于集聚扩散的耦合机制，也由于外界环境没有足够的资源要素推动群落的扩张。此时的文化产业集群演化在自组织作用下，开始进行整合式集聚，文化产业集群的边界不再向外盲目扩张，而是在文化产业集群内部进行不断的调整和重新集聚，以保证集群网络结构的稳定和相关要素的动态平衡，这也是该阶段文化产业集群演化的主要动向。

2. 政府主导下的"蛙跳式"形成路径

政府主导下的"蛙跳式"文化产业集群演化模式的核心是以大型及跨国企业为产业核心，以园区为区域载体，连接众多中小企业进行配套生产，同时以政府主导和有效规划为基底，最终形成集群。这种模式的形成路径同样包括四个阶段。

第一阶段，政府预先进行规划，再根据规划，划拨特定区域作为园区。园区的建筑面积基本固定，拥有完备的基础设施，并精心设计了各类生产和生活所需的设施。此外，政府还建立了许多可供出租的标准厂房，并通过招商引资，吸引企业入驻。但此时的文化产业集群规模较小，入驻企业不多，企业产值低，产业链、技术链等相关链条还没有形成，多数企业仍处于观望状态，而其他行为主体处于缺位状态，仍然只能依靠当地政府发挥作用。

　　第二阶段，在政府主导下，文化产业集群初步建立。政府仍需继续扮演重要的角色，增加招商引资的手段和力度，吸引更多的企业和其他行为主体进入文化产业集群。此时的文化产业集群产生扩散效应，但扩散规模较小，而文化产业集群的各节点和相关要素受正反馈作用影响而快速增加，逐步形成网络结构。

　　第三阶段，受到文化产业集群品牌效应和经济迅速增长的影响，更多的企业和相关单位开始进入，带来产品链、价值链、技术链的不断延伸。此时，文化产业集群中各企业的专业化分工非常明显，创新成为其最主要的特征。该阶段文化产业集群以扩散为主，企业数量增长变缓，规模经济和集聚经济使文化产业集群具有明显的竞争优势，并在自组织作用下，继续呈现扩张态势。

　　第四阶段，此时的文化产业集群已由数量众多的企业相互联结，形成了完整的产业链，并与其他行为主体共同组成了文化产业集群网络，企业之间的关系稳定，进入集聚和扩散相互作用的时期。同时，政府开始考虑其他各种因素，主导该集群以外区域的经济发展，集群经济增长势头减缓，集群内部结构趋于稳定，呈现出均衡式发展的态势。集群内部的差异不断减少，演化迈向平稳期。

　　3. 市场与政府共同主导的协同式形成路径

　　市场与政府共同主导的协同式文化产业集群演化模式是市场与政府共同作用的结果，是基于偶然因素或其他因素，在特定区域内首先自发形成了大量相关企业的集聚，随后在其演化过程中，政府对文化产业企业的集聚进行干预，引导文化产业集群加速演化。这种模式的形成路径同样包括四个阶段。

　　第一阶段，由于某种原因，一些文化产业企业围绕某个或某几个核心企业集聚在某一区域，引领着文化产业的发展，同时其他相关企业也集聚到这一区域。这种集聚主要依靠市场机制，具有较大的偶然性，并且此时政府和其他行为主体还没有产生集聚，集群的产业链正处于萌芽状态，区域范围较为狭小。

　　第二阶段，随着核心企业规模的扩大以及所吸引的众多企业的进入，政府和相关机构开始注意集群的成长。集聚效益和竞争优势逐渐显现，企业数量持续增加，相互之间的联系越来越紧密，竞争越来越激烈，专业化水平逐步提高，并通过明确的分工带来经济竞争力，产业链和价值链已经初步形成，经历着自我强化的正反馈过程。此时，文化产业集群的规模和经济效益不断增加，逐渐形成集群网络。

　　第三阶段，文化产业集群已经基本形成，区域品牌效应开始凸显，该区域的经济增长速度明显快于其他地区，政府开始主导规划集群的成长，在原有文化产业集群的基础上，设计更广阔的发展空间，更完备的功能导向，加速推进文化产业集群发展成为网络结构。

第四阶段，此时，由于文化产业集群已经成为一个成熟的区域组织模式，政府便不再过多地干预集群的成长，集群内部已经拥有较为完善的产业链，专业化和协同发展成为企业之间合作的明显特征。同时，一些实力强大的企业与全球市场的联系趋于频繁，集群的演化不再停留在政府规划的产业园区内，而是开始向外延伸。园区内已经被各类相关要素填充完毕，集群开始沿着产业链条延伸的方向进行扩展，集群边界不再清晰，区域经济在成熟的文化产业集群带动下逐渐趋于均衡。

8.5　文化产业集群演化模式的实证研究

8.5.1　市场主导下的渐进式模式——北京尚 8 文化创意产业园

北京尚 8 文化创意产业园（简称尚 8）起源于工业老厂房，工业时代遗留下的大量建筑和工业资源成为其重要的发展载体。尚 8 保留了这些老厂房，进行适宜的改造，打造出耗能低、污染少的新兴文化产业，同时，尚 8 并未破坏这些老旧建筑，也保留了相关的历史文脉和时代记忆。

尚 8 力图通过打造产业园区国际化、品牌式的发展模式，结合国际资源，整合传媒、设计、时尚、艺术等领域的资源链条，形成人文关怀与城市质感并存的"城市创意综合体"（于少东等，2015）。尚 8 最独特的地方在于，它所采用的连锁经营模式，通过连锁扩张和集群发展的方式建立园区集群，从而打破传统文化产业园区中企业单一集聚的模式，在园区内突出产业链条化布局，吸引众多不同的文化企业入驻。

尚 8 为打造品牌，打造了 9 个概念不同、各具特色但又一脉相承的功能模块。这些功能模块包括尚 8CBD 文化园、艺术 8、尚 8 里文创园、尚 8 国际广告园、尚 8 人文创意园、尚 8 设计家广告园、尚 8 东区孵化园、尚 8 西城设计园和尚 8 国际音乐园。这些园区之间相互独立却又相互融合，各园区自身的产业链和不同园区之间的产业链都在寻求上下游整合，将与文化产业领域相关的商业发展、文化服务和消费体验等环节渗透于各上下游业务中，提升园区的凝聚力，带来更大的集群效应。

尚 8 的集群演化模式是典型的市场主导下的渐进式模式，在集群演化的过程中，始终以市场力量为主导，政府参与度较低，但尚 8 最终通过连锁扩张、集群发展的模式建立了园区集群，极大地推动了尚 8 文化品牌的发展，也是民营企业不依赖政府主导进行开发的成功案例，为我国文化产业集群化、规模化发展提供了有效的参考路径。

8.5.2　高新技术要素集聚型模式——国家中影数字制作基地

近年来，中国电影产业发展如火如荼，2011 年全国电影票房超过 130 亿元，2016 年全国电影票房达到 457 亿元。中国电影的产业化进程和广阔的市场潜力令全世界电影人羡慕。其中各影视园区的大力发展成为推动中国电影的主要动力。国家中影数字制作基地更是影视园区中的佼佼者。

中国电影集团公司（简称中影集团）是国家广播电视总局直属的企业，是国内最大的国有电影集团。在电影数字化技术被国际各电影公司广泛应用的时代，中影集团作为国内电影行业的领头人，需要建设一个现代化的大型数字制作基地，以满足人们对电影产业的新需求，并由此打造中国电影的新品牌。因此，2008 年 7 月，国家中影数字制作基地落成，拥有功能齐全的摄影棚、器材总库、数字后期制作区、大型外景拍摄地，成为设施配套和技术支撑于一体的电影梦工厂。相关配套公司，如制片公司、服装租赁公司、后期制作公司等以国家中影数字制作基地为支点，集约化发展，共同打造一个"东方好莱坞"（于少东等，2015）。

同时，国家中影数字制作基地与怀柔区文化创意产业的集群效应相辅相成，带动各类影视文化公司入驻，使怀柔区的影视产业集聚区为各影视企业产业链上各环节的发展提供了便利，极大地降低了企业生产成本，国家中影数字制作基地产生的品牌效应极大地推动了怀柔影视产业的集群化发展。

国家中影数字制作基地的集群演化模式属于典型的高新技术要素聚集型模式，通过开发和引进各种先进的影视制作技术，最终形成了集影视后期制作中心、专业技术服务中心、影视拍摄中心、影视展示与传播中心、影视版权交易中心、影视动漫制作中心、影视教育培训中心、影视制片公司集聚中心和影视旅游中心于一体的影视集群，为中国电影"走出去"打下了坚实的后盾。

8.5.3　市场与政府共同主导模式——深圳大芬村

深圳大芬村是中国最大的油画复制品基地之一，其内云集了全国各地 2000 多名画家和画师，每年生产和销售的油画达到了 100 多万张，成为名副其实的"油画第一村"。

大芬村的油画产业起源于我国香港商人黄江，20 世纪 80 年代，他被大芬村的民风吸引，加上大芬村生活成本低廉，黄江带领着几十名画师开始了油画的加工、收购和出口（于少东等，2015）。而随着油画产业在大芬村的发展，越来越多的画家、画师集聚在此，成为继续发展壮大大芬村油画市场的中坚力量，形成了"大芬油画村"的雏形。

之后,大芬村内画廊数量迅速增加,由初始的几家画廊激增至 1000 多家画廊,更多的画家、画师在此驻扎,逐渐形成了集油画生产、收购和外销于一身的一条龙服务体系,并出现了两家专门经营油画收购和销售的成规模的画商。每个画商的周围都聚集了一批专为其供货的画工。随着"大芬油画村"规模的扩大,它的名声也在不断提高,最终形成了今天的"大芬油画村"。经过多年的发展,油画产业已经不是大芬村的唯一产业,国画、书法、工艺、雕刻及画框、颜料等相关或配套产业也在成熟的油画产业带动下,形成了完整的体系链条。

当"大芬油画村"逐渐成形时,政府看到了文化产业发展的巨大潜力,便开始积极介入大芬村的后续发展。从 2000 年开始,布吉街道党委和政府为了更好地打造大芬村的品牌效应,邀请东南大学的专家为大芬村的发展制定了总体规划,并开始进行村内环境的改造,拆除违法违章建筑,打通村内各条道路,建立油画市场,把"大芬油画村"的环境改造作为一项重点工程。此外,2000 年 9 月布吉街道政府还成立了深圳市第一家镇级文联,为画家之间的交流提供平台,并组织多批文艺采风活动;2006 年,深圳市政府及龙岗区政府投资兴建了大芬美术馆,使其成为集油画展示、学术交流和休闲观光于一体的平台,通过规模化、集群化、国际化的发展模式,提升大芬村的文化品牌形象,最终达到促进区域经济发展的目的(王缉慈,2010)。

经过多年发展,大芬村已经从单纯的画家村,发展成为集艺术品创作、展示和交易于一体的艺术品市场,文化制造业和文化服务业也迅速发展壮大,并带动了大芬村及周边地区的旅游业发展。

深圳大芬村的集群演化就是典型的由市场与政府共同主导形成的文化产业集群。大芬村艺术家的初始集聚是艺术家自发的市场行为,在以艺术家为核心的集聚规模逐渐扩大,并形成一些小规模的企业时,政府开始参与,通过政策指导和税收优惠,进一步推动其集群化发展,最终形成了完备的集群产业链。

8.5.4　点线分布型模式——浙江横店影视城

享誉全球的美国好莱坞是世界上最著名的影视拍摄基地之一,无数著名影片诞生于此。而中国也有一个"好莱坞"——浙江横店影视城。1997 年,横店影视城初建时还只是一个以工业起步致富的小乡村,谢晋导演《鸦片战争》时使用的广州街景区是第一个搭建起来的影视区。之后越来越多的剧组开始涌入横店,进行影视剧的拍摄,横店便陆续修建了秦王宫、清明上河图、清明宫苑等影视基地和两座超大型的现代化摄影棚。2000 年,横店首推的、独有的场租免费模式进一步推动了横店影视城的发展,更多著名导演选择横店影视城作为影视剧的拍摄场地。

除了利用免费场租吸引剧组拍摄之外,横店集团控股有限公司开发了影视主题公园业务，将盈利模式转向旅游业，通过影视剧带动旅游观光的发展，充分利用明星、场景、道具、服装等资源推出不同的旅游组合产品，扩大经济收益。此外，横店影视城内除影视拍摄外，相关的后期制作、道具和设备租赁、影视培训、影视产品开发、电影院线、影视投融资机构等产业实现了集群化发展，拥有较为完善的产业链。

横店影视城的极大成功，带动了周边地区的发展进程。作为极其强大的影视产业增长极，横店影视城以江苏、浙江、福建、江西为辐射范围，沿着主要道路分布形式布局文化旅游线路，推进横店与浙北江南水乡古镇群、舟山海上系列景点、浙中南山地景观等影视拍摄基地的协作和联合，进一步打造横店影视城的品牌效应，并以此来提升旅游收益，拉动区域经济增长。

8.5.5　科教型模式——布里斯班创意产业园区

为了更好地推动文化创意产业发展，布里斯班政府支持昆士兰科技大学建立了世界上第一个创意产业学院，用以专门培养创意产业相关的专业人才，并组织开展一系列的研究。不仅如此，昆士兰科技大学还与昆士兰州政府合作创建了具有标志意义的昆士兰科技大学创意产业园区（Creative Industries Precinct，CIP）。与此同时，昆士兰科技大学凭借自身优越的学术资源，与产业界的密切联系，与政府的合作沟通形成了集产学研于一体的创意产业链。

在这个产业链中，昆士兰科技大学向入驻园区的企业输送大量专业人才，进行技能培训，提供文化资源、艺术资源、学术资源及相关服务，并为相关研究机构培养高端人才提供辅助研究，使昆士兰科技大学成为推动园区不断发展的重要力量；企业既向昆士兰科技大学注入发展资金，为在校学生提供实习或实践机会，也为相关研究机构提供相关的实证数据以及必要的研发经费；相关研究机构既向昆士兰科技大学提供专业设置指导，为企业提供业务咨询和战略规划，也为政府提出文化产业发展建议；政府则主要负责基础设施建设，提供政策支持和公共服务。

经过近20年的发展建设，布里斯班创意产业园区聚集了多个文化创意企业，形成了高校和科研院所、政府部门、企业之间相互开放、相互交流、相互渗透的创新网络，实现了人才、技术、资金的有机结合，加快了技术创新步伐。

布里斯班创意产业园区的集群演化是典型的科教型模式，高校和科研院所是文化产业园区的重要组成部分，对园区内企业的发展起到强大的支撑作用。

第9章　文化产业集群演化的评价

9.1　文化产业集群演化评价的影响因素

文化产业集群作为一种较为特殊的经济系统，其演化是宏观、中观与微观三个维度各方面因素相互作用的结果。任何一个维度的变化、缺失或者不正常，都将影响集群的成长与发展，从而导致集群演化的起伏变化。

9.1.1　宏观影响因素

稳定与良好的宏观影响因素，将对文化产业集群演化产生重大影响。总体来说，影响文化产业集群演化的宏观影响因素主要表现在以下四个方面。

1. 市场需求因素

在市场经济中，文化产业集群演化的发展取决于市场需求，其呈现出的情况决定着文化产业的总量、组成和发展前景。一方面，一个国家或地区的文化产业集群发展受制于这个国家或地区的文化需求总量；另一方面，文化产业集群的组成和布局也受制于文化市场需求。即便是某个文化产业的产品营销活动，也有可能使整个区域文化产业各部门、企业的利益分配发生改变，从而影响整个区域文化产业的规划与发展。从发展的变化来看，文化产业的前景取决于文化市场的前景。经济发展诱使文化消费需求不断增大，随着我国国民经济的高速发展，人民生活水平不断提高，大众对创意性、时尚性的文化产品显示出越来越强的需求。这种消费需求逐渐转化为丰富自我、发展自我的实际行动，为文化产业的增长开拓了广阔的市场发展空间。但是，国家统计局发布的《2018年我国文化产业发展情况的报告》显示，我国国内文化产品市场的供给存在60%的缺口。应大力发展文化产业，迎合文化消费的市场需求，形成"文化经济"时代的消费新热点，满足人们多元化的文化体验需求。

2. 制度因素

在一定程度上，文化产业集群的产生和发展需要得到政府的制度保障。政府对文化产业的扶持与否将直接影响该类文化企业能否在本区域产生集群。这种情况在我国尤为明显，政府在改革的常态中所实行的政策对文化产业集群的产生和发展以及演化的提升都有着举足轻重的意义（龚双红，2006）。

政府首先应该认识到发展文化产业集群是促进当地区域经济发展的重要手段，并基于区域文化产业发展的特征及优势，提出并制定符合该区域文化产业集群发展的相关产业政策与规划。为了提高我国文化产业集群及重点文化产业项目发展的步伐，针对当前我国某些文化产业集群竞争力相对较弱、融资渠道单一、法律法规相对较少、集群内基础配套设施不完善等问题，政府应进一步出台相应政策以解决所出现的问题，增强我国文化产业集群的竞争力。在建立科学、合理的文化产业集群整体思路下，加强优惠政策，吸引符合文化市场需求、有文化产业关联效应的企业进入文化产业集群。

完善、健全的知识产权制度是文化产业集群发展的重要前提。在《创意经济》一书中，经济学家霍金斯把文化产业界定为：其产品都在知识产权法的保护范围内的经济部门。美国更是用版权产业来解释文化产业这一基本概念，从而直接阐述了文化产业的产业特征，即制造及销售知识产权。从经济学的角度来看，知识产权体制的健全不仅仅在于认可创造者的知识劳动成果，更在于其有助于保证创造者得到应有的保护，从而大大增加文化产业集群的创新活力。健全的知识产权法律法规能够让文化产品生产者在一定时期内对自己的产品拥有垄断权，从而保护生产者的切身利益，使生产者无意识的创新发明动机转化为有意识的、延续性的创新趋势，从而提高文化产业集群的创新积极性。完善、健全知识产权制度能够避免文化产品成为公共物品，这对建设创新型文化产业集群起到很大的激励作用，从而促进文化产业集群的发展。

3. 基础设施因素

文化产业集群的优势之一就是能够获得比分散布局更为有利的外部经济。良好的基础设施建设和其他公共产品的供给，不仅能提高集聚企业的经济效益，还能在客观上增强集群的吸引力，促使区域外企业加入本地的企业群落，从而不断提高文化产业集群演化水平。

我国文化产业集群与世界上许多文化产业集聚区一样，通常集中在基础设施完善、经济发展水平高的城市，如北京、上海以及中部地区的中心城市等。这些地区通常是全国或区域的政治、文化、经济中心，具有完善的基础配套设施和便利的区位条件，如北京 798 艺术区，前身是国有 798 工厂等电子工业的老厂区，在被确定为文化产业集聚区时，政府在前期大力投入建设资金，快速完成了基本配套设施的建设；上海 M50 创意园是在 20 世纪 30 年代纱厂的厂房和老住宅区基础上改建而成的。这些园区在建立之前基础设施和交通网络就已经非常便利，而在园区前期建设过程中，政府又进行了整体布局、环境水平的提高和基础设施的改善等，提升了整个园区的服务化和现代化水平，使这些园区的基础配套设施变得更为完善。可见，拥有完善的基础设施是文化产业集群得以发展的前提（尹宏，2013）。

4. 资源因素

对于文化产业集群而言，资源禀赋是一个重要条件，包括自然资源、人文资源和资本资源。

自然资源是指自然界天然存在的资源，它是文化产业集群的基本载体。在文化产业集群中，可直接利用的自然资源通常是指富有特色的自然生态景观，如植被、湖泊、海洋、名山大川等。目前，这些自然遗产都已被开发为旅游景点，在极大地拉动当地经济发展的同时，也满足了人们体验大自然、享受自然风光的旅游需要。

人文资源是指人类社会的各种文化现象中可用于文化产业集群的那部分资源。人文资源是人类自身为了完善物质和精神文明成果的总和，也是人类在利用文化传统、科学技术的长远实践中创造的知识文化、体制文化和精神文化遗产来改善围绕自身环境的综合产物。人文资源既是文化产业的核心所在，也是文化产业发展的重要战略条件，它凝聚了人类思想与智慧成果的结晶，是可连续使用的资源中最具挖掘价值的资源（曾咏梅，2012）。从内容来看，人文资源一般是前人所创造、积淀的文化遗产和当今文化、信息、知识的总和，包含语言文字、历史遗存、风俗、建筑设计、艺术、宗教信仰、思想观念等。总的来说，只要是在社会运转过程中形成的能够满足人类精神文化需求的产物或者活动，都应列入人文资源的范围。

资本资源是指经济单位依赖于经营并获得盈利的经济价值，不仅包括经济单位所有者投资于生产经营的本金，还包括经济单位所有的筹资项目，即全部所有者的权益和负债。资本是文化产业集群发展的重要保障，文化基础设施的建设、文化资源的挖掘等都离不开资金的支持。资本资源是文化产业集群投资和运作的动力。社会经济形态发展到一定阶段形成了资本市场，它是社会各个经济主体之间进行资本融通的各种形式以及与之相关的一切交易关系的总和。资本市场的范围十分广泛，并随着社会经济的发展而不断变化。就目前国际资本市场所涵盖的范围来看，主要由证券市场、长期信贷市场、衍生金融工具市场三个部分组成。

9.1.2　中观影响因素

中观是介于宏观和微观之间的层面，中观经济是介于宏观和微观之间的经济活动，20 世纪 70 年代，德国国民经济学家汉斯·鲁道夫·彼得斯首次提出了"中观经济学"这一理论概念。在我国，著名的经济学家于光远也曾在 1981 年提出加大对中观经济问题的重视程度。中观经济主要研究的是部门、地区、集团等集合体的经济，即某一集团或某一地区的经济活动。总体来说，影响文化产业集群演化的中观影响因素主要表现在以下三个方面。

1. 信用机制因素

信用在文化产业集群发展中的功能是复杂的、多方面的，是保持和增进经济发展的主要影响因素。培养企业信用可以降低合作中所需的激励成本与监督成本。信用是集群内部企业之间建立伙伴关系的前提条件，能够促进技术创新和技术扩散，从而进一步提升文化产业集群演化（周素萍，2008）。

诺贝尔经济学奖得主阿罗（Arrow）声称：信任是最具有实用价值的必需品，是社会正常运行的重要润滑剂，信任要素体现在集群内部企业之间每一次的交易活动中。经济交易和社会活动都很有可能发生未知的改变，而企业之间的合作又难以做到非常完善，而信任本身则意味着经济行为个体不会产生损人利己的行为，信任的出现会抑制经济不理性的产生，使社会活动和经济交易向着更合理的方向良性发展，从而降低市场交易的不确定性和复杂性。同时，信任也加大了交易各方的信息交换，减少了因交易产生的摩擦冲突，企业之间通过相互理解与信任，最终实现帕累托最优。

文化产业集群内部企业之间的组织信任是长期和普遍存在的，文化产业集群的集聚优势效应及演化发展主要依附于集群内部企业之间的信任机制。完善的文化产业集群信任机制可以增加集群内部企业合作机会，有增加企业在文化产业集群中稳定发展的作用，并在一定程度上降低文化产业集群内部网络的不确定性和易变性，预防机会主义的出现和道德风险的增加，提高文化产业集群整体水平。此外，文化产业集群内部企业之间的信任机制还拥有一些特别的作用。第一，文化产业集群内部企业之间相互存在的信任机制能够增强集群内部企业之间的共同文化理念，推动文化产业集群的协调治理和均衡发展双重目标的实现，继而在建立和维护文化产业集群的生产、销售等方面起到巨大的作用。第二，信任机制会大大增加集群内部企业之间的交易速度，对形成文化产业集群稳定、高效的区域竞争优势极为重要。第三，信任机制将提升文化产业集群内部企业之间的知识共享速率，并提高企业的学习能力，企业在相互信任的环境下使知识得到扩散，并实现知识再造，产生知识溢出效应，从而提升文化产业集群的竞争优势。第四，文化产业集群内部企业之间的信任机制能带来品牌效应与广告效应，信任通过为集群中的经济行为主体带来氛围上的愉悦，提高文化产业集群的对外形象，加大集群的品牌影响力，对吸引外部投资、创新人才和消费者等方面具有极大的促进作用。

2. 竞争因素

在文化产业集群中，地理上的接近性使企业对竞争压力的感受也更为直接，同时也使企业之间因更容易了解彼此行业内的发展而产生攀比心理，从而加剧了集群内部企业之间的相互竞争。文化产业集群内紧密相邻的企业因区位的相对集聚而拥有较低的竞争成本、较少的竞争时间和过程，因此企业竞争现象不断出现并加剧。集群内部的企业通过降低生产销售成本、改善产品质量及服务水平进行生产技术创新，实现有效竞争。

企业之间的竞争行为是决定文化产业集群竞争绩效的重要变量，是集群发展中不可或缺的一个重要部分，将直接决定文化产业集群演化水平，进而影响文化产业集群演化发展方向（李建设和闫乐薇，2013）。文化产业集群中的企业竞争行为对于拟订、实施文化产业集群战略部署，提高文化产业集群水平和区位经济水平有着重要意义。竞争使文化产业集群内各企业主体始终保持强劲的发展势头，并在相互竞争的环境中急速发展和壮大（彭穗，2010）。

3. 价值链因素

哈佛大学商学院的 Porter 在《竞争优势》一书中首次提出"价值链"这个基本概念。他认为企业的价值产生过程主要由基本活动（生产加工、市场和销售、外部后勤和内部后勤等）和辅助活动（原材料供应、技术开发、基础设施、人力资源等）两部分组成。以上活动在企业价值生产过程中是相互关联的，由此形成了一系列链条，即价值链。价值链是集群或企业为消费者、投资人、集群企业内员工等利益集团产生价值利润所进行的一系列关联增值活动的总称。

文化产业集群的价值链可分为主要和次要两部分。主要部分是由集群内部企业组成，包含生产商、垂直关联的上下游企业（原材料供应商和营销商）、水平关联的企业、消费者以及企业创新研发出来的新产品。在价值链的销售端上，消费者通常还会产生新的市场消费需求，继而上一个价值链结束后又开始另一个新价值链的动态循环。次要部分在文化产业集群中起到一个支撑的作用，其中包括中观生成机制。一方面，技术程度决定了文化产业集群价值链的最终长度，专业化分工的组织者发现，集群内部每个企业都有各自的产出优势。一般情况下，集群内部企业因规模效益而产生的额外利润远比单一企业在集群外交易市场所产生的利润更容易获得。另一方面，价值链细分还在于价值链的不同部分存在着不同的收益率。集群竞争优势的不同源于集群价值链的差异，集群中价值链越完整，集群的竞争优势就会越明显。集群内部企业之间如若能组成一个高效、完整的价值链，企业就会倾向于集聚，并持续产生增值活动。当价值链较长时，价值链上的企业就有机会组成规模经济的横向集群、范围经济的纵向集群或混合集群。

9.1.3　微观影响因素

微观影响因素是指企业内部对文化产业集群演化产生影响的因素，主要包括企业发展、创新和人才三个因素。

1. 企业发展因素

文化产业集群的发展离不开集群企业的实力，集群企业实力关乎集群演化水平的强弱。在文化产业集群发展的初期，集群内部只有少数中小型企业聚集，集群的网络连接度较低，企业之间的关联度较小，极少出现竞合关系，拓展消费市场的渠道少、方式单一。随着文化产业集群的不断发展壮大，其配套设施、中介组织、交易信息平台等不断完善，加上政府出台的扶持政策，集群内企业数量不断增多，发展规模也随之增大，企业的核心技术、销售渠道、主要生产环节等竞争优势逐渐凸显。集群内中小型企业与民营企业数量增长速度明显，并产生具有龙头带动作用的大企业。企业之间生产、技术、资本等方面的合作不断深入，形成了产业链，进一步提升了文化产业集群的规模经济效应。企业通过与高校和科研院所的产学研合作在企业内部进行产品的研发与创新，提高自身的核心竞争力，从而逐步增加文化产业集群在本区域的市场知名度。在示范效应、品牌效应的作用下，文化产业集群将拥有更广的消费市场，文化产业集群演化也将进一步凸显出来，从而产生比之前更大的集群规模效应（宋建伟，2010）。

2. 创新因素

在知识经济时代，文化产业集群必须依靠科技创新才能获得快速、稳定的可持续发展。创新是文化产业集群稳健发展的重要前提，是推动文化产业集群演化持续发展的重要手段。文化产业集群演化水平提升的内在动力在于创新，一方面要对本区域内优势文化资源进行合理的规划与进一步的挖掘，另一方面要使现代文化产业不断革新并对产品推陈出新。集群内企业的竞合方式、共同理念和集聚优势通过创新的方式得到强化，并有助于改善企业之间的发展环境，使企业之间的竞争、合作、学习的氛围更加协调，完善集群内的产业链条，提高科技技术和知识成果的传播速度，从而提升整个区域的文化竞争实力。集群内企业通过学习与创新、竞争与合作的方式实现知识扩散、知识再造，形成知识溢出效应，加速整个集群的创新周期和创新频率，并通过企业管理创新和集群制度创新来提高我国文化产业的科技竞争力，实现文化产业集群长期、稳定的发展（雷宏振和宋立森，2011）。技术创新能力是创新的主要方面，指的是一种涵盖技术能力以及战略、规划、组织、文化等，有利于企业产生新思想，促进集群创新战略的综合能力，具有独创性、商品化和系统性三个特性。通过技术创新将当代科技创新成果应用到文化产业集群的发展中，能够实现文化产业集群演化水平的飞速提升。

3. 人才因素

知识型人才对于文化产业集群的形成具有重要意义。知识型人才的储备为文化产业集群中小企业提供了更大的选择余地。一个区域中的知识型人才越多，企业的选择余地就越大。知识型人才的技术创新能力增加了集群的竞争优势。知识型人才的存在和聚集会产生"马太效应"，即任何个人、群体或地区，一旦在某一方面获得成功和进步，就会产生积累优势，从而拥有更多的机会实现更大的成功和进步。知识型人才在区域中取得的成绩越大、越集中，对外的辐射面和影响力也就越大，区域人才吸引力就会越强。

综上所述，文化产业集群演化受宏观、中观和微观三个维度内多种因素的影响，因此，要保持文化产业集群竞争优势并提升其演化水平，就必须从这三个维度的相关因素入手。

9.2　文化产业集群演化评价的指标体系与模型

文化产业集群演化评价是一项复杂的系统性工作，评价既要立足于集群的特征，考虑集群外部环境的动态变化，又要符合集群现有的发展情况。在文化产业集群理论与影响因素研究的基础上，本节构建了文化产业集群演化评价指标体系，分析各方法的利弊，选取主成分分析法为评价文化产业集群演化的最终方法，并结合评价方法和设计的指标体系，构成文化产业集群演化的评价模型。

9.2.1　评价指标体系设计

1. 指标体系的选取原则

对文化产业集群演化水平进行评价，需要建立一个科学合理、实用可行的文化产业集群演化水平评价模型，应理清影响文化产业集群演化的主要因素的内在本质（刘小铁，2013）。本节设置了评价指标体系原则。

（1）完整性原则。指标体系应能够比较完整地涵盖决定与影响文化产业集群演化的主要因素，至少包括演化构成要素等。

（2）科学性原则。文化产业集群演化评价指标体系的设计须建立在科学、合理的基础上，选取的评价指标应能够反映文化产业集群演化的内涵和特征，充分考虑影响集群演化的要素及指标结构整体的合理性，以求客观真实地反映集群演化的实际水平。指标体系需比较合理地描述这些要素相互之间的内在逻辑关系。

（3）动态性原则。选取的各个指标既要体现出文化产业集群演化的当前发展情况，又要反映文化产业集群演化的发展趋势，以便于规划和管理；所选取的指标体系必须在一定的时期内具有相对的稳定性，以保证指标的可靠性。

（4）可行性原则。指标体系中所选取的指标应能够从各种统计资料或者企事业单位获取，使构建的指标体系能够获得资料的支撑，可以量化并进行最终的演算，从而具有比较强的可操作性。若选取的指标在各统计资料中无法获取或数据无法量化，那么应删除该指标或寻找其他指标来代替。此外，综合评判方法与演算须统一，通过指标体系演算的最终结果应公正、客观、合理（卢杰等，2008）。

2. 指标体系的设计

文化产业集群演化的构成要素是指文化产业集群基于特定视角的可操作化处理后所包含的各组成部分或具体元素。由于能力本身是一个抽象的概念，其可操作性和可度量性必须落实到具体载体层面。本节根据上述原则，考虑指标数据的可获得性，建立文化产业集群演化评价指标体系框架（图9-1）。通过图9-1，构建出如表9-1所示的文化产业集群演化评价指标体系。在该体系中，将文化产业集群演化的因素归结为宏观、中观、微观三个因素中的市场需求、制度的因素、基础设施、资源禀赋、信用机制、竞争、价值链、企业发展、创新以及人才10个方面，从这10个方面出发，共选取21个指标来综合评价文化产业集群演化。总的来说，所选取的指标体系包含两类指标：一类是从统计资料和企业调查中能够客观获取相关数据的指标；另一类是没有直观数据但是具有重要程度的定性指标。定性指标可划分为优（4）、良（3）、中（2）、差（1）四个等级，这种指标通常是通过专家评委打分获得。

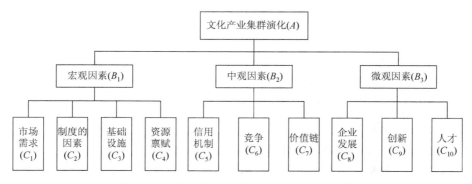

图9-1 文化产业集群演化评价指标体系框架

表 9-1　文化产业集群演化评价指标体系

一级指标	二级指标	三级指标
文化产业集群演化影响因素		
宏观因素（B_1）	市场需求（C_1）	人均可支配收入（D_1）
		人均文娱消费比重（D_2）
	制度的因素（C_2）	财政拨款数（D_3）
		政策法规数（D_4）
	基础设施（C_3）	水电、通信便利度（D_5）
		高校、图书馆、博物馆数量（D_6）
		地区基本建设支出（D_7）
	资源禀赋（C_4）	生态环境（D_8）
		非物质文化遗产、遗址数量（D_9）
中观因素（B_2）	信用机制（C_5）	年担保授信总额度（万元）（D_{10}）
		年风险投资公司投资总额（万元）（D_{11}）
	竞争（C_6）	集群内企业数量（D_{12}）
		合作项目数量（D_{13}）
	价值链（C_7）	供应商价值链完整程度（D_{14}）
		生产企业价值链完整程度（D_{15}）
微观因素（B_3）	企业发展（C_8）	年均总产出（D_{16}）
		从业人数（D_{17}）
	创新（C_9）	研究开发费用（万元）（D_{18}）
		专利数（D_{19}）
	人才（C_{10}）	本科学历占比（D_{20}）
		职工培训费用占产品销售收入的比率（D_{21}）

9.2.2　评价方法选择

文化产业集群演化受到多重因素的影响，有些因素可以直接通过定量指标来衡量，而有些则需要转变成定性指标。文化产业集群演化是一个复杂的多指标评价问题，需综合考虑影响文化产业集群演化的多种指标因素，并运用多指标综合评价方法进行评价。多指标综合评价方法是通过将影响各评价主体复杂而众多的因素汇集成多项指标，并将指标标准化，使之转化为相对评价值，最后通过综合指标的评价值来反映研究主体的评价方法。其中直接影响最终评价结果的因素是评价指标和指标权重系数的确定。

目前，国内外所运用的综合评价方法以权数确定思路的不同大致可分为主观赋权评价法和客观赋权评价法两大类。主观赋权评价法主要采用定性的方法，由相关领域的专家依据经验与专业知识进行主观判断而获得指标的权数，并对得到权数的指标进行综合评价，如模糊评价法、层次分析法等。客观赋权评价法是依据选取多项指标之间的相互关系或多项指标之间的变异系数来确定权数从而达到综合评价的最终结果，如 TOPSIS 评价法、灰色关联度分析法、主成分分析法等。在实际操作过程中，主观赋权评价法对于选取的评价指标全部是主观赋值，这就对评价专家有较高的专业、经验要求，即使如此，在不同的环境和时间上，同一专家对同一研究对象也会产生不一样的主观判断和结论。所以这种方法的主观臆断性相对太强，操作比较简易，适用于不太复杂的研究主体，其最终结果的可信度相对较低。客观赋权评价法的指标数据一般是通过客观、真实的可获取数据进行评价，这样就减少人为因素带来的一些影响，适用于指标关联度比较大的研究主体，但其评价结果的有效性只针对研究对象。

不同评价方法的选取会使评价结果发生变化，因此在进行评价时选取合理的评价方法对提高评价结果的科学性和准确性至关重要。每一种评价方法都有其适用的研究对象，针对研究主体的具体情况选取适合的评价方法，才能使结果具有更高的科学性和准确性。本节构建的指标体系包括 21 个与文化产业集群演化密切相关的指标，选取指标的数量相对较多，且这些指标对文化产业集群演化的影响有一定的不确定性和复杂性，考虑到评价方法的科学性与可操作性，确定运用主成分分析法评价文化产业集群的演化。

主成分分析法是利用降维的思路把多个选取指标转化成少数若干综合指标的统计分析方法，在保证每个主成分能够反映出原始指标大部分信息的情况下，用科学与合理的几个较少的主成分因子变量来分析关系复杂的原有指标变量，将问题简单化。主成分分析法具有以下几个优点：

第一，主成分分析法是处理多变量数据的统计分析方法，它在确保最少信息丢失的同时把众多观测指标浓缩为少数几个因子，用较少的因子变量来概括和解释具有错综复杂关系的大量观测变量，从而建立简洁的概念系统，揭示事物之间最本质的联系。第二，在实际问题中，经常会遇到多指标（变量）问题。在大多数情况下，不同指标之间有一定的相关性，主成分分析法正是根据评价指标中存在一定相关性的特征，用较少的指标代替原来较多的指标，并使这些较少指标尽可能地反映原有指标的信息，从根本上解决指标之间信息重叠的问题，大大地简化了原有指标体系的指标结构。因此，在社会经济统计中，主成分分析法是应用最多、效果最好的方法。第三，在主成分分析法中，各综合因子的权重不是人为确定的，而是根据综合因子贡献率的大小确定的。这就克服了某些评价方法中人为确定权数的缺陷，使综合评价结果唯一，并且客观合理（虞晓芬和傅玳，2004）。

所以，主成分分析法不仅使评价工作变得相对简便，而且更能客观地分析出研究主体的实际结果。

在使用主成分分析法评价文化产业集群演化时，要尽可能多地选取对文化产业集群演化影响力大的各项指标（定性与定量指标相结合），使文化产业集群演化的测评结果更加客观、真实。

主成分分析法的步骤和具体计算方法如下：

假设有 n 个年份，p 个评价指标，构建出文化产业集群演化评价指标体系的原始数据矩阵：$X = (X_1, X_2, \cdots, X_n) = (X_{ij}), i = 1, 2, \cdots, n; \ j = 1, 2, \cdots, p$。

（1）原始数据标准化。在一般情况下，在系统运用主成分分析法进行分析前，需要处理现有的原始数据，使其标准化，减少不同指标量纲对分析结果的不必要影响，使其更具有可比性。标准化处理后，其各个变量的平均值为 0，标准差为 1。

数据标准化公式如下：

$$Z_{ij}^* = \frac{x_{ij} - \overline{x}_j}{\sqrt{\mathrm{var}(x_j)}} (i = 1, 2, 3, \cdots, n; j = 1, 2, 3, \cdots, p) \tag{9-1}$$

式中，x_{ij} 为第 i 年第 j 指标的数值；$\sqrt{\mathrm{var}(x_j)}$ 和 $\overline{x}_j$ 分别为第 j 个指标的标准差和平均值。其中：

$$\overline{x}_j = \frac{1}{n} \sum_i^n x_{ij} (j = 1, 2, \cdots, p) \tag{9-2}$$

$$\mathrm{var}(x_j) = \frac{1}{n-1} \sum_i^n = (x_{ij} - \overline{x}_j)^2 \tag{9-3}$$

（2）构建数据矩阵 X 的相关系数矩阵：

$$R = (r_{ij})p \times p = \frac{Z^{\mathrm{T}} Z}{n-1} (i, j = 1, 2, \cdots, p) \tag{9-4}$$

（3）求出相关矩阵 R 的特征根及其相对应的特征向量。

（4）主成分个数 n 由累积方差贡献率确定。累积方差贡献率越大，说明该主成分包含的原始指标变量的信息越强。一般要求累积贡献率达到 85% 以上，这样才能保证综合变量包括原始变量的绝大多数信息。其主成分为

$$F_i = a_{1i}X_1 + a_{2i}X_2 + \cdots + a_{pi}X_p, (i = 1, 2, \cdots, k) \tag{9-5}$$

式中，F_i 为第 i 个主成分；$a_{1i}, a_{2i}, \cdots, a_{pi}$ 为各主成分的系数。

（5）由主成分建立一个新的线性组合，并用主成分的权重构建一个综合评价函数：

$$y = a_1 F_1 + a_2 F_2 + \cdots + a_n F_n \tag{9-6}$$

式中，y 为综合评估指标。以此可计算文化产业集群演化水平的综合得分并排名，综合得分越高，说明文化产业集群演化越好。

9.2.3　评价模型构建

　　本节选取 21 个相互关联的指标构建文化产业集群演化的评价体系,并运用主成分分析法使一组无相关性的主成分指标代替原有 21 个具有相互关联的指标。也就是说选择 n 个相对独立的主成分替代原有 21 个变量的信息,并且这 n 个主成分包括了原有 21 个变量 85% 以上的信息,因此可以提取 n 个主成分变量评价文化产业集群演化水平。

　　在文化产业集群演化评价指标体系建立的前提下,基于主成分分析法构建文化产业集群演化水平评价模型:

$$F = a_1 Y_1 + a_2 Y_2 + \cdots + a_n Y_n \qquad (9\text{-}7)$$

　　　　其中,　　　　$Y_i = \lambda_1 x_1' + \lambda_2 x_2' + \cdots + \lambda_n x_n' \qquad (9\text{-}8)$

式中, F 为文化产业集群演化水平的综合得分; $a_1, a_2, \cdots, a_n$ 为文化产业集群演化水平的每个主成分得分,表示每个主成分的权重值; $\lambda_1, \lambda_2, \cdots, \lambda_n$ 为每个指标的权重值; $x_1', x_2', \cdots, x_n'$ 为原始数据标准化后的应得数值。本节以演算每个主成分的得分与综合得分 F 来探析文化产业集群演化水平。

9.3　文化产业集群演化评价的实证研究

　　9.1 节和 9.2 节详细阐述了文化产业集群演化的内涵,以及文化产业集群演化的宏观、中观和微观影响因素等问题,并提出了文化产业集群演化评价的理论模型。本节主要是结合前面的理论,应用 9.2 节提出的模型评价分析禹州市神垕镇钧瓷文化产业集群演化的水平,以此验证模型的有效性。

9.3.1　禹州市神垕镇钧瓷文化产业集群发展现状

　　禹州市位于河南省中部,是中华民族的发祥地之一。禹州市境内钧瓷原料品种多、储量大、质量好,为古代和现代钧瓷工业生产提供了丰富的物质基础,被誉为"中国钧瓷之都",禹州市的钧瓷生产地点主要分布在神垕镇、鸿畅镇、梁北镇、苌庄乡及城区(郑永彪和肖荣阁,2008)。

　　中华人民共和国成立后,在党和政府的重视下,1955 年钧瓷技艺得到恢复,其发展进入一个新的历史时期,但这个时期的钧瓷企业都是国营性质,产量有限,大部分用于出口创汇。1979 年以后,国营钧瓷厂逐渐停产,民营钧窑如雨后春笋,发展很快,在政府的政策引导和扶持下,近百家钧瓷厂聚集在禹州市,形成了从资源开采、原料生产、造型设计到钧瓷烧造、产品包装、钧瓷营销再到人才培养、技术研发、钧瓷文化旅游、钧瓷博览的分工明细、紧密合作的产业链，进而形成了具有鲜明文化产业特征的钧瓷文化产业集群（郑永彪和王雨，2012）。

当前，禹州市神垕镇陶瓷文化产业集群主要生产钧瓷、炻瓷、日用高白瓷、建筑卫生瓷、高低压电瓷、园林瓷等近 10 个瓷种。截至 2014 年，全市陶瓷生产企业达到 960 家，其中钧瓷 78 家、炻瓷 54 家、日用高白瓷 434 家、建筑卫生瓷 26 家、高低压电瓷 10 家、园林瓷 86 家、耐火材料 83 家、其他瓷种 189 家，与钧瓷生产相关联的企业有 200 家（如包装、运输等），从业人员近 4 万人，年产值达到 49.6 亿元，占全市工业总产值的 20%左右，实现销售收入 49.9 亿元，实现利税 7.1 亿万元，出口 1 亿美元左右。荣昌钧窑、孔家钧窑、禹州市钧瓷研究所、星航钧瓷、苗家钧瓷、王府钧瓷、建军钧瓷被评为全国钧瓷七大名窑，有效带动了禹州市陶瓷产业的快速发展，知名陶瓷企业主要有恒昇陶瓷有限公司、白玉陶瓷工艺公司等 67 家，形成了独有的特色支柱产业。目前，禹州市已成为我国陶瓷集散地之一、中部最具影响力的钧瓷生产基地和全国重要的钧瓷出口基地，广东、湖南、山东、河北等地的陶瓷产区在禹州市均设有办事机构，年陶瓷货运吞吐量达 7.5 万吨（赵志娟，2012）。

神垕镇钧瓷文化历史悠久。自唐代以来，神垕镇逐步发展成为中国北方的陶瓷文化旅游中心。神垕镇的明清建筑有伯灵仙翁庙、关帝庙、七里长街、古寨墙、古民居等，神垕镇也遍布着许多的钧瓷古窑遗址，定期开展瓷器展会、古玩市场等活动项目，在 2010 年被评为"中国第一批特色旅游名镇"。神垕镇的文化旅游资源非常丰富，以老街为核心，现有国家级、省级文物保护单位神垕钧窑址各一处，古寺庙、古寨、古祠堂等 40 余处，面积达 3 平方千米。神垕镇边缘有凤翅山、乾明山、大龙山等为代表的山岳型资源，并有作坊体验、窑烧观赏、收藏鉴赏、精品展览等旅游项目。禹州钧瓷文化产业园在 2012 年 8 月 20 日成为第五批国家文化产业示范基地，2013 年 1 月 16 日，禹州市苗家钧窑有限公司等首批 4 家"国家级非物质文化遗产保护研究基地"在京命名并颁牌。禹州市提出了以钧瓷文化为品牌，以神垕古镇为载体，以钧瓷产业为集群，以旅游开发为带动，努力把神垕镇打造成为独具中原文化特色的文化产业基地和知名的旅游景区的发展方针，全面展现"千年古镇，钧瓷文化"的风采。

9.3.2　禹州市神垕镇钧瓷文化产业集群演化评价演算

根据 9.2 节提出的文化产业集群演化评价指标体系与模型，收集了禹州市神厘镇钧瓷文化产业集群 2005～2014 年的相关指标数据,数据由实地调研和文献归纳总结所得,并运用统计软件 SPSS 来完成主成分分析。

1. 原始数据标准化

因为需要消除不同指标量纲带来的不合理影响,先对原始数据进行处理,使其标准化。数据标准化的公式见式(9-1)。

标准化处理过的数据见表 9-2。

表 9-2　标准化处理过的数据

指标	2005 年	2006 年	2007 年	2008 年	2009 年	2010 年	2011 年	2012 年	2013 年	2014 年
D_1	−0.504 53	−0.107 03	0.341 39	0.675 72	1.005 51	−0.565 91	−1.488 90	0.808 95	1.321 80	−1.487 00
D_2	−0.234 54	0.263 49	0.847 51	1.227 97	1.535 49	−0.776 36	−0.885 77	−1.690 70	−0.095 22	−0.191 86
D_3	−0.651 69	−0.368 05	−0.037 21	0.194 59	0.392 85	1.394 61	−1.370 08	−0.768 20	1.851 21	−0.638 03
D_4	−0.862 46	−0.673 70	−0.414 90	−0.228 00	−0.085 57	1.839 69	−1.342 30	−0.018 35	0.264 25	1.521 33
D_5	−0.249 49	0.076 12	0.381 75	0.514 30	0.736 66	1.142 95	−0.487 83	0.707 40	−2.399 08	−0.422 76
D_6	−0.840 44	−0.483 67	−0.091 05	0.160 60	0.420 68	−1.347 94	−1.341 87	1.422 63	1.049 25	1.051 82
D_7	−0.751 57	−0.592 01	−0.417 29	−0.299 64	−0.188 75	−0.904 95	2.160 56	−0.797 08	0.722 90	1.067 84
D_8	−0.831 12	−0.603 37	−0.329 36	−0.138 80	0.037 21	−1.095 90	−0.272 69	−0.298 87	1.441 89	2.091 01
D_9	−0.998 15	−0.792 98	−0.542 50	−0.340 72	−0.177 40	1.688 19	−1.079 97	0.562 32	0.070 15	1.611 08
D_{10}	−1.060 96	−0.973 37	−0.866 13	−0.792 74	−0.721 35	0.008 12	1.213 94	0.753 96	1.140 05	1.298 48
D_{11}	−1.298 61	−1.090 29	−0.782 70	−0.586 04	−0.413 14	0.208 37	0.343 72	0.705 12	1.238 90	1.674 67
D_{12}	−1.391 42	−1.120 00	−0.770 34	−0.524 92	−0.323 92	0.121 59	0.397 95	0.828 97	1.161 55	1.620 54
D_{13}	−1.415 18	−1.190 82	−0.846 76	−0.502 39	−0.166 89	0.222 19	0.456 16	0.747 36	1.092 37	1.603 96
D_{14}	−1.769 74	−1.284 81	−0.607 80	−0.231 17	−0.001 06	0.150 56	0.603 44	0.766 60	1.155 14	1.218 85
D_{15}	−1.422 40	−1.156 92	−0.792 93	−0.530 05	−0.329 72	0.156 56	0.548 52	0.873 79	1.250 94	1.402 20
D_{16}	−1.633 08	−1.163 49	−0.713 66	−0.467 50	−0.163 87	0.344 86	0.516 07	0.731 55	1.108 52	1.440 61
D_{17}	−1.408 30	−1.090 18	−0.692 58	−0.477 41	−0.236 18	−0.335 48	0.855 39	0.633 89	1.242 84	1.508 02
D_{18}	−1.452 01	−1.112 12	−0.772 23	−0.503 72	−0.197 82	−0.092 45	0.553 34	0.842 25	1.335 09	1.399 67
D_{19}	−1.567 40	−1.011 85	−0.856 98	−0.236 78	−0.017 26	0.087 17	0.271 88	0.414 67	1.125 09	1.791 46
D_{20}	−1.295 01	−1.008 10	−0.808 63	−0.570 31	−0.261 65	−0.125 77	0.309 77	0.762 55	1.305 78	1.691 38
D_{21}	−1.246 80	−0.990 23	−0.683 59	−0.465 37	−0.241 14	−0.474 87	0.370 9	0.641 69	1.248 22	1.841 20

2. 相关系数矩阵计算

计算得到的相关系数矩阵见表 9-3。从表 9-3 中可以看出 21 个指标彼此间具有较强的相关性,因此 21 个指标所反映的演化水平信息具有很大的重叠性和关联性。

表 9-3　相关系数矩阵

指标	D_1	D_2	D_3	D_4	D_5	D_6	D_7	D_8	D_9	D_{10}	D_{11}	D_{12}	D_{13}	D_{14}	D_{15}	D_{16}	D_{17}	D_{18}	D_{19}	D_{20}	D_{21}
D_1	1.000	0.367	0.545	-0.094	-0.062	0.523	-0.453	-0.012	-0.133	-0.283	-0.135	-0.110	-0.122	0.002	-0.083	-0.092	-0.127	-0.040	-0.096	-0.081	-0.101
D_2	0.367	1.000	0.249	-0.140	0.091	0.040	-0.125	0.078	-0.305	-0.615	-0.455	-0.448	-0.425	-0.335	-0.475	-0.411	-0.385	-0.419	-0.267	-0.407	-0.334
D_3	0.545	0.249	1.000	0.521	-0.216	0.118	-0.262	0.130	0.370	-0.034	0.167	0.136	0.149	0.195	0.152	0.190	0.041	0.139	0.194	0.132	0.054
D_4	-0.094	-0.140	0.521	1.000	0.144	0.243	-0.159	0.356	0.970	0.313	0.570	0.541	0.557	0.479	0.498	0.558	0.357	0.445	0.584	0.505	0.433
D_5	-0.062	0.091	-0.216	0.144	1.000	-0.257	-0.572	-0.631	0.187	-0.490	-0.419	-0.387	-0.353	-0.319	-0.402	-0.325	-0.487	-0.444	-0.372	-0.461	-0.498
D_6	0.523	0.040	0.118	0.243	-0.257	1.000	-0.011	0.683	0.320	0.334	0.527	0.552	0.520	0.522	0.521	0.491	0.522	0.569	0.557	0.604	0.635
D_7	-0.453	-0.125	-0.262	-0.159	-0.572	-0.011	1.000	0.563	-0.106	0.704	0.542	0.545	0.555	0.567	0.562	0.549	0.704	0.592	0.568	0.561	0.620
D_8	-0.012	0.078	0.130	0.356	-0.631	0.683	0.563	1.000	0.364	0.626	0.757	0.747	0.731	0.682	0.706	0.692	0.778	0.749	0.811	0.807	0.866
D_9	-0.133	-0.305	0.370	0.970	0.187	0.320	-0.106	0.364	1.000	0.444	0.669	0.652	0.664	0.586	0.613	0.663	0.470	0.558	0.663	0.608	0.535
D_{10}	-0.283	-0.615	-0.034	0.313	-0.490	0.334	0.704	0.626	0.444	1.000	0.935	0.936	0.929	0.894	0.950	0.921	0.955	0.942	0.871	0.926	0.907
D_{11}	-0.135	-0.455	0.167	0.570	-0.419	0.527	0.542	0.757	0.669	0.935	1.000	0.997	0.992	0.951	0.990	0.982	0.964	0.982	0.973	0.992	0.969
D_{12}	-0.110	-0.448	0.136	0.541	-0.387	0.552	0.545	0.747	0.652	0.936	0.997	1.000	0.997	0.967	0.995	0.989	0.973	0.991	0.975	0.993	0.972
D_{13}	-0.122	-0.425	0.149	0.557	-0.353	0.520	0.555	0.731	0.664	0.929	0.992	0.997	1.000	0.974	0.993	0.994	0.969	0.987	0.981	0.986	0.962
D_{14}	0.002	-0.335	0.195	0.479	-0.319	0.522	0.567	0.682	0.586	0.894	0.951	0.967	0.974	1.000	0.976	0.988	0.961	0.978	0.959	0.948	0.926
D_{15}	-0.083	-0.475	0.152	0.498	-0.402	0.521	0.562	0.706	0.613	0.950	0.990	0.995	0.993	0.976	1.000	0.991	0.976	0.995	0.962	0.984	0.958
D_{16}	-0.092	-0.411	0.190	0.558	-0.325	0.491	0.549	0.692	0.663	0.921	0.982	0.989	0.994	0.988	0.991	1.000	0.963	0.983	0.974	0.970	0.941
D_{17}	-0.127	-0.385	0.041	0.357	-0.487	0.522	0.704	0.778	0.470	0.955	0.964	0.973	0.969	0.961	0.976	0.963	1.000	0.988	0.954	0.976	0.978
D_{18}	-0.040	-0.419	0.139	0.445	-0.444	0.569	0.592	0.749	0.558	0.942	0.982	0.991	0.987	0.978	0.995	0.983	0.988	1.000	0.965	0.989	0.973
D_{19}	-0.096	-0.267	0.194	0.584	-0.372	0.557	0.568	0.811	0.663	0.871	0.973	0.975	0.981	0.959	0.962	0.974	0.954	0.965	1.000	0.975	0.965
D_{20}	-0.081	-0.407	0.132	0.505	-0.461	0.604	0.561	0.807	0.608	0.926	0.992	0.993	0.986	0.948	0.984	0.970	0.976	0.989	0.975	1.000	0.989
D_{21}	-0.101	-0.334	0.054	0.433	-0.498	0.635	0.620	0.866	0.535	0.907	0.969	0.972	0.962	0.926	0.958	0.941	0.978	0.973	0.965	0.989	1.000

3. 主成分的提取

变量共同度越大表明公共因子对原始变量总方差的贡献率越高，体现了公共因子反映原来变量信息的比率。从表 9-4 可知，20 个提取的变量的变量共同度都在 0.9 以上，1 个提取的变量的变量共同度是 0.890，说明主成分的提取包含了较全面的原始变量信息。例如，指标 D_1 所显示的变量共同度是 0.902，即对标准差做出了 90.2% 的贡献。

表 9-4　变量共同度

指标	原始	提取	指标	原始	提取
D_1	1.000	0.902	D_{12}	1.000	0.999
D_2	1.000	0.914	D_{13}	1.000	0.994
D_3	1.000	0.987	D_{14}	1.000	0.932
D_4	1.000	0.968	D_{15}	1.000	0.988
D_5	1.000	0.934	D_{16}	1.000	0.977
D_6	1.000	0.890	D_{17}	1.000	0.992
D_7	1.000	0.951	D_{18}	1.000	0.991
D_8	1.000	0.932	D_{19}	1.000	0.977
D_9	1.000	0.974	D_{20}	1.000	0.996
D_{10}	1.000	0.970	D_{21}	1.000	0.984
D_{11}	1.000	0.997			

求相关矩阵 R 的特征值、特征向量以及方差贡献率，确定主成分的个数。方差分解主成分的提取与分析见表 9-5。

表 9-5　方差分解主成分提取表

成分	初始特征值			提取平方和载荷		
	合计	方差贡献率%	累积%	合计	方差贡献率%	累积%
D_1	13.913	66.250	66.250	13.913	66.250	66.250
D_2	2.570	12.236	78.486	2.570	12.236	78.486
D_3	2.061	9.816	88.302	2.061	9.816	88.302
D_4	1.007	4.798	93.100	1.007	4.798	93.100
D_5	0.892	4.247	97.347			
D_6	0.544	2.591	99.937			
D_7	0.008	0.040	99.977			
D_8	0.003	0.015	99.992			
D_9	0.002	0.008	100.000			
D_{10}	7.133×10^{-16}	3.397×10^{-15}	100.000			
D_{11}	3.671×10^{-16}	1.748×10^{-15}	100.000			

续表

成分	初始特征值			提取平方和载荷		
	合计	方差贡献率%	累积%	合计	方差贡献率%	累积%
D_{12}	2.713×10^{-16}	1.292×10^{-15}	100.000			
D_{13}	1.221×10^{-16}	5.816×10^{-16}	100.000			
D_{14}	5.266×10^{-17}	2.508×10^{-16}	100.000			
D_{15}	1.676×10^{-17}	7.980×10^{-17}	100.000			
D_{16}	-8.265×10^{-18}	-3.936×10^{-17}	100.000			
D_{17}	-1.150×10^{-16}	-5.474×10^{-16}	100.000			
D_{18}	-2.377×10^{-16}	-1.132×10^{-15}	100.000			
D_{19}	-4.112×10^{-16}	-1.958×10^{-15}	100.000			
D_{20}	-4.641×10^{-16}	-2.210×10^{-15}	100.000			
D_{21}	-9.778×10^{-16}	-4.656×10^{-15}	100.000			

由表 9-5 可知,相关系数矩阵的特征根分别为 $\lambda_1 = 13.913, \lambda_2 = 2.570, \lambda_3 = 2.061,$ $\lambda_4 = 1.007$。

前四个公共因子的累积贡献率达到 93.100%,即包括了原始变量 93.100% 的信息,具有很强的代表性,表明提取四个主成分基本包含了所有选取指标的信息,满足评价需求。所以,选取这 4 个新指标替代原有的 21 个指标。

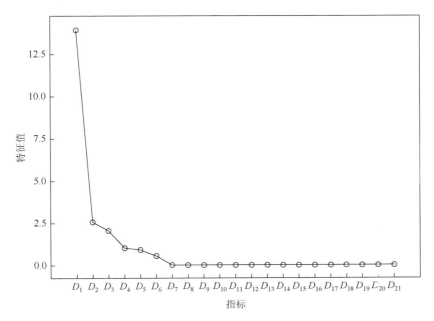

图 9-2　因子碎石图

图 9-2 为因子碎石图，图 9-2 中纵坐标为各指标所显示的特征值，横坐标为各指标。由图 9-2 可以看出，在 D_4 主成分之前的特征值相对比较大，呈现的连接线是一条陡峭的折线。在 D_4 主成分之后的特征值相对较小，其连接线也相对平稳，所以选取前四个主成分是科学的。

4. 命名与解释主成分

为了让每个主成分在原始变量的载荷有较显著的差别，需要对原始变量的载荷矩阵进行 Kaiser 正交旋转（表 9-6），8 次旋转后产生迭代收敛，见表 9-7 的因子载荷矩阵。

表 9-6　因子载荷矩阵原始变量旋转成分矩阵

指标	第一个主成分	第二个主成分	第三个主成分	第四个主成分
D_1	−0.120	0.008	0.895	0.294
D_2	−0.382	−0.074	0.200	0.723
D_3	0.055	0.563	0.262	0.631
D_4	0.360	0.912	−0.033	0.084
D_5	−0.548	0.441	0.033	−0.488
D_6	0.551	0.014	0.766	0.026
D_7	0.695	−0.455	−0.486	0.161
D_8	0.819	−0.040	0.114	0.384
D_9	0.464	0.861	0.003	−0.127
D_{10}	0.950	0.001	−0.176	−0.191
D_{11}	0.966	0.247	−0.006	−0.057
D_{12}	0.970	0.223	0.029	−0.090
D_{13}	0.962	0.250	0.002	−0.078
D_{14}	0.940	0.205	0.076	−0.037
D_{15}	0.969	0.194	0.030	−0.100
D_{16}	0.948	0.272	0.004	−0.068
D_{17}	0.995	0.015	−0.014	−0.036
D_{18}	0.983	0.127	0.073	−0.057
D_{19}	0.952	0.259	0.014	0.060
D_{20}	0.982	0.163	0.065	−0.036
D_{21}	0.988	0.065	0.063	0.002

表 9-7 因子载荷矩阵

指标	第一个主成分	第二个主成分	第三个主成分	第四个主成分
D_1	−0.108	0.598	0.641	0.748
D_2	−0.401	0.789	0.559	0.397
D_3	0.851	0.229	0.228	0.425
D_4	0.723	0.554	−0.433	0.283
D_5	0.943	0.327	−0.597	−0.273
D_6	0.555	0.863	0.476	−0.473
D_7	0.984	−0.694	0.176	0.313
D_8	0.289	0.821	0.417	0.189
D_9	0.622	0.968	−0.506	0.091
D_{10}	0.934	−0.291	−0.107	−0.044
D_{11}	0.996	0.025	−0.068	0.002
D_{12}	0.097	0.018	0.857	−0.051
D_{13}	0.293	0.028	0.879	−0.018
D_{14}	0.163	0.048	0.909	−0.045
D_{15}	0.391	−0.006	0.946	−0.065
D_{16}	0.284	0.051	−0.085	0.807
D_{17}	0.180	−0.158	0.074	0.931
D_{18}	0.991	−0.026	0.043	−0.076
D_{19}	0.982	0.077	0.008	0.079
D_{20}	0.997	0.003	0.032	−0.047
D_{21}	0.983	−0.066	0.110	−0.040

由表 9-7 能够看出，第一个主成分（F_1）主要由指标 D_3、D_4、D_5、D_7、D_{10}、D_{11}、D_{18}、D_{19}、D_{20}、D_{21} 来决定，它们主成分上的载荷分别为 0.851、0.723、0.943、0.984、0.934、0.996、0.991、0.982、0.997、0.983，并且这些指标与禹州市神垕镇钧瓷文化产业集群的政策与创新相关，因此把它们称为禹州市神垕镇钧瓷文化产业集群的政策与创新因子。

第二个主成分（F_2）主要由指标 D_2、D_6、D_8、D_9 来决定，它们主成分上的载荷分别为 0.789、0.863、0.821、0.968，并且这些指标与禹州市神垕镇钧瓷文化产业集群的文化环境相关，因此把它们称为禹州市神垕镇钧瓷文化产业集群的文化环境因子。

第三个主成分（F_3）主要由指标 D_{12}、D_{13}、D_{14}、D_{15} 来决定，它们主成分上的载荷分别为 0.857、0.879、0.909、0.946，并且这些指标与禹州市神垕镇钧瓷文化产业集群的产业链相关，因此把它们称为禹州市神垕镇钧瓷文化产业集群的产业链因子。

第四个主成分（F_4）主要由指标 D_1、D_{16}、D_{17} 来决定，它们主成分上的载荷分别为 0.748、0.807、0.931，并且这些指标与禹州市神垕镇钧瓷文化产业集群的企业规模相关，因此把它们称为禹州市神垕镇钧瓷文化产业集群的企业规模因子。

从方差贡献率能够看到，禹州市神垕镇钧瓷文化产业集群中政策与创新因子的贡献率是 66.250%，即表明禹州市神垕镇钧瓷文化产业集群演化在较大的程度上受到政策与创新因素的制约；禹州市神垕镇钧瓷文化产业集群中文化环境因子的贡献率是 12.236%；禹州市神垕镇钧瓷文化产业集群中产业链因子的贡献率是 9.816%；禹州市神垕镇钧瓷文化产业集群中企业规模因子的贡献率是 4.798%。因为前四个主成分累积方差贡献率是 93.100%（大于 85%），所以可以用这四个主成分代替原来的 21 个指标来评价禹州市神垕镇钧瓷文化产业集群演化水平。

5. 计算各主成分得分与综合得分

根据表 9-8 可列出四个主成分的方程表达式：

表 9-8 成分得分系数矩阵

指标	第一个主成分	第二个主成分	第三个主成分	第四个主成分
D_1	−0.003	−0.072	0.515	−0.003
D_2	−0.022	0.020	−0.044	0.489
D_3	−0.028	0.256	−0.050	0.450
D_4	−0.031	0.385	−0.146	0.136
D_5	−0.079	0.193	0.090	−0.351
D_6	0.051	−0.118	0.501	−0.168
D_7	0.087	−0.179	−0.303	0.216
D_8	0.075	−0.059	−0.011	0.264
D_9	−0.019	0.337	−0.063	−0.035
D_{10}	0.078	−0.056	−0.062	−0.094
D_{11}	0.065	0.040	−0.012	−0.019
D_{12}	0.067	0.023	0.023	−0.054
D_{13}	0.064	0.039	−0.002	−0.037
D_{14}	0.066	0.015	0.042	−0.027
D_{15}	0.069	0.010	0.029	−0.064
D_{16}	0.062	0.050	−0.005	−0.028
D_{17}	0.083	−0.061	0.005	−0.016

续表

指标	第一个主成分	第二个主成分	第三个主成分	第四个主成分
D_{18}	0.075	−0.023	0.055	−0.047
D_{19}	0.064	0.052	−0.030	0.066
D_{20}	0.073	−0.005	0.040	−0.026
D_{21}	0.080	−0.045	0.040	−0.004

$$F_1 = -0.003X_1 - 0.022X_2 + \cdots + 0.080X_{21} \tag{9-9}$$

$$F_2 = -0.072X_1 - 0.020X_2 + \cdots - 0.045X_{21} \tag{9-10}$$

$$F_3 = 0.515X_1 - 0.044X_2 + \cdots + 0.040X_{21} \tag{9-11}$$

$$F_4 = -0.003X_1 + 0.489X_2 + \cdots - 0.004X_{21} \tag{9-12}$$

为了确定禹州市神垕镇钧瓷文化产业集群演化水平的评价模型，需先确定每个因子的权重，经计算得到的因子权重见表 9-9。

表 9-9　公共因子的权重

公共因子	特征根	累积贡献率/%	权重
Y_1	13.913	66.250	0.711
Y_2	2.570	78.486	0.132
Y_3	2.061	88.302	0.105
Y_4	1.007	93.100	0.052

因子权重的演算公式为

$$\alpha_i = \frac{因子特征根}{累积特征根} \tag{9-13}$$

式中，α_i 为第 i 个公共因子所赋权重，$i = 1, 2, 3, 4$。根据表 9-8 和表 9-9 可以构建出综合评价公式：

$$
\begin{aligned}
F &= \alpha_1 F_1 + \alpha_2 F_2 + \alpha_3 F_3 + \alpha_4 F_4 \\
&= \frac{\alpha_1}{\alpha_1 + \alpha_2 + \alpha_3 + \alpha_4} F_1 + \frac{\alpha_2}{\alpha_1 + \alpha_2 + \alpha_3 + \alpha_4} F_2 + \frac{\alpha_3}{\alpha_1 + \alpha_2 + \alpha_3 + \alpha_4} F_3 + \frac{\alpha_4}{\alpha_1 + \alpha_2 + \alpha_3 + \alpha_4} F_4 \\
&= 0.711 F_1 + 0.132 F_2 + 0.105 F_2 + 0.052 F_4
\end{aligned}
\tag{9-14}
$$

依据以上确定的每个主成分的得分模型，代入标准化后的原始数据来计算禹州市神垕镇钧瓷文化产业集群各年的得分以及演化水平综合得分。

禹州市神垕镇钧瓷文化产业集群演化每个主成分得分和演化水平综合得分情况，见表 9-10。

表 9-10　禹州市神垕镇钧瓷文化产业集群演化水平综合评价得分

年份	政策与创新		文化环境		产业链		企业规模		集群竞争力	
	Y_1 得分	名次	Y_2 得分	名次	Y_3 得分	名次	Y_4 得分	名次	F 得分	名次
2005	−0.916	10	−1.165	10	−0.987	10	−0.787	8	−0.964	10
2006	−0.768	9	−0.567	7	−0.878	9	−0.837	9	−0.763	8
2007	−0.724	8	−1.067	9	−0.689	8	−0.967	10	−0.862	9
2008	−0.687	7	−0.756	8	−0.201	7	−0.527	7	−0.543	7
2009	−0.579	5	0.152	5	0.157	5	−0.167	6	−0.109	6
2010	−0.596	6	−0.257	6	0.215	4	0.297	5	−0.082	5
2011	0.086	4	0.696	4	−0.075	6	0.654	3	0.341	4
2012	0.687	3	0.867	3	0.694	3	0.547	4	0.699	3
2013	1.178	2	0.987	2	0.865	2	0.986	1	1.004	2
2014	1.995	1	1.108	1	1.067	1	0.876	2	1.262	1

9.3.3　禹州市神垕镇钧瓷文化产业集群演化评价结果分析

根据表 9-9 公共因子的权重的数据分析可得，Y_1、Y_2、Y_3、Y_4 四个主成分在体现禹州市神垕镇钧瓷文化产业集群演化水平中占的权重分别是 0.711、0.132、0.105、0.052，表示各主成分在体现禹州市神垕镇钧瓷文化产业集群演化水平的作用中存在差异。其中，文化产业集群的政策与创新因素作用相对较大，其次是文化产业集群的文化环境因素，再次是文化产业集群的产业链因素，最后是文化产业集群的企业规模因素。

第一主成分在政策和创新两个方面的指标上具有较大载荷。这说明现阶段良好的当地政府政策与集群创新对于禹州市神垕镇钧瓷文化产业集群演化的影响起到了关键性的作用。据调研数据显示，禹州市政府进行了科学的规划，较好地发挥了产业政策和产业规划的导向作用，并开始着手建立相对完善的陶瓷文化产业政策体系，提出了明确的园区规模标准、文化产业布局、重点特色建设项目，如吕不韦故里文化旅游景区开发建设项目、禹州大鸿寨风景旅游开发项目等。另外，在财政、金融、税收方面也给予了相应的鼓励和支持。在创新方面，随着禹州市神垕镇钧瓷文化产业集群的发展壮大，文化产业集群内部企业越来越重视创新，当地政府积极促成企业与外界的交流与合作，组织了文化创意产业博览会、钧瓷文化旅游节等，并落实了一系列有利于促进创新的财税政策以扶持创新型企业，但是禹州市神垕镇钧瓷文化产业集群中大部分中小企业的技术源于引进和模仿，而且文化产业集群中的发明专利也比较少。

第二个主成分在生态环境，高校、图书馆、博物馆数量，非物质文化遗产、遗址数量和人均文娱消费比重的指标上具有较大载荷。这说明政府已经开始重视禹州市神垕镇钧瓷文化产业集群文物古迹与生态环境的保护。通过自然景观、文化景观与文化产业集群共存共生，合理运用资源，从而快速发展旅游业。据调研数据显示，文化市场需求呈上升趋势，人均文娱消费比重的提高是市场经济时代的必然，也为禹州市神垕镇钧瓷文化产业集群演化发展提供了动力。

第三个主成分在集群内企业数量、合作项目数量、生产企业价值链完整程度、供应商价值链完整程度的指标上具有较大载荷，这说明价值链的完善对文化产业集群演化起着重要的作用。价值链的完善使禹州市神垕镇钧瓷文化产业集群内企业成本降低，资源配置效率相对以前有所提高，并增加了文化产业集群内部企业之间的合作，从而使集群内的进入壁垒减少，加快了新企业的衍生过程，提升了禹州市神垕镇钧瓷文化产业集群演化水平。

第四个主成分在从业人数、年均总产出、人均可支配收入的指标上具有较大载荷，这表明禹州市神垕镇钧瓷文化产业集群内的企业数量稳步逐年上升，从企业从业人数和年均总产值上看得出，集群正稳定发展。

从表 9-10 可以看出，2005～2014 年，随着政府对禹州市神垕镇钧瓷文化产业集群重视程度的加深、对集群扶持政策力度的加大和内外部环境的改善等一系列因素的影响，禹州市神垕镇钧瓷文化产业集群演化呈现逐步增强的趋势，并于 2011 年开始，演化水平得分由负转正，2014 年演化水平得分是所有统计年份中得分最高的一年。结合禹州市神垕镇钧瓷文化产业集群的实际情况，尽管集群演化水平在不断增强，但是集群整体的发展水平还是相对较低的，各个方面都有待进一步加强。

9.4　促进文化产业集群演化的对策建议

虽然市场的变化在文化产业集群演化发展过程中起到了主导作用，但是，在营造一个有利于集群演化发展的合适外部环境，指导文化产业集群平稳有序成长以预防其走向衰退方面，政府的政策作用是必不可少的，文化产业集群演化发展离不开政府相应政策的大力支持。文化产业集群演化发展促进了文化产业集群政策的完善，而合理的文化产业集群政策又推动了集群演化的长足发展，文化产业集群与政府政策之间形成了彼此驱动的正相关关系。为了加快我国文化产业集群的演化发展，推动文化产业集群内企业的共同发展，本节提出以下促进文化产业集群演化发展的对策建议。

9.4.1　宏观层面对策建议

1. 加强知识产权保护

增强对知识产权的保护意识，对假冒伪劣、盗用等损害知识产权的行为应给予严厉的打击。以严格的法治管理，维系文化产业市场的良好运作，使文化产业集群内部企业的经营活动和文化消费市场的需求相切合，达到实现社会大众利益的最终目的。

知识产权的公共物品性质十分明显，其在社会中起到的正外部性远比其个体收益大的多，若不能给予知识产权有效的政策保障，将对引进国外先进技术造成消极影响，甚至影响文化企业的创新积极性。政府应当着力完善相关法律与规章制度，在大力增强知识产权保护意识的同时，加速文化产业集群知识产权交易市场的规划与建设。政府应积极完善知识产权保护渠道，如以适当的标准调整专利年费并相应减少专利的申请费用，降低侵权诉讼期限，控制知识产权保护的维权费用。持续改善知识产权的行政服务体系，一方面要加强知识产权的大众信息平台搭建与服务投入，另一方面要增强文化产业集群中小企业与民营企业的知识产权保护服务工作。另外，要将例行监督和重点审查体制相结合，快速合理并有效地解决知识产权侵权和纠纷案件。与此同时，政府应逐渐创立和完善文化产业集群所在地区的专利交易平台，加快文化产业集群创新技术与产品成果的有效传播。对于企业规模较大的文化产业集群，可以按照其具体情形在集群内建立知识产权的交易中心，为集群内企业和教育培训机构搭建便利的交易平台。对于企业规模较小的文化产业集群，在集群内搭建知识产权交易平台的费用偏高，解决成本问题的方法是在集群所在地区建立综合知识产权交易中心。

2. 完善投资融资体系

资金链紧张、融资困难是限制文化产业集群演化发展的重要因素，也是所有文化产业集群内企业需要面对的难题。因此，政府需要持续改善投融资政策，为提升文化产业集群演化发展速度创建金融服务体制，建立有助于文化产业集群发展的贷款管理体系，为拥有良好信用资质的文化产业集群企业提供一定的信贷款项。

在保障信贷安全的条件下，文化产业集群内企业发放贷款应创建合理可行的鼓励和制约体制，使文化产业集群内企业的融资渠道更加方便快捷。以中小型企业为主要对象，鼓励支持各银行、信托投资公司等金融机构加大贷款额度，着重扶持切合文化产业政策、市场前景好、创新科技含量高的中小型企业，帮助文化产业集群内企业项目融资的资金市场逐渐形成，并以合作、合资等渠道借助外部资本鼓励文化产业集群内中小企业实行改造。例如，支持并鼓励民间投资通过独资、合资等方式参与投资项目建设，还可以通过政府资金补助与社会融资共进的办法推动创新技术与专利的研发，吸引社会各类资本参与企业发展。

以政府主导的方式建立文化产业集群内企业融资贷款的担保体制，并建立文化产业集群发展基金，由发展基金统一向银行等金融机构申请借贷款项，为文化产业集群内致力于提高自身竞争力和发展的企业提供充足的资金；也可以通过适度减少文化产业集群内中小型企业的贷款利率等政策给予相应的扶持。建设和推动多层次信誉担保体制，摸索政府与企业之间、金融机构与民间投资之间等新的资金运行方式，拓宽企业新项目或融资服务的范围，以增强企业竞争力发展的积极性。逐渐形成以企业为主要对象、政府资金投入为主导、金融信贷为支持来吸引外来资金参与的投资机制。学习与借鉴国外创建集群发展基金的经验，采取相关政策鼓励各种风险投资基金对文化产业集群内中小企业进行投资。

文化企业的产品往往是含有智力、知识、创意因素的产品，缺乏传统的抵押品，投融资双方经常会对文化企业的资产信息产生差异性认识，从而导致资产信息的不完整，产生集群内文化企业融资相对困难的问题。对文化产业集群中企业价值的正确评价和估计是解决集群内文化企业融资难问题的首要任务。因此，政府应积极建立公正合理的文化产业评价体制和专业的评价机构，对文化产业集群的经济收益、社会影响、市场占有率、发展水平、规模潜力等多项指标进行评价，只有这样才能确保被评价的文化产业集群项目真正具有投资和建设价值，以此作为投资金融机构发布具有社会公信力的投融资评估依据。另外，政府可以适当对前景好的文化企业进行担保，同时企业提供部分文化产品进行抵押，这样可以增加文化企业贷款的成功率；政府也可以尝试加入文化产业信贷保险，降低文化产业项目运作风险，转移信贷风险。

政府应增加对文化产业集群中项目的资金投资，搭建文化产业集群项目投融资平台，启动新的文化产业集群化资本的运行机制，扩大民间资本的投资规模，加大招商引资力度，积极与有关商业银行签署合作框架协议，促进银企合作，鼓励金融机构加大对文化企业的信贷支持，形成政府与社会资本共进的多道路、多元化的融资体系，真正形成政府积极支持、引导、规范全社会兴办文化产业的生动局面。

3. 坚持政府引导与市场主导

政府要明确在文化产业集群演化发展中的角色与责任，政府只是起到搭建市场与企业间桥梁的作用。政府要及时弥补市场所缺失的功能，规范市场行为，为企业提供各种便捷服务。政府应该义不容辞地承担起改善文化产业的创业环境、政策环境、创新环境、法治环境的责任，进一步完善现有管理措施，制定相应管理规划。

要以市场为导向，培育文化消费热点。文化消费是振兴文化产业的有力途径。培育文化消费热点，就需要以市场为主导方向，积极引导国内外各种文化消费新热点。文化产业集群要紧紧抓住机遇，以文化产业为主题，打造文化品牌，以品牌带动文化的宣传和消费，改善文化产业集群的市场消费结构并拓宽文化消费市场领域。

培育文化消费群体。市场的文化消费需求呈上游化、高档化的趋向，是市场经济发展的必然。文化产业集群需要明确消费群体，虽然消费群体在某一特定的时期具有一定的自发性，但从长期来看，可以通过一些方式挖掘潜在的消费群体。要坚持以市场主体为导向，针对各个不同消费群体的不同要求来生产产品，并打破之前以推销为目的的销售模式。

4. 完善基础设施建设

文化产业集群演化的提升对地区的基础设施需求更高，政府不仅要提供各种公共服务、通信、交通等基础设施，还要提供相应的文化基础设施。

注重通信和信息技术基础设施建设。快捷的现代通信和信息技术是文化产品的主要传输手段与载体，而这些基础性的网络传输技术、信息管理和电子商务等技术以及相应的技术标准化和通用性已成为限制文化产业集群演化发展的重要问题。此后的时间里亟须在通信和信息技术上取得突破，从而为文化产业集群演化发展提供强有力的技术支持。

加大对文化基础设施的公共投入力度。文化基础设施所需资金量大，投资的资金周转时间长，投资回报率低，具有公共品的性质。政府应当承担起提供良好基础设施的行政职能。一方面增加中央政府的专项投资，如对重点图书馆以及博物馆进行投入。另一方面应当加大地方政府的投资力度，如对县级文化基础设施进行建设和投资，推进文化中心等基础设施建设，积极培育群众良好的文化消费习惯等。政府还应当推动文化产业投融资制度的改革，引入多元资金推动文化基础设施的建设。

建立完善的文化基础设施。良好的公共文化基础设施网络会对本地区的文化产业集群演化产生巨大的扩散力和带动力，有利于聚集和吸收尖端要素，推动文化产业集群演化的提升。政府应大力建设一批规划合理、与现代文化产业集群需求相配套且功能齐全的公共文化设施，为提升文化产业集群演化营造良好的环境氛围。

9.4.2　文化产业集群层面对策建议

1. 完善文化产业价值链

文化产业价值链的完善直接影响文化产业集群演化发展。目前，文化产业集群首要解决的问题是完善产业价值链，发挥文化产业现有的优势，增加产业链各环节的附加值。

文化产业价值链不够完善，即研发与开发、销售与售后服务环节弱，而中间环节却大而不强，文化企业就会处于产业链的不利位置。这种发展态势导致文化产业集群难以形成强劲的竞争力，产品缺乏经济性。在现阶段，文化产业集群必须重点完善以上薄弱环节，通过关键点的突破，带动各个环节的互动；在研究与开发环节，积极营造适合创意人才创造与开发的环境，增加产品附加值；在销售和售后服务环节，采用商业化的品牌战略和营销战略。

增强文化产业集群高科技创新技术研究，提升文化产业链的高科技创新含量。文化产业与相关高科技的融合步伐不断加快。创新技术成果投入到生产销售中可以转化为资本，与人力资源、技术信息等生产要素融合起来，才有可能实现资本增值。如今文化消费市场的需求在不断增大，只有与消费市场相应的技术创新研发相结合，才能推动技术增值效应的释放，使知识溢出，形成"学习经济"，推动地方文化产业集群自主研发和创新能力的提升，进一步完善产业价值链，提高文化产业集群演化发展水平。

2. 搭建信息交流平台

完善文化产业集群中企业之间的合作网络，即建立特定的合作体制。文化产业集群内大中小型企业的协作方式多种多样，这一系列流程由各种独立而又相互联系的专业型企业掌控操作，通过集群内企业专业化的分工协作网络层层传递。值得关注的是，人才作为文化产业集群演化发展的核心动因，他们需要一个舒适的交流空间。因此，在实体网络中，餐厅、咖啡厅、酒吧、娱乐区、图书馆等相关配套设施的健全至关重要。

以构建柔性化实体网络为基础，加速社会网络整合。共享意识和高信任感必然引发集群内企业之间的高水平合作，高水平合作将促进隐性知识在集群内企业之间知识共享。集群内部应形成良好的共享环境，各文化企业都能自主享用信息，为促进文化产业集群内企业之间的交流而建立起彼此之间的信任。在集群内部建立信任档案和公共信息交流平台，为企业之间的学习、交流提供支持服务，使企业在沟通的过程中逐渐信任彼此，保持企业之间的信息传递和知识共享，如企业内部网、MSN、BBS、QQ 等信息技术软件的使用。为了促进企业中人才的交流、思想的碰撞，信息交流平台可以定期举行项目研讨会、产品展示会、知识交流会等为创意人才和经营管理人才提供沟通与相互信任的途径。这样宽容、友好的环境能吸引文化企业和人才的加入，使整个集群网络良性发展。加强社会网络的构建，从而能够充分利用文化产业集群内部的信息交流和知识共享平台，为集群内企业提供良好的发展空间。

3. 扶持中介组织发展

改善现有的社会环境，加大对中介组织的扶持力度。在积极借鉴其他国家和国内经济发达省市区的文化产业中介组织的运作机理上，逐渐形成一个提升文化产业演化的中介服务模式。现有文化产业中介组织需要各地方政府采取重点扶持的相关政策，如减少所得税、营业税等。处理好中介组织与政府的关系，建立健全的法律保障体系。依据当前文化产业中介组织的情况，制定出合理有效的法律条例，并以法律的方式定义文化产业中介组织的本质、权利、义务和业内行为规范等，使文化产业中介组织的监管体系健全而有效，从而让中介组织的竞争正当化，提升整个文化产业中介组织的服务质量。提倡非公有制经济体由经济范畴向文化中介服务产业发展，形成多种经济成分介入中介组织发展的良好局面，非公有制经济的加入有其自身的优势，能增加文化企业的数量，增强其竞争力，还可与原有的公有制文化团体彼此进步、和谐发展。集群内中介组织之间的交流与合作应予以加强。通过中介组织的互交互助，实时了解市场信息，共同进行技术交流、业务培训以及招商引资等业务，从而更好地促进交流、共享资源。政府应鼓励和支持文化产业中介组织举行有影响的相关活动，为文化产业中介组织搭建交流平台，使集群内企业对中介组织有所认识与了解，在此过程中，中介组织也能更好地了解集群内企业，并提高中介服务质量。

4. 健全风险投资机制

政府的作用应当是鼓励和实行有关的法律制度，拟订出切实有效的扶持政策，帮助建立信用制度。文化产业集群遵循市场经济规律，而市场经济又是法治经济，所以合理、适当的法律法规是风险投资正常运行的重要支撑和生存保障，如《中华人民共和国知识产权法》《中华人民共和国公司法》《中华人民共和国合同法》都直接关系到文化产业集群产权的界定。从发达国家的经验来看，文化产业集群演化发展还需要当地政府的政策扶持，在中国，除了降低企业税率和相对倾斜性的文化产业政策以外，政府还需要为风险投资体系运行投入部分资金，以政府的信用度提高其他社会资本投资的信心。政府还应优化风险投资体系中委托和代理的关系，增强对市场中介服务机构的大力监管，降低道德风险，从而为风险投资提供良好的外部环境。

当前政府要做的事情就是完善证券市场与产权交易市场，解决法人股市场流通问题，使风险资本退出机制更加完善、规范化。首先，国内的资本市场环境还不够完善，国外的一些资本市场的相关制度相对我国而言较为规范，国内企业在境外上市相对容易获得融资，提高自身的发展，所以政府需加大政策鼓励企业在海外上市，减少融资难度。其次，大力培育适应我国国情的市场主体政策。政府应完善市场中介服务机构建设，不再干预具体运作与管理，并为风险投资建立合理、完善的政府服务体系。

9.4.3　文化企业层面对策建议

1. 重视人才引进与培养

人才与技术是保持文化产业集群演化发展的重要因素。首先，政府应着力制定鼓励人才进入文化产业集群的有关优惠政策和措施，如增强文化产业集群内部企业与高校和科研院所的沟通与联系，为文化产业集群的发展做出贡献的人才和专家可以享受政府一定数额的科研创新费用、安家补贴以及调研活动费用，有技术成果的其他地区科研工作人员若来集群创建新企业，可以享受免费使用孵化场地一年的优惠政策等。在此期间，政府应打破原有的人才管理模式，实施相应的、合理的人才引进机制。对杰出人才的户籍档案管理、住房问题和子女入学政策实行与本地市民相同的待遇，政府部门要制定或改善此类相关政策。其次，政府应优化人才创新的内外部环境，如政府建立创新专项资金，加大对创新型人才和科技专利转化为资本的支持力度。增加文化产业集群内科研工作人员的科技开发费用投入，从而支持企业进行研发、创新等。同时要搭建各种科技创新平台，如科研实验室、高校科研工作站、留学人才创业区域等。另外，健全人才培养体系也是提升文化产业集群企业竞争力的一个强有力途径。政府要进一步地大力投资高等院校、职业院校以及企业在职培训等教育资源，使高等院校、职业院校以及在职培训机构成为科技创新人才培养的主要渠道，围绕本区域文化产业集群演化发展战略的需要，保证高素质科技人才的稳步培养和持续输出。增强对文化产业职员的企业培训，实施特定培养，其所花费的资金与费用由政府给予财政补贴。相应的，政府应依托海外资本，提高本区域科技创新人才培养的国际交流和合作。最后，政府应发布相应的优惠政策法规，扶持中小型民营企业与高校和科研院所的产学研合作，缓解民营企业创新动力不足的现实情况，形成文化产业集群内大中小企业共同培养人才和增强竞争力的格局，使人才成为提升文化产业集群演化的推动力。

2. 积极推动文化科技创新

与产业集群相比，文化产业集群是一种以创新为核心价值的产业形态。创新是文化产业的核心驱动力，自主创新是提高文化产业集群演化至关重要的驱动力。我国文化产业集群发展相对较晚，与国外著名的文化产业集群相比，我国文化产业集群的创新水平相对较弱。政府应当大力扶持、引导集群内企业进行创新科研，并实施有关优惠政策，如减免企业税收、设立创新奖金、投入更多资金等，使我国的文化产业集群走上一条自主创新之路。只有创新能力得到了提高，才能确保我国的文化产业集群不被复制、抄袭，沿着自己的特色之路长久发展，走出一条科技含量高、环境污染少、人口资源得到合理开发利用的可持续发展创新之路。

数字技术、网络技术等核心技术是文化产业集群创新发展的强大推动力，要加强对文化科技的研究和引进，提高产业间的技术关联度，为新兴文化产业发展提供技术支撑。促进信息互联互通和资源共享，发展电子商务，完善网络服务功能。内容创意是文化产业集群赖以生存的源泉，推动文化产业集群结构的战略升级，必须加大原创作品的创作与生产。着力包装和营销一批文化产品，加强品牌塑造、策划、推荐，全力打造一批能够代表本地文化特色、具有自主知识产权和较强竞争力的知名文化品牌，形成产业链，还要建设一批满足不同消费需求的休闲娱乐设施。培育和扩大著名企业的品牌效益，引领行业走向国内外市场。

3. 发挥民营资本的作用

落实民营文化企业的税收优惠政策，建立扶持民营中小型文化企业发展基金，加大对民营文化企业的扶持力度。我国许多民营中小型文化企业尚处于发展初级阶段，这些民营中小型文化企业虽然拥有很好的文化产品创意，但普遍缺乏资金支持，难以实现长足发展。政府应加大对民营中小型文化企业的扶持力度，激活民营中小型文化企业的发展活力，进一步降低文化产业的市场准入门槛，应将民营中小型文化企业在工商登记、土地征用、规费减免、财政扶持、信贷、上市融资等方面与国有文化企业享受同等待遇的政策落到实处，并进一步深化行政审批制度改革，继续清理、减少与合并行政审批事项，为民营中小型文化企业发展提供一个较为宽松的环境。加强对民营中小型文化企业的服务，未来的发展中，政府应当加强中介组织建设，并在法律、信息等方面加强对民营中小型文化企业的扶持，使民营中小型企业成为推动文化产业集群演化发展的重要力量。

参 考 文 献

安德鲁·坎贝尔，凯瑟琳·萨姆斯·卢克斯. 2000. 战略协同[M]. 任通海，龙大伟译. 北京：机械工业出版社.

白景锋. 2010. 河南省产业集群结构演化及发展升级对策研究[J]. 南都学坛，30（2）：132-134.

白璐. 2009. 链接异质时空的中性形态研究[D]. 大连工业大学硕士学位论文.

保罗·西利亚斯. 2006. 复杂性与后现代主义——理解复杂系统[M]. 曾国屏译. 上海：上海科技教育出版社.

毕小青，王代丽. 2009. 文化产业竞争力进展、问题与展望[J]. 技术经济与管理研究，（5）：76-78.

蔡彬清，陈国宏，李美娟. 2008. 基于自组织的产业集群演化中的锁定效应研究[J]. 科技进步与对策，（7）：90-92.

蔡宁，黄纯. 2012. 集群风险与结构演化的复杂网络仿真研究[J]. 重庆大学学报（社会科学版），18（1）：5-11.

产颖. 2012. 安徽省高新技术产业创新集群研究[D]. 安徽大学硕士学位论文.

陈继祥. 2005. 产业集群与复杂性[M]. 上海：上海财经大学出版社.

陈建军，葛宝琴. 2008. 文化创意产业的集聚效应及影响因素分析[J]. 当代经济管理，30（9）：71-75.

陈柳钦. 2009. 克鲁格曼等新经济地理学派对产业集群的有关论述[J]. 西部商学评论，（1）：57-73.

陈倩倩，王缉慈. 2005. 论创意产业及其集群的发展环境——以音乐产业为例[J]. 地域研究与开发，24（5）：5-9.

陈志忠. 2011. 青海海东综合物流网络规划及其结构复杂性分析研究[D]. 兰州交通大学博士学位论文.

陈祝平，黄艳麟. 2006. 创意产业集聚区的形成机理[J]. 国际商务研究，（4）：1-6.

成思危. 2001. 复杂科学. 系统工程与管理[M]. 上海：上海科技教育出版社.

程肖芬. 2011. 基于自组织理论的现代服务业集聚区演化与动力研究——兼论上海现代服务业集聚发展[J]. 商业经济与管理，（3）：75-80.

池仁勇. 2014. 基于多维评价指标体系的集群品牌发展驱动模式研究——对浙江集群品牌的经验分析[J]. 科技进步与对策，（10）：69-74.

褚劲风. 2008. 上海创意产业集聚空间组织研究[D]. 华东师范大学博士学位论文.

褚劲风，周灵雁. 2008. 地理学视野中的上海创意产业空间集聚[J]. 上海师范大学学报（自然科学版），37（2）：200-205.

戴钰. 2013. 湖南省文化产业集聚及其影响因素研究[J]. 经济地理，33（4）：114-119.

丁丹丹. 2011. 基于复杂适应系统视角的产业集群演化机制研究[D]. 湘潭大学硕士学位论文.

董薇薇. 2013. 基于复杂网络的创新集群形成与发展机理研究[D]. 吉林大学博士学位论文.

董湧，陈继祥. 2008. 产业集群复杂自适应系统的层次与分形[J]. 上海交通大学学报，（11）：

1862-1865.

杜聪，王欣欣. 2016. 文化产业集群演化动力的多学科视角分析[J]. 商，（2）：226，259.

杜心灵. 2014. 文化产业竞争力的分析与评价——以广东为例[J]. 经济问题，（1）：78-82.

恩格斯. 1971. 自然辩证法[M]. 北京：人民出版社.

樊盛春，王伟年. 2008. 文化产业园区理论问题探讨[J]. 企业经济，（10）：9-11.

方敏，徐静. 2011. 文化产业集群研究[J]. 企业导报，（10）：250-251.

方永恒. 2011. 产业集群系统演化研究[D]. 西安建筑科技大学博士学位论文.

方永恒. 2012. 产业集群系统演化研究[M]. 西安：西安交通大学出版社.

方永恒，李文静. 2013. 文化产业集群的社会网络嵌入性研究[J]. 科技管理研究，33（3）：
　　171-174.

方永恒，易晶怡. 2015. 基于自组织理论的文化产业集群演化机制研究[J]. 产业与科技论坛，
　　（3）：15-17.

符韶英，徐碧祥. 2006. 创意产业集群化初探[J]. 科技管理研究，（5）：54-56.

付信明，张劲松，张文辉. 2009. 中美典型高技术创新集群的比较分析——以硅谷和中关村为例[J].
　　工业技术经济，28（2）：38-40.

付永萍，王立新，曹如中. 2012. 创意产业集聚区演化路径及发展模式研究[J]. 科技进步与对策，
　　（10）：59-61.

甘慧琛. 2006. 关于公共行政人员的行政伦理失范[J]. 对外经贸，（3）：109-110.

高艳娟. 2008. 基于个体的集成化供应链企业动态合作框架[J]. 哈尔滨商业大学学报（社会科学版），
　　（1）：14-17.

高莹. 2014. 文化传媒产业集聚对区域经济转型的作用——以北京 CBD 定福庄国际传媒走廊
　　为例[J]. 淮阴师范学院学报，36（4）：539.

龚双红. 2006. 产业集群竞争力分析[D]. 中共中央党校硕士学位论文.

龚雯. 2013. 十年动漫产业路——中国（常州）国际动漫艺术周回顾[J]. 中外文化交流，（12）：
　　30-33.

顾慧君. 2007. 基于社会网络分析的产业集群升级研究[J]. 产业经济评论，6（1）：157-169.

顾丽娜. 2010. 基于综合评价方法的南水北调工程经济风险分析[J]. 水科学与工程技术，（3）：
　　1-3.

顾培亮. 2008. 系统分析与协调[M]. 天津：天津大学出版社.

郭利平. 2006. 产业群落的空间演化模式研究[M]. 北京：经济管理出版社.

郭莹. 2011. 基于网络视角的陕西航空产业集群发展研究[D]. 西安电子科技大学硕士学位论文.

韩骏伟，胡晓明. 2009. 文化产业概论[M]. 广州：中山大学出版社.

韩莹，陈国宏，梁娟. 2015. 产业集群网络结构演化研究[J]. 科技管理研究，（14）：153-159.

何青松. 2007. 产业集群租金与产业集群演进研究[D]. 山东大学博士学位论文.

何铮，谭劲松. 2005. 复杂理论在集群领域的研究——基于东莞 PC 集群的初步探讨[J]. 管理世
　　界，（12）：108-115.

胡恩华，刘洪. 2007. 基于复杂适应系统的企业集群创新行为研究[J]. 中国科技论坛，（1）：65-69.

胡皓. 2002. 自组织理论与社会发展研究[M]. 上海：上海科技教育出版社.

胡惠林. 2000. 文化产业发展与国家文化安全——全球化背景下中国文化产业发展问题思考[J].
　　上海社会科学院学术季刊，（2）：114-122.

胡惠林，李康化. 2006. 文化经济学[M]. 太原：书海出版社.

胡锦涛. 2012. 坚定不移沿着中国特色社会主义道路前进 为全面建成小康社会而奋斗——在中国共产党第十八次全国代表大会上的报告[N]. 人民日报, 11-18.

胡文楠, 王琦. 2008. 产业集群的网络结构研究[J]. 现代经济信息, (5): 135-136.

花建. 2002. 产业界面上的文化之舞[M]. 上海: 上海人民出版社.

花建. 2005. 文化产业竞争力[M]. 广州: 广东人民出版社.

华正伟. 2015. 中国创意产业集群与区域经济发展研究[M]. 深圳: 中国社会科学出版社.

黄斌. 2012. 系统观点下的高技术产业集群发展动力研究[D]. 沈阳工业大学硕士学位论文.

黄省志. 2007. 产业集群的动力机制分析[J]. 中国科技论坛, (9): 36-39, 54.

季成, 徐福缘, 於军. 2012. 基于C-GEM模型的服务外包产业集群竞争力评价——以无锡市为例[J]. 科技管理研究, (4): 148-150.

季托. 2011. 国际石油价格波动行为机理及预测模型研究[D]. 东北石油大学博士学位论文.

姜璐, 谷可. 2001. 从复杂性研究看非线性科学与系统科学[M]. 上海: 上海科技教育出版社.

姜明辉, 贾晓辉, 于闯. 2016. 集群租金视角下产业集群演化的实证分析[J]. 商业经济研究, (2): 28-30.

蒋三庚, 张杰, 王晓红. 2010. 文化创意产业集群研究[M]. 北京: 首都经济贸易大学出版社.

金元浦. 2010. 我国文化产业发展的三个阶梯与三种模式[J]. 中国地质大学学报(社会科学版), (10): 20-24.

金治平, 万冠男, 乐晓颖, 等. 2011. 社会网络分析对大学生学习生涯的影响[J]. 上海商学院学报, (s1): 47-57.

井然哲, 覃正. 2005. 企业集群系统自组织和谐发展探析[J]. 科学学研究, (4): 550-554.

康小明, 向勇. 2005. 产业集群与文化产业竞争力的提升[J]. 北京大学学报(哲学社会科学版), (2): 18.

兰潇骁, 洪捷. 2011. 常州市动漫产业发展现状及其问题与策略的研究[J]. 商业文化, (12): 135-136.

雷宏振, 宋立森. 2011. 文化产业集群内组织间的知识外溢对知识创新的影响研究[J]. 软科学, (4): 14-18.

李刚. 2005. 论产业集群的形成与演化——基于自组织理论的观点[J]. 学术交流, (2): 78-82.

李舸. 2011. 产业集群的生态演化规律及其运行机制研究[M]. 北京: 经济科学出版社.

李海东. 2010. 基于社会网络分析方法的产业集群创新网络结构特征研究——以广佛山陶瓷产业集群为例[J]. 中国经济问题, (6): 25-33.

李辉. 2013. 系统科学的整体性原理研究[D]. 广东技术师范学院硕士学位论文.

李嘉珊, 郑湫璐. 2009. 从需求驱动看中国文化产业成为新经济增长点[J]. 国际贸易, (5): 27-33.

李建设, 闫乐薇. 2013. 企业竞合行为的演化博弈分析——以我国创意产业为例[J]. 技术经济与管理研究, (10): 106-110.

李江帆. 2003. 文化产业: 范围、前景与互动效应[J]. 经济理论与经济管理, (4): 26-30.

李凯, 李世杰. 2004. 装备制造业集群网络结构研究与实证[J]. 管理世界, (12): 68-76.

李瑞丽. 2005. 核心企业在产业集群演化过程中的作用分析[J]. 科技与管理, (4): 106-109.

李士勇. 2006. 非线性科学与复杂性科学[M]. 哈尔滨: 哈尔滨工业大学出版社.

李卫强. 2012. 北京市文化产业竞争力的实证研究[J]. 国际贸易问题, (3): 90-96.

李兴华. 2003. 科技企业集群的自组织机制与条件探讨[J]. 中国科技论坛, (6): 58-61.

李宜春. 省域文化产业竞争力评价指标体系初探——以安徽省为例[J]. 经济社会体制比较,

2006（3）：99-103.

厉无畏，王慧敏. 2006. 创意产业促进经济增长方式转变——机理·模式·路径[J]. 中国工业经济，
　　（11）：5-13.

连春光，毛艳羚. 2011. 常州动漫产业竞争力现状与提升策略研究[J]. 经济研究导刊，（36）：
　　200-201.

梁辰，徐健. 2012. 社会网络可视化的技术方法与工具研究[J]. 现代图书情报技术，（5）：7-15.

廖双红，肖雁飞. 2011. 创意产业集群发展的经济空间复杂系统演化研究[J]. 华东经济管理，
　　25（12）：49-52.

林华山. 2008. 美国行政伦理监督中的非营利组织[J]. 行政论坛，（2）：69-72.

林明华. 2012. 文化创意产业集群的有序演化研究[J]. 鄂州大学学报，（19）4：7-9.

林拓，李惠斌，薛晓源. 2004. 世界文化产业发展前沿报告：2003～2004[M]. 北京：社会科学
　　文献出版社.

林秀玉. 2011. 创新集群的结构研究[D]. 华中科技大学硕士学位论文.

刘爱雄，朱斌. 2006. 产业集群竞争力及其评价[J]. 科技进步策，（1）：144-146.

刘保昌. 2008. 文化产业集群研究三题[J]. 江汉论坛，（6）：135-138.

刘国，闫俊周. 2010. 评价产业集群竞争力的 GEMS 模型构建研究[J]. 科技进步与对策，（1）
　　105-108.

刘恒江. 2004. 产业集群竞争力研究述评[J]. 外国经济与管理，（10）2-9.

刘恒江，陈继祥，周莉娜. 2004. 产业集群动力机制研究的最新动态[J]. 外国经济与管理，（7）：
　　2-7.

刘会学，胡蓓，张文辉. 2015. 产业集群核心企业异质性特征研究[J]. 科技进步与对策，（7）：
　　74-77.

刘吉发，乔艳，陈怀平. 2006. 区域文化经济发展研究[M]. 西安：西北大学出版社.

刘军. 2004. 社会网络分析导论[M]. 北京：社会科学文献出版社.

刘军. 2014. 整体网分析 UCINET 软件实用指南[M]. 上海：上海人民出版社.

刘丽，张焕波. 2006. 北京文化创意产业集群发展问题研究[J]. 中国农业大学学报（社会科学
　　版），（3）：47-52.

刘倩. 2011. 文化产业集群发展探析[J]. 重庆科技学院学报（社会科学版），（22）：139-140.

刘松. 2012. 文化创意背景下常州旅游人才培养模式探究[J]. 常州工学院学报（社科版），30（4）：
　　108-111.

刘维公. 2001. 当代消费文化社会理论的分析架构：文化经济学、生活风格与生活美学[J]. 东吴
　　社会学报，（11）：113-136.

刘蔚，郭萍. 2007. 文化产业的集群政策分析[J]. 江汉大学学报（社会科学版），（4）：60-64.

刘小铁. 2013. 产业集群发展水平的评价模型及指标体系[J]. 江西社会科学，（10）：54-58.

刘小铁. 2014. 文化产业集群生成和发展的影响因素分析——以我国八大文化产业集群为例[J].
　　江西社会科学，（11）：47-51.

刘玉珠，柳士法. 2004. 文化市场学：中国当代文化市场的理论与实践[M]. 上海：上海文艺出
　　版社.

卢杰，黄新建，章帆. 2008. 产业集群竞争力评价的理论基础与模型构建[J]. 决策参考，（19）：
　　67-69.

芦彩梅. 2007. 企业集群的复杂性分析[J]. 科技进步与对策，（6）：76-79.

鲁遇. 2005. "我们在硅谷里搞文化"——透视上海市文化科技创意产业基地[J]. 长三角,（6）：20-21.

陆小玲. 2010. 扬长避短, 打造精品——小议常州动漫产业的发展[J]. 常州工学院学报（社科版）, 28（2）：45-48.

吕彧, 胡庆雄. 2006. 发展文化产业的政府角色——文化产业发展的对策分析[J]. 东南大学学报（哲学社会科学版）,（S1）：144-145.

罗佳. 2006. 文化产业集群的发展研究[D]. 浙江大学硕士学位论文.

罗家德. 2012. 社会网络分析讲义[M]. 北京：社会科学出版社.

马歇尔. 1964. 经济学原理. [M]. 朱志泰, 陈良璧译. 上海：商务印书馆.

毛磊. 2010. 基于生命周期理论的文化创意产业集群演化分析[J]. 科技管理与研究, 20：174-178.

毛磊. 2013. 文化创意产业集群的演化与发展[M]. 江苏：江苏大学出版社.

孟来果, 李向东. 2012. 我国西部地区文化产业园集群发展的特征、问题及对策[J]. 学术交流,（3）：116.

米歇尔·沃尔德罗. 1997. 复杂：诞生于秩序与混沌边缘的科学[M]. 陈玲译. 北京：生活·读书·新知三联书店.

牛洪雁. 2009. 2003～2008 中国动画片生产调查[J]. 吉林艺术学院学报,（5）：101-128.

欧阳莹之. 2002. 复杂系统理论基础[M]. 上海：上海科技教育出版社.

欧阳友权. 2007. 文化产业概论[M]. 长沙：湖南人民出版社.

帕·巴克. 2001. 大自然如何工作：有关自组织临界性的科学[M]. 李炜, 蔡勖译. 武汉：华中师范大学出版社.

潘峰华, 赖志勇, 葛岳静. 2013. 社会网络分析法在地缘政治领域的应用[J]. 经济地理, 33（7）：15-21.

潘海生, 周志刚. 2008. 产业集群发展动力因素演进机制研究[J]. 科技管理研究,（9）：271-274.

彭穗. 2010. 影响我国产业集群竞争优势的主因与要策分析[J]. 求索,（6）：48-50.

彭相如. 2004. 产业集群中的技术创新研究[D]. 江西财经大学硕士学位论文.

祁述裕. 2004. 中国文化产业国际竞争力报告[M]. 北京：社会科学文献出版社.

齐骥. 2014. 中国文化产业集群研究[M]. 云南：云南人民出版社.

钱晓岚. 2010. 复杂系统中的演化和动力学过程[D]. 北京邮电大学博士学位论文.

秦怀杰. 2012. 群体性突发事件演化研究及其在高校管理中的应用[D]. 上海师范大学硕士学位论文.

瞿延祥. 2011. 基于社会网络分析的网络社区信息传播模式研究[D]. 南京航空航天大学硕士学位论文.

任鹏, 袁军晓, 方永恒. 2012. 产业集群竞争力评价综合模型研究[J]. 科技管理研究,（23）：184-187.

任雪飞. 2005. 创造阶级的崛起与城市发展的便利性——评理查德·佛罗里达的《创造阶级的兴起》[J]. 城市规划学刊,（1）：99-102.

日下公人. 1989. 新文化产业论[M]. 范作申译. 北京：东方出版社.

阮平南, 张国徽. 2011. 网络组织视角下的产业集群稳定性分析[J]. 科技管理研究, 31（6）：128-131.

邵律, 陆欣逸, 包雨婷. 2013. 张江核心园：经济发展园区开发创新集聚三加速[J]. 上海经济,（10）：42-43.

邵文武, 黄训江, 胡望斌. 2008. 产业集群形成与演化的结构研究[J]. 工业技术经济, 27（12）：

94-96，139.

邵云飞，周敏，王思梦. 2013. 集群网络整体结构特征对集群创新能力的影响[J]. 系统工程，31（5）：85-91.

沈小峰. 1993. 混沌初开：自组织理论的哲学探索[M]. 北京：北京师范大学出版社.

盛昭瀚，蒋德鹏. 2002. 演化经济学[M]. 上海：上海三联书店.

施涛. 2012. 文化产业集群理论与广西的实践[J]. 商业文化（下半月），（6）：133-135.

史征. 2009. 文化产业集群竞争力评价实证研究——以杭州数字娱乐产业集群为例[J]. 生产力研究，（18）：141-144.

司春杰，黎自立. 2005. 目标：孵化世界级动漫工厂[J]. 浦东开发，（8）：24-27.

司马贺. 2004. 人工科学：复杂性面面观[M]. 武夷山译. 上海：上海科技教育出版社.

宋建伟. 2010. 影响文化创意产业集群规模的因素研究[J]. 中共济南市委党校学报，（5）：26-28.

宋立森. 2011. 西安市文化产业集群化发展研究[D]. 陕西师范大学硕士学位论文.

苏妮妮. 2013. 文化创意产业集群演化研究[D]. 兰州商学院硕士学位论文.

孙剑，孙文建. 2010. 高新技术产业基地系统特征、结构与运行机制研究[J]. 科技管理研究，30（9）：114-117.

孙洁. 2012. 文化创意产业集聚动力机制研究[D]. 上海社会科学院博士学位论文.

孙维琴. 2009. 创新型高科技产业网络集群效应分析——张江高科技园区竞争策略的转型[D]. 复旦大学硕士学位论文.

田艳芬，张炳辉，邵志高. 2013. 吉林省文化产业的投融资状况及对策建议[J]. 吉林金融研究，（1）：53-55，71.

田志友，奚俊芳，王浣尘. 2005. 社会经济系统评价指标体系设计：方法论原理及其实现——以产业集群竞争力评价为例[J]. 系统工程理论与实践，（11）：1-6.

万程成. 2012. 区域文化产业发展的动力机制研究[D]. 四川省社会科学院硕士学位论文.

万陶. 2007. 基于复杂性理论的创意产业集群动力研究[D]. 北京交通大学硕士学位论文.

王安琪. 2011. 文化产业竞争力研究述评[J]. 生产力研究，（11）：209-211.

王德鲁. 2008. 基于复杂系统观的产业转型企业柔性战略决策研究[D]. 中国矿业大学博士学位论文.

王发明，刘传庚. 2009. 基于复杂网络视角的产业集群风险研究[J]. 商业研究，（11）：66-70.

王洪祥. 2005. 香港廉政公署的内外监督制约机制[J]. 人民检察，（21）：59-60.

王缉慈. 2010. 超越集群：中国产业集群的理论探索[M]. 北京：科学出版社.

王剑峰. 2007. 创新网络的结构特征对集群创新影响的理论与应用研究[D]. 电子科技大学硕士学位论文.

王进富，张道宏. 2008. 产业集群可持续发展实现机制研究[J]. 生产力研究，（12）：106-107.

王克修. 2015. 新常态下湖南创意产业发展研究[J]. 经济界，（2）：76-85.

王猛，王有鑫. 2015. 城市文化产业集聚的影响因素研究——来自35个大中城市的证据[J]. 江西财经大学学报，（1）：12-20.

王娜. 2010. 虚拟产业集群演化的复杂网络研究[D]. 北京邮电大学博士学位论文.

王娜，李东，王其文. 2012. 基于复杂网络的创意产业空间集聚研究[J]. 技术经济与管理研究，（5）：9-12.

王朋飞，李守伟，林琳霖，等. 2013. 产学研合作网络复杂性分析——以镇江市为例[J]. 复杂系统与复杂性科学，（1）：60-67.

王睿华. 2016. 基于社会网络分析的文化产业集群系统结构研究[D]. 西安建筑科技大学硕士学

位论文.

王树雄，于正东. 2006. 湖南旅游产业集群化发展模式初探[J]. 沿海企业与科技，（2）：205-206.

王巍. 2011. 企业战略风险评估及战略风险管理综合评价研究[D]. 北京信息控制研究所硕士学位论文.

王伟年. 2007. 城市文化产业区位因素及地域组织研究[D]. 东北师范大学博士学位论文.

王欣欣. 2016. 基于复杂系统理论的文化产业集群演化动力研究[D]. 西安建筑科技大学硕士学位论文.

王鑫鑫，肖杰超，颜加勇. 2014. 产业集群网络结构演化过程与特征研究——以东湖高新技术产业集群为例[J]. 科技和产业，14（1）：16-19.

王子龙，谭清美. 2006. 产业集聚水平测度的实证研究[J]. 中国软科学，（3）：109-116.

韦伟，周耀东. 2003. 现代企业理论和产业组织理论[M]. 北京：人民出版社.

魏守华. 2002. 集群竞争力的动力机制以及实证分析[J]. 中国工业经济，（10）：27-34.

吴金明，张磐，赵曾琪. 2005. 产业链、产业配套半径与企业自生能力[J]. 中国工业经济，（2）：44-50.

吴伟平. 2008. 浅谈高校影视动画专业与市场化衔接[J]. 电影评介，（6）：86.

吴晓波，耿帅，徐松屹. 2004. 基于共享性资源的集群企业竞争优势分析[J]. 研究与发展管理，16（4）：1-7，13.

吴义杰，何健. 2010. 产业集群的演化过程及形成机制[J]. 甘肃社会科学，（5）：181-184.

夏永红. 2008. 产业集群竞争力评价研究综述[J]. 现代经济信息，（5）：115-116.

肖家祥. 2005. 基于组合赋权法的产业集群竞争力评价[J]. 统计与决策，（4）：45-47.

肖雁飞. 2007. 创意产业区发展的经济空间动力机制和创新模式研究[D]. 华东师范大学博士学位论文.

邢亚丽. 2008. 诞生在老厂房里的创意产业[J]. 创新科技，（12）：49-50.

徐进，梁鸿. 2009. 上海张江文化科技创意产业基地的公共政策绩效分析[J]. 科技进步与对策，26（2）：91-94.

徐萍. 2006. 陕西文化产业竞争力评价与分析[J]. 统计与信息论坛，（5）：77-80.

许登峰，傅利平. 2010. 基于三维系统结构的产业集群演化研究[J]. 经济问题，（6）：29-32.

许国志. 2001. 系统科学与工程研究[M]. 上海：上海科技教育出版社.

闫文圣. 2006. 关于产业集群动力机制动态模型的探讨[J]. 自然辩证法研究，（4）：56-60.

颜泽贤. 1990. 系统科学导论——复杂性探索[M]. 北京：人民出版社.

颜泽贤. 1993. 复杂系统演化理论[M]. 北京：人民出版社.

颜泽贤，范冬萍，张华夏. 2006. 系统科学导论——复杂性探索[M]. 北京：人民出版社.

伊·普里戈金. 1986. 从存在到演化[M]. 曾方宏，严士建，方本堃，等译. 上海：上海科学技术出版社.

易晶怡. 2015. 文化产业集群演化机制及政府作用研究[D]. 西安建筑科技大学硕士学位论文.

易明. 2010. 产业集群治理：机制、结构、行动与绩效[D]. 华中科技大学博士学位论文.

尹宏. 2013. 文化创意产业集聚的空间演化研究[J]. 四川师范大学学报（社会科学版），（3）：39-45.

于少东，李季，王茂光. 2015. 中国经典文化产业园区[M]. 北京：中国建筑工业出版社.

余雷，胡汉辉，吉敏. 2013. 战略性新兴产业集群网络发展阶段与实现路径研究[J]. 科技进步与对策，30（8）：58-62.

虞晓芬，傅玳. 2004. 多指标综合评价方法综述[J]. 统计与决策，（11）：119-121.

郁湧，柳青，李彤，等. 2007. 基于反馈的软件演化过程模型[J]. 计算机应用研究，（6）：15-17.

袁家菊. 2014. 我国文化创意产业集聚区空间演化的动力和策略[J]. 社会科学家，（10）：74-77.

苑捷. 2004. 当代西方文化产业理论研究概述[J]. 马克思主义与现实，（1）：98-101.

约翰 H. 霍兰. 2000. 隐秩序：适应性造就复杂性[M]. 周晓牧，韩晖译. 上海：上海科技教育出版社.

曾咏梅. 2012. 文化产业集群形成机制分析[J]. 求索，（3）：86-87.

詹姆斯·海斯. 2003. 自适应软件开发[M]. 钱玲译. 北京：清华大学出版社.

张斌. 2012. 创意产业理论研究综述[J]. 经济学动态，（10）：88.

张东风. 2005. 基于复杂性理论的企业集群成长与创新系统研究[D]. 天津大学博士学位论文.

张华，梁进社. 2007. 产业空间集聚及其效应的研究进展[J]. 地理科学进展，（3）：18.

张惠丽. 2016. 文化产业集群结构演化过程及趋势研究[J]. 特区经济，4：151-153.

张惠丽，王成军，金青梅. 2014. 基于 ISM 的城市文化产业集群动力因素分析——以西安市为例[J]. 企业经济，（4）：112-115.

张利华，闫明. 2010. 基于 SNA 的中国管理科学科研合作网络分析——以《管理评论》（2004—2008）为样本[J]. 管理评论，22（4）：39-46.

张敏. 2010. 产业集群的生成与发展动力探源[J]. 湖北社会科学，（12）：87-90.

张敏. 2011. 产业集群生成与发展的动力机制分析[J]. 商业时代，（1）：99-101.

张勤，王秀荣. 2014. 国内知识管理领域知识基础探析——以因子分析与社会网络分析为方法[J]. 情报科学，32（12）：37-42.

张瑞红. 2012. 河南省产业集群环境人才吸引力评价研究[J]. 科技管理研究，（10）：180-184.

张晓明，胡惠林，章建刚. 2006. 文化蓝皮书——2006 年：中国文化产业发展报告（附光盘）[M]. 北京：社科文献出版社.

张亚丽. 2014. 我国文化产业发展及其路径选择研究[D]. 吉林大学博士学位论文.

张钰. 2013. 文化产业集群发展的动力机制研究——以山东省为例[D]. 山东财经大学硕士学位论文.

张曾芳，张龙平. 2002. 论文化产业及其运作规律[J]. 中国社会科学，（2）：98-106.

张占贞，王兆君. 2012. 林业产业集群生态系统结构及平衡条件分析[J]. 安徽农业科学，40（18）：9731-9733，9873.

张志宏. 2009. 加强管理、合理利用、促进文物保护与文化产业协调发展——崇圣寺三塔的管理经营经验谈[C]. 云南省文化遗传保护与经济社会发展论坛.

赵丽洲，丁长青，雷志柱. 2009. 产业集群演进动力机制研究——基于动力因素交替、更迭的视角[J]. 特区经济，（11）：263-265.

赵星. 2014. 我国文化产业集聚的动力机制研究——基于空间经济学视角[D]. 南京师范大学博士学位论文.

赵志娟. 2012. 禹州市钧陶瓷产业集群建设中地方政府职能探讨[D]. 郑州大学硕士学位论文.

赵忠华. 2009. 创新型产业集群网络结构与绩效研究[D]. 哈尔滨工业大学博士学位论文.

郑健壮. 2006. 产业集群理论综述及其发展路径研究[J]. 中国流通经济，20（2）：25-28.

郑浪. 2009. 哈密顿系统和耗散系统下光孤子间的相互作用[D]. 湘潭大学硕士学位论文.

郑永彪，王雨. 2012. 中国钧窑文化产业集群的成因、演化机理与发展战略研究[J]. 首都师范大学学报（社会科学版），（3）：146-150.

郑永彪，肖荣阁. 2008. 禹州市钧陶瓷产业发展战略研究[J]. 经济研究导刊，（15）：165-166.

周冰. 2005. 西安曲江新区文化产业集群的内生机制研究[J]. 理论导刊，（5）：57-59.

周素萍. 2008. 我国产业集群的生成机制研究[J]. 经济问题探索，（7）：119-125.

周玉强. 2011. 产业集群的网络结构研究[D]. 暨南大学硕士学位论文.

朱宗涵. 2002. 医学科学和系统复杂性研究[J]. 系统仿真学报，14（11）：1425-1428.

Ache P. 2000. Vision and creativity—challenge for city regions[J]. Futures，32（5）：435-449.

Albino V，Carbonara N，Giannoccaro I. 2006. Innovation in industrial districts：An agent-based simulation model[J]. International Journal of Production Economics，104（1）：30-45.

Ansoff H I. 1968. The innovative firm [J]. Long Range Planning，1（2）：26-27.

Ayala，Jose F. 1974. Studies in the Philosophy of Biology [M]. California：University of California Press.

Bak P，Chen K. 1999. Self-organized criticality [J]. Scientific American，（1）：46-53.

Bertalanffy L V. 1950. An outline of general system theory[J]. British Journal for the Philosophy of Science，1（2）：134-165.

Boltzmann L. 1901. The recent development of method in theoretical physics [J]. Monist，11（2）：226-257.

Bourdieu P. 1986. The Force of law：toward a sociology of the Juridical field [J]. The Hastings Law Journal，38：814-853.

Brenner T. 2001. Self-organization，local symbiosis and emergence of localized industrial clusters [J]. Papers on Economics and Evolution，Max Planck Institute，3：358-389.

Butler J E，Hansen. G S. 1991. Network evolution，entrepreneurial success，and regional development，entrepreneurship and regional development [J]. Entrepreneurship and Regional Development，3（1）：1-16.

Camagni R. 1991. Introduction：From Local "Milieu" to Innovation Through Cooperation Networks，Innovation Networks：Spatial Perspective [M]. London：Belhaven Press.

Carbonara N. 2004. Innovation processes within geographical clusters：a cognitive approach [J]. Technovation，24（1）：17-28.

Caves. 2004. Creative：Contracts Between Art and Commerce [M]. Cambridge：Harvard University Press.

Chiles T H，Meyer A D. 2001. Managing the emergence of cluster：an increasing returns approach to strategic change[J]. Emergence，1（3）：58-89.

Christoph K，Gilles L. 1999. Complexity and the nervous system [J]. Science，284：96-98.

Ciccone A，Hall R. 1996. Productivity and the density of economic activities[J]. American Economic Review，86：54-70.

Clausius R. 1965. The Nature of the motion which we call heat [J]. Philosophical Magazine Series 1，14（91）：108-127.

Dirk H B，Wen J Y，Heiko R. 2011. Self-organization and emergence in social systems：modeling the coevolution of social environments and cooperative behavior [J]. Journal of Mathematical Sociology，35（1-3）：177-208.

Drake G. 2003. "This place gives me space"：place and creativity in the creative industries [J]. Geoforum，34（4）：511-524.

Flake G W. 2000. The computational beauty of nature[J]. Quarterly Review of Biology，3（6）：119-120.

Florida R. 1995. Toward the learning region[J]. Future，27（5）：527-536.

Florida R. 2002. The rise of the creative class：why cities without gays and rock bands are losing the economic development race[J]. Washington Monthly，（5）：405-437.

Florida R. 2005. Cities and The Creative Class [M]. New York：Routledge.

Gershenson C，Heylighen F. 2003. When can we call a system self-organizing?[J]. Lecture Notes in Computer Science，2801：606-614.

Granovetter M. 1985. Economic action and social structure：the problem of embeddedness [J]. American Journal of Sociology，91（3）：481-510.

Hakansson L，Snegota I. 1989. No business is in an island：the network concept of business strategy [J]. Scandinavian Journal of Management，5（3）：187-200.

Haken H. 1988. Information and Self-organization [M]. Berlin：Springer-Verlag：11.

Hall P. 2000. Creative cities and economic development[J]. Urban Studies，37（4）：639-649.

Henderson J V. 1996. Ways to think about urban concentration：neoclassical urban systems versus the new economic geography[J]. International Regional Science Review，19（1）：31-36.

Hesmondhalgh D. 2002. The Cultural Industries[M]. London：SAGE Pub.

Johnson R. 2004. Clusters：a review of their basis and development in Australia [J]. Innovation：Policy and Practice，（3）：380-391.

Kamann D J F，Nijkamp P. 1991. Technogenesis: Origins and Diffusion in a Turbulent Environment[M]. Berlin：Diffusion of Technologies and Social Behavior.

Kim S J，Su R S，Spinks G M，et al. 2005. Synthesis and characteristics of a semi-interpenetrating polymer network based on chitosan/polyaniline under different pH conditions [J]. Journal of Applied Polymer Science，96（3）：867-873.

Landry C. 2008. The creative city-a toolkit for urban innovators[J]. Regional Studies，4：445-456.

Lawrence T B，Phillips N. 2002. Understanding cultural industries[J]. Journal of Management Inquiry，11（4）：430-441.

Lozanos S，Arenasa A. 2007. A model to test how diversity affects resilience in regional innovation networks [J]. Journal of Artificial Societies and Social Simulation，10（48）：8-18.

Mayr E. 1982. Questions concerning speciation[J]. Nature，296（5858）：609.

Michael E P. 1998. Clusters and the new economics of competition [J]. Harvard Business Review，（6）：76-86.

Miller C. 2008. The creative city：A toolkit for urban innovators[J]. Community Development Journal，36（2）：165-167.

Mitchell W. 1999. E-topia：urban life，Jim？But not as we know it[J]. Acm Sigcas Computers & Society，30（3）：26-27.

Mommaas H. 2004. Cultural clusters and the post-industrial city：towards the remapping of urban cultural policy[J]. Urban Studies，41（41）：507-532.

O'Connor J. 2010. Art，popular culture and cultural policy：variations on a theme of John Carey[J]. Critical Quarterly，48（4）：49-104.

Padmore T，Gibson H. 1998. Modeling regional innovation and competitiveness [J]. Local and

Regional Systems of Innovation, (14): 45-79.

Porter M E. 1985. Competitive Advantage: Creating and Sustaining Superior Performance[M]. New York: Simon & Schuster Inc.

Porter M E. 1990. Competitive advantage of nations[J]. Harvard Business Review, 68 (2): 73-93.

Porter M E. 1998. Cluster and the new economics of competition[J]. Harvard Business Review, 176(2): 77-98.

Pouder R, John CHS. 1996. Hot spots and blind spots: geographical clusters of firms and innovation [J] Academy of Management Review, 21 (4): 1192-1225.

Pratt A. 2009. Policy transfer and the field of the cultural and creative industries: learning from Europe?[J]. Geojournal Library, 98: 9-23.

Prigogine I. 1987. Exploring complexity[J]. European Journal of Operational Research, 30 (2): 97-103.

Prigogine I, Petrosky T. 1998. Semigroup representation of the Vlasov evolution[J]. Journal of Plasma Physics, 59 (4): 611-618.

Rullani E. 2002. Complexity and industrial clusters: dynamics and models in theory and practice [J]. Springer Heidelberg, 67 (5): 35-61.

Santagata W. 2011. Cultural Commons and Cultural Communities[J]. Local and Regional Systems of Innovation, 87 (1): 10-24.

Schumpeter J A, Nichol A J. 1934. Robinson's economics of imperfect competition[J]. Journal of Political Economy, 42 (2): 249-259.

Scott A J. 1996. The craft, fashion, and cultural products industries in Los Angeles: competitive dynamics and policy dilemmas in a multisectoral image-producing Complex[J]. Annals of the Association of American Geographers, 86 (2): 306-323.

Scott A J. 2004. Cultural-products industries and urban economic development: prospects for growth and market contestation in global context[J]. Urban Affairs Review, 39 (4): 461-490.

Scott M P. 2000. Development: the natural history of genes [J]. Cell, 100: 27-40.

Simon H A. 2000. Can there be a science of complex systems?[C]. The International Conference on Complex Systems on Unifying Themes in Complex Systems.

Stefan K. 2002. Network analysis of production cluster: the potsdam babelsberg film industry as an example[J]. European Planning Studies, 10 (1): 27-57.

Steinle C, Schiele H. 2002. When do industries cluster? A proposal on how to assess an industry's propensity to concentrate at a single region or nation [J]. Research Policy, 31 (6): 849-858.

Stern M J, Seifert S C. 2010. Cultural clusters: the implications of cultural assets agglomeration for neighborhood revitalization [J]. Journal of Planning Education and Research, 29 (3): 197-204.

Stigler G. 1939. The limitations of statistical demand curves[J]. Publications of the American Statistical Association, 34 (207): 469-481.

Storper M. 2008. Territories, flows, and hierarchies in the global economy[J]. Reading Economic Geography, 17: 2237-2264.

Throsby D. 2001. Economics and Culture [M]. New York: Cambridge University Press.

Throsby D. 1994. The Production and Consumption of the Arts：A View of Cultural Economics[J]. Journal of Economic Literature，32（1）：1-29.

Wu W. 2005. Dynamic cities and creative clusters[J]. Policy Research Working Paper，2（7）12-13.

Yusuf S，Nabeshima K. 2005. Creative industries in East Asia [J]. Cities，22（2）：109-122.

Zukin S. 1989. Loft living：culture and capital in urban change [J]. Contemporary Sociology，14（1）：46-74.

后　　记

用复杂系统理论研究文化产业集群演化问题是一个不小的挑战，这不仅是因为前人研究文献较少，更因为有关文化产业集群方面的数据资料匮乏。虽然全国各地都在大力发展文化产业集群，并进行了一定程度的数据统计，但由于其是新兴产业，全国并没有统一的分类标准和统计口径，各个地区有关文化产业集群的统计数据很难统一且不全面，无法有效地进行横向比较研究。虽然，我克服了各种困难，在研究方面取得了一定的突破，比较圆满地完成了本书的撰写。然而，我也清楚地认识到，对复杂性理论理解的程度有限，再加数据样本的限制，研究中存在一些不足，研究的深度也有待进一步挖掘，敬请有关专家学者和广大读者不吝赐教，促进今后的研究工作能更进一步。

在本书撰写过程中，我的研究生进行了大量的调研和数据收集工作，为本书的撰写提供了有力的数据和文献支撑。在调研和数据搜集期间，我的 2013 级、2014 级、2015 级和 2016 级研究生较多地参与了调研、数据收集和专著撰写等工作。本书各章初稿撰写具体分工如下：第 1 章，祝欣悦；第 2 章，高菁；第 3 章，周家羽、高菁；第 4 章，易晶怡；第 5 章，高菁；第 6 章，王欣欣；第 7 章，王睿华；第 8 章，许莹；第 9 章，杜聪。

在本书撰写过程中，参阅了大量的国内外研究文献和论著，吸收了关于复杂性理论、文化产业集群和产业集群演化理论方面的众多研究成果。特别是从我国颜泽贤教授的《复杂系统演化论》和南非科学哲学家保罗·西利亚斯的《复杂性与后现代主义——理解复杂系统》中充分吸取了复杂系统及其演化的理论知识，为本书的研究提供了坚实的理论基础和思想启迪。在此，对本书中参阅和引用文献的作者表示衷心的感谢！

本书的最终付梓，得益于课题组全体成员的辛勤努力和精诚合作，得益于陕西省文化产业管理研究中心和西安建筑科技大学管理学院老师的大力支持，在此一并感谢！

方永恒

2018 年 9 月 1 日